中国公司成功上市

路线图

第二版

章晓洪 ◎ 著

抽丝剥茧的新规解读　　**完整的上市操作流程**　　**丰富的IPO实务案例**

企业管理出版社
ENTERPRISE MANAGEMENT PUBLISHING HOUSE

图书在版编目（CIP）数据

中国公司成功上市路线图 / 章晓洪著. — 2 版. — 北京：企业管理出版社，2024.3
ISBN 978-7-5164-2727-9

Ⅰ.①中… Ⅱ.①章… Ⅲ.①上市公司 – 企业管理 – 研究 – 中国 Ⅳ.① F279.246

中国国家版本馆 CIP 数据核字（2024）第 052343 号

书　　名：	中国公司成功上市路线图
书　　号：	ISBN 978-7-5164-2727-9
作　　者：	章晓洪
策划编辑：	侯春霞
责任编辑：	侯春霞
出版发行：	企业管理出版社
经　　销：	新华书店
地　　址：	北京市海淀区紫竹院南路 17 号　　邮编：100048
网　　址：	http://www.emph.cn　　电子信箱：pingyaohouchunxia@163.com
电　　话：	编辑部 18501123296　　发行部（010）68701816
印　　刷：	河北宝昌佳彩印刷有限公司
版　　次：	2024 年 3 月第 2 版
印　　次：	2024 年 3 月第 1 次印刷
开　　本：	710mm×1000mm　　1/16
印　　张：	18.75 印张
字　　数：	287 千字
定　　价：	88.00 元

版权所有　翻印必究·印装有误　负责调换

代 序

让资本市场赋能创新驱动高质量发展

辜胜阻

创新是引领高质量发展的第一动力，资本市场是实现创新驱动高质量发展的助推器。上市公司的技术创新离不开资本的引领和催化。要充分发挥资本市场在筛选培育创新型企业、分散创新风险、激励创新行为、提供融资服务、优化资源配置、强化要素集成等方面赋能创新发展的重要作用。资本市场在支持创新方面具有重要的功能优势，主要体现在以下几个方面。**一是筛选、发现、培育创新型企业，引领产业高质量发展**。企业是落实我国创新驱动发展战略的主体，是推动高质量发展的微观基础。资本市场具有价值发现功能，市场内拥有敏锐的市场嗅觉和丰富的投资经验的投资者能有效判断并筛选出有潜力、有价值的创新型项目和企业。资本市场还能通过竞争机制，淘汰落后企业，留下优质企业，促进产业结构优化升级。**二是有效分散和降低技术创新风险，激发企业创新活力**。高风险是企业技术创新面临的难题之一，在一定程度上可能抑制企业创新的积极性。资本市场能将风险与收益有效匹配，引导风险承受能力强的投资者将资金投向具有高风险性和高成长性的创新活动，分散企业创新风险。特别是资本市场中部分拥有较强风险判断力和承担力的专业投资者更倾向于长期持有企业股份，并通过参与企业治理，为企业创新决策提供参考，优化企业创新行为。**三是优化激励创新的制度安排，为创新提供源源不断的动力**。人才是第一资源，高质量发展需要完善创新激励制度，让人才更富积极性和创造性地开展研发活动。创新型企业能通过员工持股、股东分红等制度安排实现对人才的有效激励，增强创新发展的原动力。资本市场能为企业提供股权交易平台，使企业员工手中的股权可以实现市场定价、公开交易，更大限度发挥股权激励对创新的支持作用。**四是拓宽创新企业融资渠道，缓解融资约束**。资本市场是联通资金供给和需求的桥梁，能有效汇聚分散的社会资金，为创新型企业注入资金"活水"。同时，股票市场为创新型企业和风险投资家提供了一个社会评价机制和选择机制，为风险投资提供了退资出口，有利于风险资本的有效循环和不断壮大。**五是通过并购重组和要素流动等，优化创新资源配置**。资本市场能够通过"看不见的手"实现自我调节，促进创新要素从落后的、低效率的部门和企业退出，转而流向创新的、高效率的部门和企业。同时，并购重组是资本市场盘活存量创新资源的重要方式。创新型企业通过并购重组，可以获取关键技术、人才等创新资源，大幅缩短研发时间，加快提升自主创新水平。**六是组合各类创新资源，提高创新效率**。经济学家熊彼特的创新理论认为，创新就是将原始生产要素重新排列组合为新的生产方式，以求提高效率、降低成本的一个经济过程。资本市场是促进创新取得爆发式突破、加快形成经济发展新动能的高效平台，能有效聚集技术、资本、人才、信息等创新要素，并促进其自由流动、高效组合，为企业发展提供可持续的内生性增长动力。深化资本市场制度改革，能为企业精准对接各类创新资源"牵线搭桥"，强化资本市场支持创新的功能。

创新是促进经济增长的源泉，是增强国家核心竞争能力的关键。我们正进入以网络化、数字化与智能化深度融合为核心的第四次产业革命时代，必须要牢牢把握机遇，以制度创新为重要抓手，以关键技术的创新与应用为突破口，加快产业转型升级，在高质量发展的道路上行稳致远。以创新驱动发展战略引领高质量发展，需要实现技术创新与金融创新"双轮驱动"。要重点围绕以下方面深化资本市场改革，打造一个安全、规范、透明、开放、有活力、有韧性的资本市场，为创新发展赋能加力。

（一）要强化资本市场服务上市公司高质量发展的功能，引入长期资金和耐心资本，赋能企业创新创业，优化并购重组制度，提高创新资源的整合效率。创新驱动必须以实体经济为依托，坚持高技术产业化和传统产业高端化两大方向。上市公司是实体经济的"基本盘"，也是资本市场最重要的基本面。提升上市公司质量是我国资本市场改革的核心内容。长期资金投资周期能更好地与创新型企业生命周期匹配。要大力推进投资端改革，推动形成有利于中长期资金入市的政策环境,拓展长期资金入市渠道,采取联合投资、战略联盟等多样化的投资方式,加大其投资优质上市公司的力度。进一步优化资本市场投资生态,引导社保基金、公募基金、保险资金、年金基金等各类专业机构投资者关注创新领域,加大权益投资比例,让长期资金成为创新型企业的"盟友"。优化考核和激励政策,鼓励机构投资者建立长期投资策略,引导投资管理人重视长期业绩和科研能力,并积极参与企业治理与创新决策。充分发挥资本市场在企业并购重组过程中的重要渠道作用,助力上市公司高质量发展。并购重组是上市公司获取创新资源、实现跨越式发展的重要方式,是提升上市公司质量的有效途径。在经济转型升级的关键时期,要继续深化并购重组市场化改革,简化相关行政审批流程,降低制度性交易成本,多措并举活跃并购重组市场。进一步优化重组政策环境,鼓励上市公司开展以高端技术、高端人才和高端品牌为重点的并购,引入顶尖技术、团队、商业模式,同时引导一批高精尖企业通过并购重组登陆资本市场,实现"1+1>2"的效果。

(二)要创新人力资本激励机制,以市场价值回报人才价值,优化"实业能致富,创新致大富"的创新环境,调动创新人才创新创业的积极性与创造性。人力资本是经济增长的重要源泉,并与物质资本共同成为技术创新的重要推动力。特别是在实施创新驱动发展战略的过程中,人才作为创新的核心要素,对经济增长的驱动效应持续增强。推动我国经济高质量发展,要有效发挥人才作为第一资源的支撑作用,而关键是构建行之有效的人才激励机制。熊彼特认为,企业家是社会经济创新的主体,创新是企业家精神的灵魂。激发企业家的持续创新动力,既要完善产权保护制度,切实保护企业家的财产权、创新收益和其他合法权益;又要保护股份制公司企业家的决策权,避免非创始人的大股东出于规避风险的考虑做出不利于企业创新的决策。要总结和拓展科创板特殊表决权机制,以制度创新进一步激发企业家的创新积极性,并加大对创新型企业成长的保护和包容,把优质企业留在国内。完善股权激励制度,激发高管和研发人员的创新热情,强化创新驱动的人才支撑。股权激励是实现企业人力资本效用最大化的动力源泉,也是留住优秀人才的"金手铐"。要完善创新人才激励制度,引导和支持更多企业采取有效的股权激励计划。重视对科研人员的股权激励,促进创新人才的知识资本化,使员工与企业形成利益共同体，实现创新的可持续性。

（三）要推动多层次股权市场高质量发展，大力发展股权投资（VC/PE），加强对不同阶段、不同类型的创新型企业的支持。"正金字塔"型的多层次股权市场能够满足不同类型、不同规模、不同发展阶段创新型企业的融资需求，以适应经济高质量发展的要求。多层次股权市场的"塔基"是天使投资、风险投资（VC）和私募股权投资（PE），其中VC主要服务于种子期和初创期的创新型企业，更能容忍创新失败，有效支持原创性、颠覆性创新。要改变当前部分VC"PE化"、PE"Pre-IPO化"的现象，推动天使投资、风险投资等投资阶段前移。要拓宽风险投资退出通道，发展并购、回购等多元化退出方式，形成"投资—培育—退出—再投资"的良性循环。

（四）要以透明化促进规范化，建立健全真实透明、及时高效的信息披露制度。信息披露是资本市场的基石。严重的信息失灵会导致创新型企业的投资价值被扭曲，易使趋利避险的金融资本错失优质的投资标的或盲目炒作科技概念股。要构建统一、规范、高效的信息披露制度，贯穿受理、审核、注册、发行、交易、监管等各个环节，注重披露信息的真实性、完整性、准确性。明确上市公司信息披露的义务和目标，提升信息披露的规范性。优化信息披露的形式和程序，推动企业进一步细化披露的信息，特别是要鼓励创新型企业在适当前提下披露科研人员、研发投入等能反映企业科研能力的信息，让投资者看得见、看得清上市公司，更好地"用手投票""用脚投票"。进一步强化信息披露监管，有效规范上市公司行为，有效识别"科技伪装"。信息披露是实现投资者与上市公司信息沟通的重要环节，不仅会直接影响投资者的经济决策，还会影响资本市场的有效运作，因而信息披露的质量至关重要。监管机构要及时跟进、关注企业动态，不仅要完善事前监管，更要加强事中、事后监管，重点关注长期经营业绩不佳、业绩不稳的公司的信息披露。引导企业依法合规经营，鼓励企业建立起内控健全、治理有效的现代企业制度，促进企业做优、做强、做持久。要积极利用科技监管手段，推进统一的上市公司大数据平台建设，实现信息的互联互通和交叉验证，增强线索发现、分析和预警的能力。有效识别上市公司的"科技伪装"，打击滥用科技之名、行金融违法之实的行为，倒逼企业通过技术创新打造核心竞争力。

（五）要不断健全退市制度，坚持"应退尽退"，实现退市常态化。退市制度与注册制是相辅相成的。退市制度是资本市场的"净化器"，能够促使"僵尸企业"、"空壳公司"、重大违法违规公司等及时退出市场，避免出现"劣币驱逐良币"。要进一步完善退市制度，明确各种可能的退市情形，细化退市标准，根据不同行业的特点考虑增加经营收入、资产规模等最低持续经营条件。简化退市流程，严格执行退市程序，缩短退市时间，全面提升退市效率。坚持"应退尽退"，严厉打击退市过程中伴生的财务造假、操纵市场等恶意"保壳"行为，维护退市制度的严肃性，保护好投资者合法权益。对于存在重大违法行为的上市公司，要启动强制退市程序，且不允许其重新上市，确保"出现一家，退市一家"，促进资本市场中有限的资源更好地配置到创新型企业中。

（六）要市场化和法治化并重，提升依法治市的能力。无法治不市场。法治化建设是市场化机制良性运转的重要保障，资本市场只有在法治轨道上运行，才能健康发展。市场化和法治化是资本市场健康发展的基础。市场化建设能引导创新资源流向高效、有活力的创新型企业，提高资源配置效率，增强企业整体创新实力；法治化建设能为企业创新营造公平、公正、公开的市场环境，切实保护企业合法权益，激发企业创新动力。加大对欺诈发行、内幕交易、操纵市场、"老鼠仓"等犯罪行为的惩戒力度，提高资本市场违法犯罪成本。有法可依还要执法必严，要合理设定资本市场违法犯罪认定标准、量刑轻重，并严格执行处罚决定，避免出现"刑罚板子高举轻落"，必须让做坏事的人付出代价，让心存侥幸的人及时收手。优化公开谴责、代位诉讼、有奖举报等机制，提高打击违法违规行为的有效性和准确性。

上市公司是资本市场的基石，资本市场在金融运行中具有牵一发而动全身的作用。章晓洪博士的《中国公司成功上市路线图》经修订即将再版发行。希望本书的出版对有志于利用资本市场实现高质量发展的企业家、关心资本市场的专家学者及管理决策者等相关人士有所裨益，为打造一个规范透明开放有活力有韧性的资本市场、疏通资金进入实体经济和新兴产业的渠道、发展新质生产力贡献力量。

2024 年 3 月 24 日于北京

自 序

自 1978 年改革开放以来，我国诞生了一批批世界级的优秀企业。如果分析这些优秀的中国企业，我们会发现一个规律：这些企业基本上都是上市公司。它们要么是在中国境内上市的公司，要么是在境外上市的公司。股票市场以其强大的资本力量，正培育着一批批优秀的公司最终成为伟大的企业，也让越来越多的企业家加速实现了他们的人生理想。

1990 年 12 月，上海证券交易所成立，标志着中国正式诞生了股票市场。截至 2022 年 12 月 31 日，中国境内 A 股上市公司数量已达 5067 家，股票市值为 87.8 万亿元，股票市值相当于 2022 年中国 GDP121 万亿元的 72.56%。2022 年，中国境内 A 股上市公司共实现营业收入 71.53 万亿元，相当于 2022 年中国 GDP 的 59.12%。在中国股票市场诞生短短 30 多年的时间里，上市公司在中国国民经济中的地位越发重要，这是人们在 30 多年前无法想象的。中国上市公司正引领着中国企业科技创新发展的方向，中国资本市场诞生的一个个财富神话正激励着越来越多的年轻人投身于实现国家富强的时代洪流之中。

2005 年，笔者在法律出版社出版了《企业成功上市路线图》。后来由于企业上市相关法律法规的不断修改，笔者又在企业管理出版社出版了《中国公司成功上市路线图》第一版。2023 年 2 月，随着中国股票发行注册制改革的全面实施，中国股票发行从审核制全部改为注册制。为配合股票发行注册制改革的实施，这几年国家陆续修改了《中华人民共和国公司法》《中华人民共和国证券法》《中华人民共和国刑法》以及不同证券交易所的股票上市规则等。同时，中国境内从原来只有上海证券交易所和深圳证券交易所，发展为上海证券交易所、深圳证券交易所、北京证券交易所三家齐头并进的态势。三家证券交易所形成了协同发展而又良性竞争的格局，为中国资本市场带来了前所未有的活力。鉴于以上情况，笔者决定出版第二版。

本次再版的《中国公司成功上市路线图》全面梳理了企业境内外上市的最新规则要求，对上海证券交易所、深圳证券交易所、北京证券交易所各自的上市规则及审核差异点进行了详尽的分析。由于每年中国境内上市的企业数量有限，因此境外上市对很多企业来说也是非常不错的选择。在本书中，我们重点分析了常见的境外上市渠道即赴香港上市和赴美国上市的相关规则程序，供读者参考。

本书的再版工作得到了企业管理出版社的大力支持，特别是我的同事华欣楠女士和周冰女士为本书的再版花费了很多心血。在此我谨对她们以及所有关心和帮助过我们的各界朋友表示衷心的感谢！本书如有遗漏或不当之处，敬请大家包涵。

是为序。

章晓洪

2024 年 2 月 6 日于上海

目 录

第一部分 概 述

第一章 利用资本市场实现企业高速发展 ·· 3
第一节 公司上市的目的 ·· 3
第二节 公司上市的机遇 ·· 5
第三节 公司上市的优势 ·· 7

第二章 资本市场中介机构 ·· 14
第一节 证券公司 ·· 14
第二节 会计师事务所 ·· 17
第三节 律师事务所 ·· 17
第四节 其他中介服务机构 ·· 19
第五节 全面注册制下中介机构的责任 ·· 19

第二部分 境内上市

第三章 国内证券市场概述 ·· 25
第一节 多层次资本市场简介 ·· 25
第二节 股票市场各板块简介 ·· 27
第三节 股票市场各板块对比 ·· 32

第四章 股份有限公司的设立及股份制改造 ·· 48
第一节 股份有限公司的设立 ·· 48

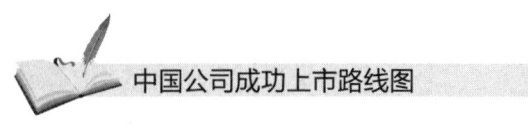

第二节	股份有限公司的改制程序	56
第三节	改制中的相关问题	60
第四节	外商投资股份有限公司的设立	70

第五章 股票发行与上市 76

第一节	全面注册制	76
第二节	股票发行与上市的程序	84

第六章 注册制IPO的审核要点 90

第一节	主体资格	90
第二节	实质条件	96
第三节	独立性	103
第四节	股权、股东与实际控制人	112
第五节	业务	122
第六节	出资与资产	142
第七节	规范运作	155
第八节	劳动人事	160

第三部分 境外上市

第七章 境外证券市场 173

第一节	境外证券市场简介	173
第二节	境外直接上市	184
第三节	境外间接上市	186
第四节	境外上市备案新规	189

第八章 香港上市 206

第一节	香港证券市场的发展与现状	206
第二节	香港上市模式	210
第三节	香港上市板块	229

第四节　香港上市的条件、途径与程序……………………………… 233

第九章　美国上市……………………………………………………………… 248
　　第一节　美国证券市场概述…………………………………………… 248
　　第二节　纽约证券交易所的上市条件和程序………………………… 257
　　第三节　纳斯达克交易所的上市条件和程序………………………… 264
　　第四节　美国存托凭证………………………………………………… 281

第一部分
概 述

第一章
利用资本市场实现企业高速发展

近年来，随着我国市场经济的快速发展和资本市场的不断完善，上市成为许多企业追求高速发展的重要途径之一。不管是在境内资本市场还是在境外资本市场上市，上市公司与非上市公司相比，最大的区别就是上市公司可以充分利用资本市场进行更为便利的融资活动。一家企业自进入资本市场成为上市公司之后，融资的工具和渠道就多了很多，可以让企业获得更为稳定的长期资金来源，进一步扩充资本并迅速扩大企业规模，从而增强企业的综合竞争力和抗风险能力，实现企业的良性发展。

第一节 公司上市的目的

当我们谈到公司上市，就必须提到资本市场。资本市场是一个复杂的体系，它可以根据不同的分类方式进行划分。比如：根据交易方式，可以分为证券交易所和场外交易市场；根据资产类型，可以分为股票市场、债券市场、期货与期权市场、外汇市场；根据市场规模和影响力，可以分为全球主要资本市场、国家级资本市场和区域性资本市场；根据市场参与者，可以分为一级市场和二级市场；根据监管机构，可以分为国内监管市场和跨境监管市场；等等。这些以不同方式划分的资本市场是一个个子系统，汇合构成资本市场系统。

作为资本市场体系中不同的表现形态，它们既独立，也相关。有的资本市场表面看独立性很强，实际上与其他形态的资本市场有着千丝万缕的联系。换句话说，在资本市场体系中，不同形态的资本往往存在着可转换性，只不过不同的资本需要到不同的专业市场去经历不同的转换程序。不仅如此，这些同在一个资本市场体系中的资本，由于其具有共通性，它们必须遵循共同的规律来运行。虽然由于个性不同，决定了各自具有不同的运行规律，但它们必须首先遵循资本市场体系共有的运行规律，而不能相违背。这些共有的运行规律中，最基本的就是价值规律、供求规律和竞争规律。这三大规律支配着整个市场经济和资本市场体系的运行，也支配着不同表现形态的资本市场的运行。

到今天，资本仍然对社会经济发展起着极为重要、不可替代的作用。资本的生命力在于市场化交易。资本要流通，就必须有市场。资本市场越发达，资本的交易就越活跃，资本所产生的效益就越高，社会经济也就越繁荣。从这个意义上说，一个社会、一个国家或一个地区的资本市场体系的成长和发展情况，对于各种社会形态的资本运行都起着决定性的作用，从而对整个社会经济的发展起着关键性的作用。本书中，我们提到的资本市场主要指的是股票市场。

借助资本市场功能实现跨越式发展是现代企业资本经营理念的重要组成部分。传统企业主要依靠固定资产生产产品并通过产品销售来创造财富，实现资产的保值与增值。在提倡资本经营的时代，企业不仅可以借助资本市场实现价值增值，也可以通过价值形态的交换实现企业盈利的目的。现代企业如果能够全方位地利用资本市场价值创造的属性，将会为企业创造新价值。对于一般工业企业而言，资本经营要通过资本市场实现资本形态的转变，并通过商品市场实现价值创造，最终实现企业资本盈利的最大化。企业通过资本市场的赋能和交易，实现企业投融资功能与管理功能的结合，以提高资本经营的收益率。这样，企业就可以一方面通过资本价值形态的转变实现对企业经营赋能，另一方面通过资本的循环与周转实现资本增值。

通常情况下，企业存在资本扩张的动力。因此，借助资本市场实现企业发展已经成为现代企业常用的发展手段。需要注意的是，资本市场的赋能作用必须服务于企业的发展战略。从长期来看，企业的可持续发展战略与企业对经济效益的追求是相一致的，但是在某一时点上二者又常常会存在矛盾。在处理这一矛盾的过程中，企业战略的有效实施对于保证体系正常高速运转的作用将得以体现。在矛盾冲突中，一个成熟企业的前瞻性与整体性将得到更好地体现。"现代管理学之父"彼得·德鲁克指出，面对企业经营环境的不确定性，企业应从影响企业生存和成功的重要关键点如偿债能力、生产率、未来成本等方面来对企业的发展进行管理，这需要以一种发展的政策、发展的战略以及一种能够区别健康的增长、臃肿的增长和毒瘤的增长的方法来对发展进行管理。

企业在利用资本市场进行扩张时，需要关注以下几点。一是资本运作与长期规划的匹配性。企业在借力资本市场实现发展时，应确保资本运作与企业长期发展战略和目标相一致。资本市场融资或其他形式的资本运作应该有助于实现企业的增长、扩张、技术创新等目标。二是资本需求与市场环境的匹配性。企业应评估自身的资本需求，并结合市场环境来制定资本运作策略。这包括考虑市场投资者对企业的兴趣、行业趋势以及融资成本等因素。三是信息披露与透明度的匹配性。企业在利用资本市场时，应遵守信息披露要求，向投资者提供准确、全面和及时的信息。透明度是建立信任和吸引投资者的关键因素。四是风险管理与回报预期的匹配性。企业应考虑潜在的风险，并使其与预期回报相平衡。资本市场的运作可能涉及股权融资、债务融资或其他形式的运作，企业应确保风险可控，并根据回报预期做出理性决策。五是与监管法规和法律要求的匹配性。企业在借助资本市场运作时，应遵守相关的监管法规和法律要求，确保合规是维护企业声誉和避免潜在法律风险的最重要的方面。

我国现阶段企业发行股票并上市的首要目的是完善企业运作、强化内部控制、提升公司治理水平，进而使企业实现可持续发展。著名未来学家阿尔文·托夫勒在《第三次浪潮》一书中预言未来世界衡量管理效益的标准不再是劳动生产率、销售量和盈利额，而是由社会环境、信息、政治、经济、道德等方面组成的综合标准，管理的效益在很大程度上取决于企业的可持续发展能力。完善的企业运行机制是企业可持续发展的制度性保证。通过引入法人治理结构保障企业管理能力的有效发挥是我国企业发展的迫切需要。

第二节　公司上市的机遇

从经济增速变化、结构优化、动能转化来看，我国经济发展进入新常态的特征日趋显著。从增速上看，我国经济整体增速放缓，从中高速逐步换轨。

从结构上看，产业发展重心正在由中低端向中高端转移。新产业，即高技术产业和战略性新兴产业等保持着快速增长，市场在资源分配中由起基础性作用向起决定性作用转变。从动能上看，随着近年来工业技术改造、制造业技术改造投资增速的不断加快，以新产业、新业态、新商业模式为代表的"新动能"日益崛起，经济增长正在从要素驱动向创新驱动转换。

一、多层次资本市场的包容性、覆盖面进一步扩大

目前我国资本市场已构建包括股票市场、风险投资市场、债券市场、期货衍生品市场、场外市场在内的全方位、多层次市场体系。各市场、各板块突出特色、错位发展，转板机制更加顺畅。科创板支持更多硬科技企业脱颖而出，主板突出大盘蓝筹定位，创业板广泛服务于自主创新和其他成长型创业企业，北京证券交易所支持具备较强创新能力和较大发展潜力的优质创新型中小企业，新三板服务中小企业的平台作用进一步增强。区域性股权市场为中小企业融资服务的主动性和创新性不断提高。私募股权和创投市场建设更加完备。

二、市场主体竞争力显著提升

我国资本市场正持续完善各类市场主体的治理结构和能力建设，建立推动上市公司质量提高的有效途径和长效机制，完善上市公司规范运作和做优做强的制度安排。证券公司、基金管理公司、期货公司等资本市场经营机构崇尚专业、做精主业、回归本源，治理结构更加完善，服务和风险管理水平大幅提升。逐步构建权责匹配的资本市场中介体系，完善审计、评估、法律服务、资信评级规则体系，压实中介机构责任。

三、市场生态更加良性健康

上市公司治理体系更加健全、有效、透明，企业文化、投资文化和监管文化更加健康成熟，基本建成与经济结构相匹配、体现经济高质量发展特点的上市公司群体，持续回报能力进一步增强。"合规、诚信、专业、稳健"的证券行业文化基本形成，行业机构"看门人"作用切实发挥。中长期资金来源进一步拓展，投资端和融资端平衡发展。市场各方归位尽责，进一步树立

守法诚信的法治观念和契约精神，逐步形成自我约束、自我规范、自我促进的良性市场机制。

第三节　公司上市的优势

随着改革的不断深化、国际合作的推进、新兴技术的不断成熟与创新模式的不断涌现，我们正面对着一个千载难逢的机会窗口。本节主要从以下九个方面介绍企业在把握发展机遇的前提下上市的主要优势。

一、改制上市可以获得便利稳定的融资渠道

企业在追求发展的过程中，经常需要将大量的资金用于扩大生产、研发创新、市场推广等方面。传统的融资方式如银行贷款、债券发行等往往受到诸多限制。特别是中小企业在发展过程中受到自身各种因素的影响更容易遭遇融资瓶颈，有着严重的"麦克米伦缺口"（Macmillan Gap），这已经成为妨碍中小企业发展的世界性难题。通常情况下，中小企业由于企业规模相对较小、信用评级较低、缺乏抵押物以及缺乏稳定的现金流，往往难以从传统金融机构获得足够的融资支持。

中小企业通过在资本市场发行股票进行直接融资，不仅可以获得长期和稳定的资本性资金，打破融资瓶颈，而且可以改善企业的资本结构，最大限度地分散企业风险，缓解通过银行等机构间接融资造成的负债率过高等风险。借助"风险共担，收益共享"机制，中小企业发行上市后如果经营业绩表现不错，还可以通过配股、增发以及发行可转债等形式实现持续融资。

很多证券交易所均设立了专门为中小企业服务的板块，如北京证券交易所、美国的纳斯达克交易所、香港联合交易所GEM板等，这些板块的有关要求较其他板块相对较低，使得中小企业有更多的机会实现上市。

1. 公司上市拓宽了融资渠道

比如首次公开发行时募集资金，上市后的融资方式则包括股权融资（例如配股、公开增发、定向增发等）、债权融资（例如发行公司债券、中期票据等）、混合融资（例如发行可转换公司债券、永续债、优先股等）、结构融资

（例如企业资产证券化，即 ABS）等多种方式。相比传统融资方式，上市能够使公司吸引更多投资者的关注和参与，从而获得更丰富的资金来源。

2. 公司上市提高了融资效率

上市公司可以通过股票市场实现快速定价和交易，提高融资效率。公司可以根据市场需求和自身情况，在适当的时机增发股票，满足资金需求。此外，公司还可以将股票作为抵押物进行贷款，进一步扩大融资渠道。

3. 公司上市降低了融资成本

上市公司可以通过股权融资来降低融资成本。相比于高利率的银行贷款或债券发行，公司发行股票的成本往往较低。此外，上市公司的股票可以作为标的资产进行交易，操作得当可以进一步降低融资成本。

融资本质上就是把社会的各类资本吸引到企业中，在形成企业规模优势的同时通过投资主体多元化实现共同承担企业经营风险。上市公司可以在预期的时间内通过多种融资渠道一次性募集规模较大的资金，并且在符合交易所要求的情况下为开展下一次融资活动做准备，这一融资便利性和稳定性是非上市公司所无法比拟的。上市公司通过资本市场进行融资，开展新项目建设、拓宽市场区域、提高市场占有率、培育孵化创新业务等，使得企业自身综合竞争力、抗风险能力进一步提升。

二、改制上市可以提升企业品牌价值

这主要表现在以下方面。第一，成功上市是企业品牌建设过程中的一个重要环节。成为上市公司，本身就是荣誉的象征。资本市场注重企业质量、成长性、市场潜力以及发展前景，成功上市的企业相对都是质地优良、有发展前景的企业，这在一定程度上可以表明企业的竞争力，无疑将大大提升企业的形象。第二，路演和招股说明书公开推荐提供了公开展示企业形象的舞台，社会公众可以通过路演和招股说明书进一步认识和了解企业，看到企业的实力和发展战略，增强对企业的信心，从而使企业价值得以提高。第三，公司上市后将成为投资者、媒体、政府等各方关注的焦点：每日的交易行情成为成千上万投资者必看的公司广告；媒体对上市公司新业务和新动向的追踪报道，将吸引成千上万投资者的眼球；机构投资者和证券分析师对企业的实时分析，能够进一步挖掘企业的潜在价值。第四，开展积极主动的投资者关系管理，建立公司与股东的良性互助关系，可以为企业树立起一个新的品牌，使企业美誉度迅速提高。

三、改制上市有利于企业引入现代管理制度

改制上市的过程是企业进一步规范发展的过程。首先，企业在做出改制上市的决定前，要分析内外部经济和市场环境，对企业优劣势进行自我分析，找准定位，使企业发展战略清晰化。其次，改制过程中至少需要三家专业机构的支持，分别是证券保荐机构、律师事务所和会计师事务所，有一些企业还需要其他专业咨询机构和评估机构，前述众多专业机构会为企业出谋划策，提供各种解决方案，挖掘优势，研究发展前景，协助企业建立内控机制，完善治理结构，健全管理制度。再次，上市过程中引入外部投资人和外部董事，不但会给企业带来新的管理理念和增值赋能服务，而且可以引入外部监督机制，督促企业规范良性发展。最后，资本市场有一套严格的标准和程序，要求企业规范发展，如主营业务突出、财务表现优秀、成长性良好、股权结构和产权清晰、运作规范、独立性强等，符合前述要求的企业才能通过层层审核，成功上市。

上述一系列改制规范过程能为企业带来科学规范管理和发展的理念。企业产权关系得以清晰，治理模式得以改进，经营运作得到一定程度的规范，现代企业制度的运行机制和运行环境得以引入，企业的治理结构及制度体系将逐步走向科学化、制度化和规范化。因此可以说，改制上市是促进企业明确发展方向、完善公司治理、夯实管理基础、实现规范发展的重要过程。

四、改制上市帮助投资者创造财富

通过公开发行股票并上市，公司的股东可以把一部分股权以股票的形式转让给社会公众股东。社会公众投资者之所以购买公司股票，是因为他们希望以增量的投资促进公司的高成长，而这种高成长反过来又能提升股票价值，此时更多的买卖机会使得市场对该股票的需求增加，进而推动股价上涨，这样投资者可以从公司的高成长中分享利润。

这样的例子不胜枚举，胡润研究院发布的"2023胡润百富榜"显示，农夫山泉董事长钟睒睒以4500亿元第三次成为中国首富。与钟睒睒在公众场合的低调形成鲜明对比的是他惊人的财富增长速度。2020年4月29日，钟睒睒

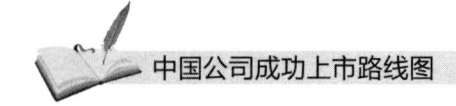

执掌的两家公司农夫山泉股份有限公司（以下简称农夫山泉）和北京万泰生物药业股份有限公司（以下简称万泰生物）分别向资本市场发起冲击。其中，农夫山泉向港交所递交了招股说明书，而万泰生物则是在多次尝试后成功登陆上海证券交易所。Wind 数据显示，发行价为 8.75 元/股的万泰生物，截至 2020 年 6 月 5 日收盘，已经达到了 124.18 元/股，相较发行价暴涨 13 倍之多，总市值高达 538.44 亿元。万泰生物的实际控制人钟睒睒合计持有公司 74.23% 的股权，上市 20 多日其身家暴增 300 多亿元。

我们不难发现，无论是全球的个人财富排行榜，还是国内的个人财富排行榜，榜上有名者都有一个共同特征，就是他们的资产大部分是上市公司的股票。资本市场这种创造财富的神话，正激励着越来越多的未上市企业加入到资本市场中来，这也意味着企业家与资本市场的结合将会不断诞生出新的财富故事。

五、改制上市可以完善公司激励机制

公司上市后，通常会实施股票期权、限制性股票等股权激励机制，让员工持有公司股份，从而与公司发展紧密挂钩。这使得员工能够分享公司业绩成果，并通过股票升值获得资本回报。股权激励不仅可以提高员工的积极性和忠诚度，还可以促进员工与公司利益相一致。

1. 改善员工福利和待遇

上市公司通常具有更稳定的财务状况和更高的市值，这为员工带来了福利和待遇改善的机会。上市后，公司可能提供更好的薪资、奖金和福利待遇。此外，上市还意味着公司更注重员工满意度和幸福感，通过提供更好的工作环境，以进一步激发员工潜能。

2. 增加认同感和参与感

上市使员工有更多机会参与公司的发展和决策过程，增强了员工的归属感和参与感。公司可能设立员工代表机制、员工意见反馈渠道等，鼓励员工积极参与公司事务，并提供反馈和建议。这种参与感可以增强员工对公司目标的认同感，激发员工团队的凝聚力和合作精神。

3. 共享公司发展成果

上市公司的成功将直接反映在员工的收益和回报上。员工作为公司的一

分子,能够分享公司业绩增长所带来的收益。这种共享机制使员工与公司利益紧密相连,激励员工更加积极地投入工作。

因此,公司的创始股东并不是公司上市的唯一受益者,公司上市也给管理者和一般员工带来了很大利益。一旦员工持有了公司的股票,成为公司的所有者,他就会真正从内心关心公司的发展,为公司的成长献计献策。如果公司的员工在首次公开发行之前就已经拥有公司的股票,那么他们的财富也将获得成倍的增长。公司股票价格的上升,不仅能增强员工的自豪感,而且有助于提高员工对公司的忠诚度,还能给他们带来财富和幸福的生活。

六、改制上市增强了公司的影响力

上市公司可以获得更强的影响力。首先,上市公司会有更多的资本和资源,这使它们可以参与到更广泛的社会经济活动中,包括参与行业规则的制定以及与有关机构进行合作。其次,上市公司通常在特定行业中占据重要地位,因此具有较大的产业影响力。这使得公司能够代表整个行业与政府进行对话。通过参与行业协会、专业组织和咨询机构等,公司能够在规则制定和法规改革中发挥更大的作用。再次,上市公司普遍受到更多关注和监管,因此它们更加注重社会责任和公众形象。通过积极履行社会责任,主要包括参与慈善捐赠、环境保护、员工福利等方面的活动,可以提升公司在社会领域的声誉和影响力,获得公众和政府的认可。最后,如果一家公司在全球范围内上市,比如A+H上市,或者在海外寻求二次上市,那么它在国际市场上的声誉和影响力将比一般的上市公司更高。

七、改制上市为企业构建了全方位的融资平台

财务杠杆是企业利用债务资金(外部融资)与自有资金(内部融资)的比例变化来达到企业价值最大化的一种策略。公司上市后除了能够发行股票外,还可以发行债券获得债务资金,这为增加财务杠杆提供了多元化的选择。

一个典型的案例是中国电信(China Telecom),该公司于2002年在香港证券交易所上市。它通过上市有效发挥了财务杠杆的灵活性。上市后,中国电信能够轻松引入外部投资者,并通过股权融资和债务融资来获取额外的资金。这些资金用于推动公司业务的扩张和发展,包括网络基础设施建设、技

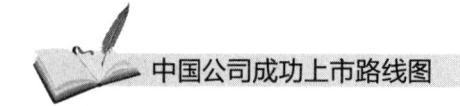

术研发以及收购其他运营商等。上市后通过灵活使用财务杠杆，中国电信得以加快网络升级和扩展服务范围，满足日益增长的通信需求。作为全球最大的电信运营商之一，中国电信通过有效的财务管理和资本运作手段，优化了资本结构，促进了公司业务的长期增长。

八、通过收购兼并提高公司竞争力

在资本市场上市后，公司常常寻求进一步提高自身的综合竞争力和市场份额。除了获得更便利、稳定的融资渠道之外，通过资本市场收购兼并其他企业也是一种常见的战略选择。

公司上市后，通过收购兼并上下游企业、互补性企业可以迅速扩大市场份额，获取新的技术、产品线和客户资源，增强在行业中的地位，从而实现资源整合和业务扩展。例如，谷歌（Google）在其上市后收购了YouTube，通过整合两者的优势，迅速将YouTube打造成为在线视频领域的巨头。又如，亚马逊（Amazon）上市后不断地收购兼并，建立了庞大的物流网络和供应链体系，通过整合该种供应链、生产流程等，可降低采购成本、生产成本，并提高运营效率，带来更多议价能力。Facebook上市后收购Instagram也是非常好的案例，除了获得Instagram的用户基础和技术优势之外，Facebook还吸引了Instagram创始人和团队的加入，为公司注入了新鲜血液和创业精神。

九、改制上市使公司股份得以自由流通

除了公司获得自身发展所需的资金外，公司的创始股东从公司上市中获得的利益是最多的。当然，这些利益并不是由公司董事长或实际控制人一人独享，公司的任何一个初始投资者都可以分享这些利益。他们手中期初以1元价值购买的股票，在首次公开发行股票的时候可能价值5元、10元甚至更多，这意味着一个初始投资者100万元的投资通过首次公开发行之后将达到500万元、1000万元甚至更多。与公司的净资产相比，初始投资的回报率是相当可观的。

尤其对于民营企业来讲，上市意味着大股东名下的资产迅速扩张。以腾讯的上市为例，其于2004年6月16日在香港联合交易所上市并募集15.5亿港元。创始人马化腾和其他创始股东不仅通过本次上市实现了巨额财富增值

和资本回报，而且也成为业界知名人物，这种名誉的提升不仅提高了创始股东个人的品牌价值，还为他们在商业和慈善领域开展活动提供了更大的平台。在公司内部，创始股东在公司的重大决策中也能继续发挥关键作用，参与并影响公司的战略规划、业务发展和人才培养等不同方面。

企业改制上市能给企业的创始股东带来巨大的利益：第一，通过发行上市，企业的每股净资产将得到巨大的提升，企业创始人可以获得巨大的资本增值；第二，企业上市后不断发展壮大，利润增加，创始人还可以分取更多的红利，通过出售部分股权还能从价值增值中直接获益；第三，创始股东的知名度、曝光度和影响力也通过上市得到提升，个人品牌价值将更加凸显；第四，创始股东在公司决策中将继续保留话语权，通过公司治理结构更有效地对公司进行管理和运营。

第二章
资本市场中介机构

中介机构是资本市场不可或缺的组成部分，是资本市场的"看门人"，是直接融资的服务商。伴随着资本市场的发展壮大，包括证券公司、会计师事务所、律师事务所、资产评估机构和资信评级机构等在内的中介服务机构获得了较大发展，业务类型逐渐丰富，专业人才不断增多，合规风控水平明显提高，综合竞争力不断增强，服务水平迈上新台阶，为资本市场的功能提升和作用发挥提供了重要支撑。

第一节 证券公司

证券公司，即券商，是连接投资端和融资端的重要桥梁，发挥着投资银行的功能，是资本市场重要的中介服务机构。证券公司伴随着资本市场的孕育而生，在资本市场的发展中逐步壮大。企业上市时，券商处于重要地位，主要承担保荐和承销的职能，因此也被称为"保荐人""承销商"。券商负责为拟上市公司筹备有关上市的事宜，在提交上市申请前要对企业进行审核，确认其是否符合上市条件，审核内容包括企业的经营状况、财务状况、管理机构等方面。券商要对企业的各项指标进行评估，提出改进建议，确认企业符合上市条件后组织各中介机构制作上市申请文件，并将上市申请文件正式呈交相关机构【在不同的上市地点，机构会有所不同，如境内上市，该机构为上海、深圳或北京证券交易所，香港上市则为联交所（香港联合交易所的简称）】，处理监管部门就有关上市申请的一切事宜所提出的问题，同时担当拟上市公司与证券交易所、中国证监会及各专业中介机构之间的主要沟通渠道。

简单地说，券商的职责包括：

（1）就公司现行架构和财务状况，拟定最合适的重组方案，并实施重组工作；

（2）辅导公司建立健全公司治理体系、内部决策和控制制度、财务会计制度等，对公司董事、监事和高级管理人员进行系统的证券法规及证券市场知识培训；

（3）统筹一切有关上市申报的工作，参与推荐、委任有上市审验资格的会计师事务所和律师事务所等其他中介机构，协调各中介机构的工作及制定时间表；

（4）负责统筹编写招股说明书及其他相关文件；

（5）按照上市法律法规，为公开发售及上市向审批或备案机构提交上市申请，以及处理监管部门问询、沟通等有关事务；

（6）根据市场情况和企业情况，制定合适的发行方案和定价方案；

（7）组织路演推介活动，协助企业向投资者宣传和推广；

（8）根据市场情况和发行方案，制定合适的股票销售策略，协助企业完成新股票的配售工作；

（9）企业上市后，持续督导发行人履行规范运作、信守承诺、信息披露等义务。

券商的作用远不止于帮助企业上市筹资，一个好的券商对于企业构建健康的管理体制、制定长远的发展规划，并真正实现其成长和发展是至为关键的。因此，无论是选择境内还是境外的券商，拟上市公司都要慎重考虑。在选择时可以考虑券商在以下几个方面是否表现突出。

一是券商在同行中是否有较高的声誉。券商的声誉是其实力的综合反映。声誉高的券商，在经济实力上就会有优势，其业务人员的经验、素质、职业道德和敬业精神也会相对较好。

二是券商是否有与其他知名中介保持良好合作关系的记录。这里的中介指的是会计师事务所、律师事务所等与证券有密切关系的中介机构。因为保荐工作不是仅券商一家就可以完成的，而是需要其他中介机构的配合与协作。

在协作过程中，券商要起到策划、组织和协调的作用。券商与其他知名中介有良好合作的记录，表明自身有较强的组织能力，从而可以更好地完成保荐工作。

三是券商是否有自己的发行渠道和分销网络。拟上市公司的股票发行是否顺利，与券商是否有自己的发行渠道和分销网络有密切的关系。拥有完善的发行渠道和分销网络是券商实力强大的体现，同时也事关企业的顺利融资，因而要加以重视。

四是券商有无为本行业上市公司提供上市和包装的经验。在保荐人制度下，每个券商都会有自己的保荐特长或保荐特色。创新企业在选择券商时要扬长避短，尽量接触那些有本行业保荐经验的券商。

五是券商能否为公司上市后的运作提供后续支持和帮助。券商的保荐期限不仅包括企业的发行上市期间，还至少包括企业上市后的一定时间（境外和境内规定的时间有所不同）。也就是说，券商不仅是上市推荐人，还要成为企业的督导者和得力助手。

六是券商能否为公司股票定出合理的价格。在发行股票时，券商通过路演等形式的推荐活动，征询到一定的价格区间。在此基础上，券商还要和企业定出最后的发行价。一般来说，每个券商都会有自己的评估系统和定价模型。对于企业而言，只有和券商在价格上达成一致才能顺利发行股票，因而事先的选择比较重要。

另外，由于境内和境外上市规则的不同，对券商的一些资格方面的要求也有所区别，在选择券商的时候要注意。比如，境内一家公司上市需要境内的2名保荐代表人联名推荐，并且这2名保荐代表人不能再推荐同一上市板块的其他公司，因此我们在选择境内券商的时候必须考虑其正在辅导和申报的拟上市公司的数量和券商保荐代表人的人数比例，以保证券商能在公司需要上市的时候为公司提供2名合乎资格的保荐代表人。而在香港上市的话，香港联交所要求券商只有在担任过3次以上联席保荐人的基础上才能够成为独立的上市保荐人，因此，虽然香港的保荐人多达几百家，但真正能够独立推荐的保荐人不会超过40家。

第二节　会计师事务所

会计师事务所是公司上市过程中的关键机构之一。会计师事务所的作用，除了上市审计之外，还包括协助企业建立符合要求的会计制度，为企业管理层选择恰当的重大会计政策，对复杂交易和会计估计判断的合理性提出建议。

会计师事务所的职责具体包括以下方面。

（1）按照相应的会计准则审计会计报表，并出具会计师审计报告。

（2）参与重组方案的讨论和确定。

（3）就有关重组方案中的财务问题向公司及各中介机构提供咨询意见。

（4）根据企业特点，为拟上市公司及其母公司（如有）提供税务安排方面的建议。

（5）参与招股说明书的草拟和讨论。

（6）在我国境内，只有具有证券从业资格的会计师事务所才能为企业的境内上市提供服务。而境外上市时，一般应从全球四大会计师事务所中选择一家，这四大会计师事务所包括安永（EY）、毕马威（KPMG）、德勤（DTT）和普华永道（PWC）。

除上述资格外，会计师事务所的选择主要与资源和距离上市地的远近有关。因为会计师开展审计工作需要进驻公司较长的一段时间，所以公司选择的会计师事务所应在公司附近设有机构。另外，境外上市时，上市地不同，四大会计师事务所在各个不同交易所的市场占有率也不同。

企业如拟在境外上市，也可以根据自身的情况以及其他中介的意见选择一家境内的会计师事务所为自己的境外上市提供服务，主要包括公司的财务重组和规范。

第三节　律师事务所

律师事务所及其从业律师作为证券市场的重要参与主体，为市场提供专业的法律服务。公司必须依靠律师才能够使公司的各项准备工作符合上市地法律法规的要求。如果公司出现了不符合上市规则的行为，那么审核部门可能会停止审核该公司的首次公开发行，要求公司做合乎法规的调整并进行深入仔细的法律检查。这些都要求有律师的参与。

公司如果准备在境内上市，那么聘请境内的律师事务所就可以处理所有境内上市需要律师解决的问题；如果公司准备在境外上市，那么不仅要聘请境内的律师，还需要聘请境外的公司律师和承销商律师。

企业境外上市涉及很多有关中国法律的问题。上市能否成功与上市文件的制作和法律意见书有重大关系。境内律师在企业境外上市中的主要职责有以下八个。

第一，参与制定公司的重组方案，完善有关的中国法律手续。

第二，就有关拟进入上市公司行列的企业的设立、存续以及生产经营权、债权债务、重大合同等方面进行尽职调查。这些法律问题包括但不限于同业竞争、关联交易、申报报批外商控股企业、资产重组、合同转让的第三方同意、土地房产和其他资产的所有权认定几个方面。

第三，拟定和参与拟定重组过程中符合上市规定的所有中国法律文件。

第四，拟定和参与拟定公司设立过程中符合上市规定的所有中国法律文件。

第五，参与草拟招股说明书。

第六，就公司重组及上市过程中涉及中国法律的问题出具法律意见书。

第七，解答其他中介提出的有关中国法律的问题。

第八，就公司重组及上市过程中涉及的法律问题回答有关机关的提问。

如果企业在境内上市，则境内律师除了履行上述职责外，还应做到以下两点。

第一，配合券商对公司做上市前的辅导工作。

第二，根据中国证监会的编报规则出具公司首次公开发行上市的律师工作报告和法律意见书。

公司在境内上市需要境内律师。而在境外上市，除了境内律师外，还需要境外律师。如在美国上市，需要美国律师。境外律师分为境外公司律师和承销商律师。较之券商、中国律师和会计师，中国公司对境外律师了解得较少，公司往往缺乏充分的信息来做出选择。我们建议，在境外律师的选择上，主要应听取其他中介如券商或中国境内律师的意见。

第四节　其他中介服务机构

除了证券公司、会计师事务所和律师事务所外，企业改制上市还可能涉及资产评估机构、财经公关公司、行业顾问等中介服务机构，其具体职能如下。

1. 资产评估机构

资产评估机构出具的资产评估报告是市场主体交易定价的主要参考依据，同时以财务报告为目的的评估也为提升公司财务信息披露质量发挥了重要作用。资产评估机构主要在改制阶段负责资产的评估工作，根据确定的进入股份公司的资产边界进行资产评估，并出具资产评估报告；公司如果存在资产收购的情况，也会要求由具有证券从业资格的资产评估机构出具评估报告。

2. 财经公关公司

财经公关公司的工作核心是围绕资本市场进行舆情管理、媒体关系管理。主要负责协助处理除招股说明书和投标报告外的文案（比如路演的展示材料、路演邀请函等），负责上市过程中媒体关系的稳定性与危机公关，负责路演、上市酒会等活动的组织协调和安排等。

3. 行业顾问

行业顾问主要为企业提供所从事行业的相关市场的研究和分析、编制行业报告。一份优质的行业研究报告（或者"业务与技术"）可以提升公司的亮点，提高公司的发行股价，从而使公司募集更多的资金。境外上市一般需要聘请行业顾问，其撰写的行业报告的部分内容将被直接引用作为招股书中的"专家意见"。

第五节　全面注册制下中介机构的责任

我国于2019年设立科创板并试点注册制，2020年开始创业板改革并试点注册制，2021年北京证券交易所实行注册制。2023年2月17日，中国证监会发布全面实行股票发行注册制相关制度规则，标志着我国资本市场正式进入全面注册制阶段。与核准制相比，在注册制下，证券主管机关的职责是依据信息公开原则对申请文件的全面性、真实性、准确性和及时性做形式审查，而不对证券发行行为及证券本身做价值判断。因此，申请文件本身的质量和合规性是企业能否成功上市的关键。

注册制改革要求压实发行人信息披露的第一责任，而压实中介机构责任是全面注册制改革的重要着力点。从中介机构责任的角度来看，主要关注三方面的变化：一是从"受理即担责"调整为"申报即担责"，意味着中介机构的把关责任前置，进一步压实了"看门人"责任；二是延伸了责任的边界，在过错推定原则下，如果中介机构不能有效证明其没有过错，则最终会被认定其具有过错；三是处罚更严。

在全面注册制的大背景下，必须强化合规风控底线思维，加强内控制度建设，及时掌握监管动态，持续提升风险管控能力，履行好资本市场"看门人"的责任。

案例分析

融资路上的"三驾马车"

优质的中介团队无疑是整个上市计划最终成功落地的重要保障。这一点在华厦眼科医院集团股份有限公司（以下简称华厦眼科）的成功上市中表现得尤为明显。

华厦眼科成立至今始终专注眼科专科医疗服务领域，坚持以高水平创新推动高质量发展，截至2023年上半年已在全国开设57家眼科专科医院和23家视光中心，覆盖17个省份46个城市，成长为全国大型医疗连锁集团，在全国上千家眼科医院中排名第二。集团拥有多家全国眼科诊疗领域服务能力领先的单体医院，其中厦门大学附属厦门眼科中心是国家三甲专科医院，获评国家临床重点专科和国家药物临床试验机构，并设有博士后科研工作站、院士专家工作站和福建省眼表及角膜病重点实验室等，连续两年荣获国家"改善医疗服务示范医院"。

华厦眼科的上市之路可以从2016年说起。是年，华厦眼科启动上市辅导。到2019年8月，华厦眼科聘请了中金公司、上海锦天城律师事务所和容诚会计师事务所作为IPO的辅导机构，并于2020年7月递交IPO申请书，在创业板申请上市。2020年9月，深圳证券交易所对其出具了问询函，共提出22个问题，其中就有关于改制及是否导致国有资产流失的问询。中介机构详细披露了曾经的改制及种种股权转让等资本操作过程，多次论证其程序合规，不存在国有资产流失或损害国有资产。

经过深圳证券交易所的多轮问询后，华厦眼科终于在2021年6月24日获得上市委会议审议通过，成功过会并随后递交注册稿。经历了近一年零三个月的注册阶段，2022年9月16日，中国证监会官网发布批复，同意华厦眼科首次公开发行股票并在创业板上市的注册申请。中金公司、上海锦天城律师事务所和容诚会计师事务所三家都是国内知名的从事证券业务的中介机构，在华厦眼科上市过程中，不仅从各自的专业角度为公司上市排除诸多障碍，并且为公司与投资者、监管机构之间的沟通起到了重要的桥梁作用。可以说，"三驾马车"在华厦眼科上市过程中共同为其保驾护航。最终，2022年11月7日上午，华厦眼科医院集团股份有限公司（股票代码：301267）正式登陆深圳证券交易所创业板，成为福建省首家登陆A股市场的眼科连锁医疗服务机构。华厦眼科首日股价开盘报70.01元，上涨37.60%，成交6228.38万元，市值超390亿元。本次发行是医疗服务行业迄今发行市值及融资规模最大的A股IPO项目，是创业板实行注册制以来医药卫生行业发行市值最大的A股IPO项目，也是首个涉及相当数量及规模医院改制的A股IPO项目。

第二部分

境内上市

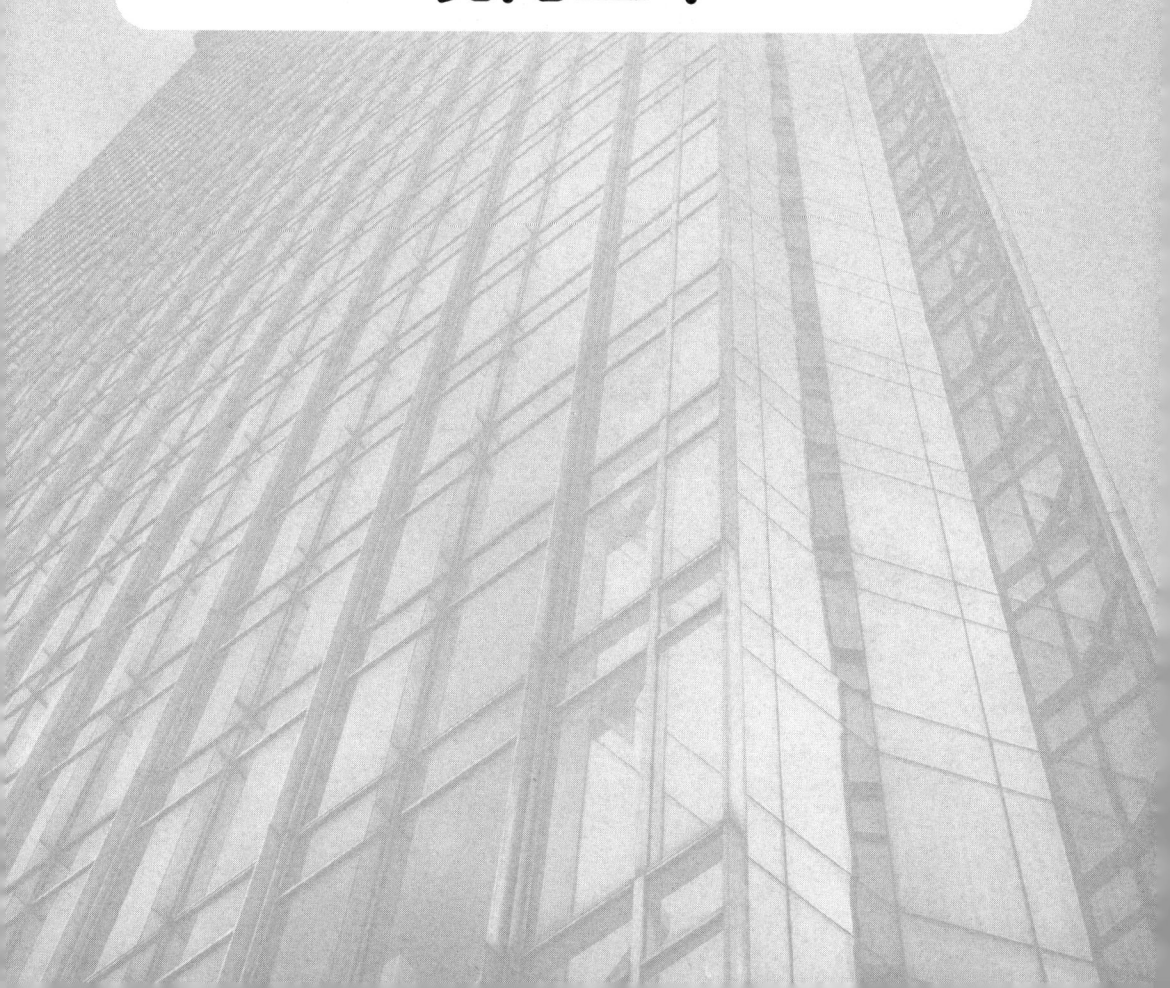

第三章

国内证券市场概述

第一节　多层次资本市场简介

一、资本市场发展历程

我国证券市场的存在可以追溯到北洋政府时期，而证券的发行则更早，可以追溯到19世纪。20世纪30年代，我国证券市场一度繁荣。中华人民共和国成立之后，因为推行计划经济体制，取消了证券市场。从20世纪80年代开始，我国的股份制改革进行得如火如荼，一大批新兴的股份制企业涌现出来。随着改革的深入，建立统一的证券市场成为迫切的需要。就这样，1990年12月1日深圳证券交易所（简称深交所）开始试运作，12月19日，上海证券交易所（简称上交所）正式敲锣开业，成为我国证券市场风雨发展历程的揭幕礼。

2003年，国务院提出建立多层次资本市场体系，满足不同企业的融资需求，从战略角度确立了多层次资本市场的发展方向。2004年，为服务收入增长快、盈利能力强的中小企业，深圳证券交易所在主板市场内设立中小板。2009年，为服务国家创新驱动发展战略，支持创新型、成长型企业发展，深圳证券交易所内设创业板并正式开板。2012年，国务院批准设立全国中小企业股份转让系统，定位于服务创新型中小企业。2019年，科创板在上海证券交易所设立并试点注册制，产业聚集和品牌效应逐步显现，科创板的"试验田"作用得到有效发挥。2020年，中国证监会发布创业板改革并试点注册制相关制度规则，标志着创业板改革并试点注册制正式落地。2021年，中国证监会同意深圳证券交易所主板市场与中小板市场并板。2021年，北京证券交易所（简称北交所）成立，以统筹新三板各层级协调发展，发挥带头作用，做活做强基础层与创新层，加强与沪深交易所、区域性股权市场的互联互通。目前，我国已形成包括主板、科创板、创业板、北交所、新三板及区域性股权市场等在内的多层次资本市场体系，各板块和市场功能定位明确，层层递进，错位发展，形成支持不同成长阶段和不同类型企业创新发展的资本市场体系。

二、构建多层次资本市场的意义

一是多层次资本市场有利于促进中小企业发展。中国经济呈二元经济状态，一方面存在一批大中型国有企业，另一方面存在茁壮成长的个人创业企业。民营企业的发展提供了大量的就业岗位，为维护社会稳定发挥了重要作用，但民营企业和国有企业的营收规模、净利润水平不同，如采取相同的上市门槛和指标，则中小企业很难通过资本市场进行融资，获得生产经营所需的资金。结构合理的多层次资本市场可以满足不同企业包括中小企业、高科技创新企业的融资需求，使这类企业可以根据自身的实际情况选择合适的板块上市融资，而这些企业正是中国经济增长中最为活跃的因素。为这些活跃的市场群体提供有力的金融支持，就是为中国经济可持续增长提供新的动力。

二是多层次资本市场有利于改变我国的融资结构。在我国目前的经济结构下，中小企业发展所需的资金主要来源于自有资金和银行间接融资。如果单纯依赖银行间接融资解决企业的流动资金问题，则既束缚了中小企业的发展，增加了中小企业的财务成本和流动性风险，也提高了银行的信贷风险，并加剧了银行等金融机构与中小企业之间的矛盾和冲突。结构合理的多层次资本市场能够带动直接融资和间接融资结构的调整，使企业可以通过上市渠道实现一级市场的直接融资，并将融资资金投入到募投项目的建设，以不断扩大企业的发展规模并增加抗风险能力。因此，多层次资本市场的建立对于改变企业过多依赖以银行贷款为主的间接融资的融资结构具有积极的作用。

三是多层次资本市场是资本市场发展的重要目标。建立多层次资本市场体系，有利于形成相互衔接的投融资格局，促使资本进退有序。多层次资本市场使资本在选择投资企业时，更加注重企业类型的多元化，比如投资创新型企业和科技型企业后可以考虑通过创业板、科创板上市实现股东退出。规模和利润较小的企业可以考虑通过北京证券交易所上市融资，改变企业发展单一依靠银行融资或者仅有主板上市渠道的局面。多层次资本市场的形成也是资本市场发展成熟的重要标志。

第二节　股票市场各板块简介

一、主板

主板市场是交易所股票市场的主体，主要接纳国民经济中的支柱企业、占据行业龙头地位的企业以及资产规模和经营规模较大的企业上市。在我国资本市场设立早期，主板上市公司数量和市值占整个市场的绝大部分，代表着资本市场的基本面貌。

2023年2月1日，中国证监会就全面实行股票发行注册制涉及的主要制度规则向社会公开征求意见。同年2月17日，中国证监会与沪深交易所发布实施了全面注册制改革制度规则，将注册制推广到全市场。同年4月10日，沪深交易所主板注册制首批企业上市，首批10家企业中5家登陆沪市主板，分别是中重科技、中信金属、常青科技、江盐集团、柏诚股份，首发募资合计162.41亿元，另外5家登陆深市主板，分别为登康口腔、中电港、海森药业、陕西能源、南矿集团，首发募资合计118.88亿元。从科创板到创业板、北交所，再到全市场，从增量市场到存量市场，注册制走出了渐进式改革之路。本次上市仪式的举行，标志着股票发行注册制改革全面落地，这是中国资本市场改革发展的又一个重要里程碑。

主板市场是指传统意义上的证券市场，是一个国家或地区证券发行、上市及交易的主要场所。主板上市要求严格，这决定了它的服务对象主要是大型蓝筹企业。"蓝筹"一词源于西方赌场，蓝色是三种不同颜色的筹码中价值最高的，如今以蓝筹股指代总股本和总市值很大的发售公司，这类公司具有稳定的盈余记录，能定期分派较优厚的股息，被公认为业绩优良的公司，又称为绩优股。改革后，主板要突出"大盘蓝筹"特色，重点支持业务模式成熟、

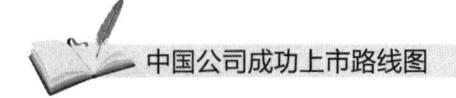

经营业绩稳定、规模较大、具有行业代表性的优质企业。相应地,设置多元包容的上市条件,并与科创板、创业板拉开距离。主板改革后,多层次资本市场体系将更加清晰,基本覆盖不同行业、不同类型、不同成长阶段的企业。

二、创业板

创业板设立于2009年,经过十多年的发展,创业板集聚了一批优秀企业,在支持创新创业企业发展壮大、优化产业升级、服务实体经济等方面做出了重要贡献。

创业板作为多层次资本市场体系的重要组成部分,定位于深入贯彻创新驱动发展战略,适应发展更多依靠创新、创造、创意的大趋势,主要服务成长型创新创业企业,支持传统产业与新技术、新产业、新业态、新模式深度融合。

目前,发行人申报创业板时,应当提交符合创业板定位要求的专项说明。保荐机构应当围绕发行人创业板定位进行尽职调查,重点对发行人认定属于成长型创新创业企业的判断依据是否真实、客观、合理进行核查把关,并出具专项意见。对于创业板限制的行业(创业板限制的行业中与互联网、大数据、云计算、自动化、人工智能、新能源等新技术、新产业、新业态、新模式深度融合的创新创业企业,支持其申报在创业板发行上市),保荐机构应当严格核查论证,并在专项意见中对发行人与新技术、新产业、新业态、新模式深度融合的情况进行尽职调查,做出专业判断。同时,深交所在审核中,对限制的行业,重点关注发行人的业务模式、核心技术、研发优势等情况,并可以根据需要向深交所行业咨询专家库的专家进行咨询。

三、科创板

2018年11月5日,国家主席习近平在首届中国国际进口博览会开幕式上宣布设立科创板。科创板是独立于现有主板市场的新设板块,并在该板块内进行注册制试点。2019年6月13日,科创板正式开板;同年7月22日,科创板首批公司上市,正式开启对我国资本市场注册制改革路径的探索。

科创板优先支持符合国家科技创新战略、拥有关键核心技术等先进技术、科技创新能力突出、科技成果转化能力突出、行业地位突出或者市场认可度高等的科技创新企业发行上市。具体而言,体现在相关企业的行业领域及其具体的科创属性上,即"六大领域"(六个具体领域及一个其他领域)和"四项常规科创属性"或"五项特殊科创属性"。

此外,根据《科创属性评价指引(试行)》的规定,发行人申报时,应当提交关于符合科创板定位的专项说明。专项说明应当突出重点,直接明了,有针对性地评估是否符合科创属性的要求。保荐机构应当围绕科创板定位,重点对发行人科创属性认定的依据是否真实、客观、合理进行核查把关,并出具专项意见,说明具体的核查内容、核查过程等,同时在上市保荐书中说明核查结论及依据。保荐机构在核查时,应当对发行人的技术先进性进行综合判断,不能简单根据相关数量指标得出发行人符合科创板定位的结论。同时,上海证券交易所在审核过程中将重点关注发行人的以下方面:①发行人是否符合科创板的支持方向;②发行人的行业领域是否属于《科创属性评价指引(试行)》规定的行业领域;③发行人的科创属性是否符合《科创属性评价指引(试行)》所列相关指标或情形要求;④发行人是否具有突出的科技创新能力;⑤上海证券交易所规定的其他要求。

正是基于科创板"宽严相济"的特点,原本无缘A股的一些科创企业得以实现境内上市,但是我们也看到,随着科创板的日趋成熟以及全面注册制的实施,科创板在审核端也在不断趋严,申报企业需要谨慎选取科创属性相关指标,尤其是在不满足"四项常规科创属性"时对申报时机的选择,将是拟上市企业与各中介服务机构的共同挑战。

四、北京证券交易所

2021年9月2日,国家主席习近平在2021年中国国际服务贸易交易会全球服务贸易峰会上致辞,指出"我们将继续支持中小企业创新发展,深化新三板改革,设立北京证券交易所,打造服务创新型中小企业主阵地"。2021年9月3日,北京证券交易所注册成立,北交所受中国证券监督管理委员会监督管理,是我国经国务院批准设立的第一家公司制证券交易所。2021年11月15日,北交所正式在北京揭牌并鸣钟开市,当日首批81家企业(包括10家完成公开发行程序直接在北交所上市的企业和71家从精选层平移至北交所上市的企业)在北交所上市交易。北交所的设立是我国多层次资本市场建设的一个重要里程碑,对深化新三板改革、完善中小企业资本市场融资体系建设具有重要意义。

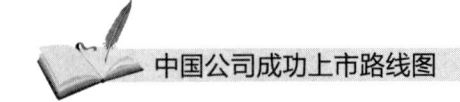

北京证券交易所设立的必要性体现在以下三个方面。

1. 促进中小企业健康发展的需要

根据中国人民银行《中国小微企业金融服务报告》（2018年版），"我国中小微企业贡献了50%以上的税收、60%以上的GDP、70%以上的技术创新、80%以上的城镇劳动就业、90%以上的企业数量"。中小企业是国民经济和社会发展的生力军，是扩大就业、改善民生、促进创业创新的重要力量，在稳增长、促改革、调结构、惠民生、防风险中发挥着重要作用。但是相较于大型企业，我国的中小企业由于资金有限、融资难、人才短缺、技术水平低，在激烈的市场竞争中面临着巨大的生存和发展压力。其中，影响中小企业发展的关键性问题就是融资难、融资贵，表现为除了自身积累外，我国中小企业融资主要依赖银行信贷这一间接融资手段。在信贷融资过程中，往往需要企业提供相应的担保，而我国中小企业受制于经营规模、资产规模等，资信基础较弱，往往只能借到短期贷款。另外，相较于大型企业，中小企业往往无法享有优惠利率，甚至需要支付更多的浮动利率，使得中小企业的融资成本进一步增加。因此，融资难、融资贵这一现实困境使得中小企业在市场竞争中处于不利地位。

近年来，我国政府越来越重视中小企业的发展质量。为促进中小企业健康发展，2019年中共中央办公厅、国务院办公厅发布了《关于促进中小企业健康发展的指导意见》，提出破解中小企业融资难、融资贵困境的意见，明确完善中小企业融资政策、积极拓宽融资渠道、支持利用资本市场直接融资、减轻企业融资负担等举措。

中国证监会于2021年9月2日发文表示，设立北交所是资本市场更好支持中小企业发展壮大的内在需要，是落实国家创新驱动发展战略的必然要求。北交所在建设过程中坚守"一个定位"，即北交所牢牢坚持服务创新型中小企业的市场定位，尊重创新型中小企业发展规律和成长阶段，提升制度包容性和精确性。

综上，北交所的设立是促进我国中小企业健康发展的需要，为成长性强的优质中小企业提供了一个直接融资平台，从而促进我国实体经济和创新型中小企业的发展。可以说，设立北交所是普惠金融的重要举措。

2. 区域均衡协调发展的需要

改革开放40多年来，我国经济发展空前繁荣，中小企业成为市场发展的主要力量。但近年来由于北方资源的枯竭和国家绿色发展所带来的环保压力，以及市场上资金不断南移导致的产业、技术、人才南移，北方各省份经济在全国的占比逐步下降。根据 Wind 统计数据，截至北交所开市（即2021年11月），中国沪深两市上市公司合计超4500家。其中"长三角""珠三角"经济圈主要地区上海、江苏、浙江、安徽、广东合计上市公司数量占比超过45%，北方"京津冀"经济圈主要地区北京、天津和河北合计上市公司数量占比约10%。资本市场发展存在明显的区域不均衡情形，对北方经济发展影响较大。这与北方长期没有大型的证券交易市场，金融资源聚集作用不如上海证券交易所、深圳证券交易所附近的长三角、珠三角地区也有明显的关系。因此，在北京建立一个全国性证券交易所，不仅是全国中小企业发展的需要，也是北方金融体系建设的需要。北交所的设立对促进北方区域金融市场发展、推动北方优质中小企业发展、扭转区域金融资源配置不均衡的局面具有重要作用，有利于平衡全国的金融格局。

3. 深化新三板改革、建设我国多层次资本市场的需要

新三板经过多年发展，吸纳了大量挂牌公司，取得了巨大的成绩，但是仍然存在很多问题，例如，挂牌公司质量良莠不齐，流动性差，交易量活跃度不够，优质的创新型企业受市场和社会对新三板整体印象的限制，在新三板融资量有限。精选层设立后，吸引了一批优质企业，为北交所的设立建立了基础。2021年9月3日中国证监会召开新闻发布会表示，精选层2020年7月27日开市以来，公开发行、连续竞价等各项市场化的制度安排初步经受住了市场检验，融资和交易功能有效发挥，定价和成交效率明显提升，吸引了一批"小而美"的优质中小企业，平均市盈率超过33倍，平均市值超过25亿元，市场表现良好，具备了变更设立为北交所的制度基础、企业基础和市场基础。本次改革通过组建北交所，整体承接精选层，将精选层现有挂牌公司全部转为北交所上市公司，新增上市公司由符合条件的创新层挂牌公司产生。从企业发展阶段和市场实际情况出发，新三板基础层、创新层仍作为依据《证券法》设立的全国性证券交易场所，创新层、基础层挂牌公司仍为非上市公众公司，同时不断提升各项制度安排对中小企业需求的适应性，持续完善市场服务功能。

中国证监会发布了北交所建立的三个目标："一是构建一套契合创新型中小企业特点的涵盖发行上市、交易、退市、持续监管、投资者适当性管理等

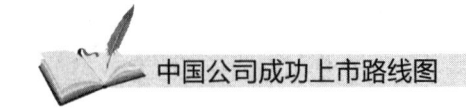

基础制度安排，补足多层次资本市场发展普惠金融的短板。二是畅通北京证券交易所在多层次资本市场的纽带作用，形成相互补充、相互促进的中小企业直接融资成长路径。三是培育一批专精特新中小企业，形成创新创业热情高涨、合格投资者踊跃参与、中介机构归位尽责的良性市场生态。"以上安排，主要是立足多层次资本市场的整体格局，对新三板市场进行优化升级，不仅符合中小企业的实际需要，也符合我国多层次资本市场建设的现实情况。

第三节　股票市场各板块对比

随着北交所的设立，我国已经建立了包括上交所主板、科创板，深交所主板、创业板，北交所五大板块的上市融资渠道，但是各板块的定位及行业要求、上市条件均存在较大差异，主要对比如下。

一、板块定位与行业要求对比

根据《首次公开发行股票注册管理办法（2023）》《北京证券交易所向不特定合格投资者公开发行股票注册管理办法（2023）》《上海证券交易所科创板企业发行上市申报及推荐暂行规定（2022年修订）》《科创属性评价指引（试行）（2023年修订）》《深圳证券交易所创业板企业发行上市申报及推荐暂行规定（2022年修订）》《北京证券交易所向不特定合格投资者公开发行股票并上市业务规则适用指引第1号（2023年修订）》等规定，全面实行注册制之后，发行人申请首次公开发行股票并上市，应当符合相关板块的定位。不同板块的定位和行业要求不同，具体如表3-1所示。

目前对于主板要求的"大盘蓝筹"和北交所所服务的"创新型中小企业"未出台明确的指标，但创业板要求的"三创四新"及科创板要求的"科创属性"均有明确的指标，具体如下。

1. 创业板创新性指标要求

根据《深圳证券交易所创业板企业发行上市申报及推荐暂行规定（2022年修订）》，深圳证券交易所支持和鼓励符合下列标准之一的成长型创新创业企业申报在创业板发行上市（见表3-2）。

表 3-1 板块定位与行业要求对比

要求		主板	科创板	创业板	北交所
板块定位		主板突出"大盘蓝筹"特色，重点支持业务模式成熟、经营业绩稳定、规模较大、具有行业代表性的优质企业，主要服务于成熟期大型企业	科创板面向世界科技前沿，面向经济主战场，面向国家重大需求。优先支持符合国家战略，拥有关键核心技术，科技创新能力突出，主要依靠核心技术开展生产经营，具有稳定的商业模式，市场认可度高，社会形象良好，具有较强成长性的企业	创业板定位于深入贯彻创新驱动发展战略，适应发展大趋势，创造、创意和创新，主要服务成长型创新创业企业，并支持传统产业与新技术、新产业、新业态、新模式深度融合	北交所充分发挥对全国中小企业股份转让系统的示范引领作用，深入贯彻创新驱动发展战略，聚焦实体经济，主要服务创新型中小企业，重点支持先进制造业和现代服务业等领域产业转型升级，推动传统产业发展新动能，促进经济高质量发展
行业要求	鼓励类	"大盘蓝筹"特色的优质企业	具有"科创属性"的科技型企业	成长型创新创业"三创四新"	创新型中小企业
		没有明确做出规定	申报科创板发行上市的发行人，应当属于下列行业领域的高新技术产业和战略性新兴产业： （一）新一代信息技术领域，主要包括半导体和集成电路、电子信息、下一代信息网络、人工智能、大数据、云计算、软件、互联网、物联网和智能硬件等； （二）高端装备领域，主要包括智能制造、航空航天、先进轨道交通、海洋工程装备及相关服务等；	符合"三创四新"要求的企业	重点支持先进制造业和现代服务业等领域产业转型升级，推动传统产业转型升级

33

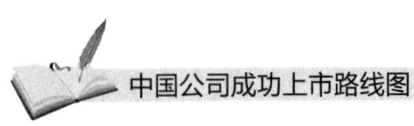

续表

要求		主板	科创板	创业板	北交所
行业要求	鼓励类	没有明确做出规定	(三) 新材料领域，主要包括先进钢铁材料，先进有色金属材料，先进石化化工新材料，先进无机非金属材料，高性能复合材料，前沿新材料及相关服务等； (四) 新能源领域，主要包括先进核电、大型风电、高效光电光热、高效储能及相关服务等； (五) 节能环保领域，主要包括高效节能产品及设备，先进环保技术装备、先进环保产品，资源循环利用，新能源汽车整车、新能源汽车关键零部件、动力电池及相关服务等； (六) 生物医药领域，主要包括生物制品，高端化学药，高端医疗设备与器械及相关服务等； (七) 符合科创板定位的其他领域	属于上市公司行业分类相关规定中下列行业的企业，原则上不支持其申报在创业板发行上市，但与互联网、大数据、云计算、自动化、人工智能、新能源等新技术、新产业、新业态、新模式深度融合创新创业企业除外：	一
	限制类			限制金融科技、模式创新企业在科创板发行上市	

续表

要求		主板	科创板	创业板	北交所
行业要求	限制类	没有明确做出规定	禁止房地产和主要从事金融、投资类业务的企业在科创板发行上市	（一）农林牧渔业； （二）采矿业； （三）酒、饮料和精制茶制造业； （四）纺织业； （五）黑色金属冶炼和压延加工业； （六）电力、热力、燃气及水生产和供应业； （七）建筑业； （八）交通运输、仓储和邮政业； （九）住宿和餐饮业； （十）金融业； （十一）房地产业； （十二）居民服务、修理和其他服务业	
	禁止类			禁止产能过剩行业、《产业结构调整指导目录》中的淘汰类行业，以及从事学前教育、学科类培训、类金融业务的企业在创业板发行上市	发行人属于金融业、房地产业企业的，不支持其申报在北交所发行上市。发行人生产经营应当符合国家产业政策。发行人不得属于产能过剩行业（产能过剩行业的认定以国务院主管部门的规定为准）、《产业结构调整指导目录》中规定的淘汰类行业，以及从事学前教育、学科类培训等业务的企业

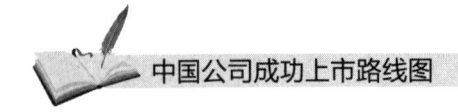

表 3-2　创业板上市标准

项目	标准一	标准二	标准三	例外规定
	研发投入增长率+营收增长率	研发投入+营收增长率	现代产业体系+营收增长率	红筹企业
创新属性指标	最近三年研发投入复合增长率≥15%，最近一年研发投入金额≥1000万元，且最近三年营业收入复合增长率≥20%	最近三年累计研发投入金额≥5000万元，且最近三年营业收入复合增长率≥20%	属于制造业优化升级、现代服务业或者数字经济等现代产业体系领域，且最近三年营业收入复合增长率≥30%	最近一年营业收入金额达到3亿元的企业，或者按照《关于开展创新企业境内发行股票或存托凭证试点的若干意见》等相关规则申报创业板的已境外上市红筹企业，不适用前列规定的营业收入复合增长率要求

2. 科创板科创属性指标

根据《科创属性评价指引（试行）（2022年修订）》，支持和鼓励科创板定位规定的相关行业领域中，同时符合下列四项标准的企业申报科创板上市（见表3-3）。

表 3-3　科创板上市标准

项目	标准一	标准二	标准三	标准四	例外规定
	研发投入+营收	研发人员占比	发明专利	营收、营收增长率	红筹、软件行业
科创属性指标	最近三年研发投入占营业收入比例在5%以上，或最近三年研发投入金额累计在6000万元以上	研发人员占当年员工总数的比例不低于10%	应用于公司主营业务的发明专利5项以上	最近三年营业收入复合增长率达到20%，或最近一年营业收入金额达到3亿元	软件行业不适用标准三的要求，研发投入占比应在10%以上；采用《上海证券交易所科创板股票上市规则》第2.1.2条第一款第（五）项规定的上市标准申报科创板的企业，或按照《关于开展创新企业境内发行股票或存托凭证试点的若干意见》等相关规则申报科创板的已境外上市红筹企业，可不适用标准四的规定

另外，支持和鼓励科创板定位规定的相关行业领域中，虽未达到前述指标，但符合下列情形之一的企业申报科创板上市：

（1）发行人拥有的核心技术经国家主管部门认定具有国际领先、引领作用或者对于国家战略具有重大意义；

（2）发行人作为主要参与单位或者发行人的核心技术人员作为主要参与人员，获得国家科技进步奖、国家自然科学奖、国家技术发明奖，并将相关技术运用于公司主营业务；

（3）发行人独立或者牵头承担与主营业务和核心技术相关的国家重大科技专项项目；

（4）发行人依靠核心技术形成的主要产品（服务），属于国家鼓励、支持和推动的关键设备、关键产品、关键零部件、关键材料等，并实现了进口替代；

（5）形成核心技术和应用于主营业务的发明专利（含国防专利）合计50项以上。

二、各板块发行股本要求对比

根据《上海证券交易所股票上市规则（2023年修订）》《上海证券交易所科创板股票上市规则（2023年8月修订）》《深圳证券交易所股票上市规则（2023年修订）》《深圳证券交易所创业板股票上市规则（2023年修订）》《北京证券交易所股票上市规则（试行）（2023年修订）》，各板块发行股数、公开发行股份比例对比情况如表3-4所示。

表3-4　各板块发行股本要求对比

板块	企业性质	发行股数、发行后总股本	公开发行股份比例
主板	境内企业	发行后股本总额≥5000万元	公开发行股份占股份总数的比例≥25%；总股本>4亿元，公开发行股份比例≥10%
主板	红筹企业	发行股票 发行后股份总数≥5000万股	公开发行（含已公开发行）股份占股份总数的比例≥25%；股份总数>4亿股，公开发行（含已公开发行）股份比例≥10%
主板	红筹企业	发行存托凭证 发行后存托凭证总份数≥5000万份	公开发行（含已公开发行）存托凭证对应基础股份占股份总数的比例≥25%；发行后存托凭证总份数>4亿份，公开发行（含已公开发行）存托凭证对应基础股份比例≥10%

续表

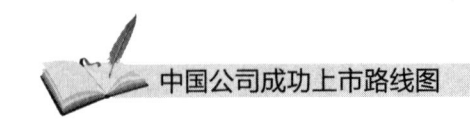

板块	企业性质	发行股数、发行后总股本	公开发行股份比例
创业板	境内企业	发行后股本总额≥3000万元	公开发行股份占股份总数的比例≥25%；总股本>4亿元，公开发行股份比例≥10%
创业板	红筹企业 发行股票	发行后股份总数≥3000万股	公开发行股份占股份总数的比例≥25%；总股本>4亿元，公开发行股份比例≥10%
创业板	红筹企业 发行存托凭证	发行后存托凭证总份数≥3000万份	公开发行存托凭证对应基础股份占股份总数的比例≥25%；发行后存托凭证总份数>4亿份，公开发行存托凭证对应基础股份比例≥10%
科创板	境内企业	发行后股本总额≥3000万元	公开发行股份占股份总数的比例≥25%；总股本>4亿元，公开发行股份比例≥10%
科创板	红筹企业 发行股票	发行后股份总数≥3000万股	公开发行股份占股份总数的比例≥25%；总股本>4亿元，公开发行股份比例≥10%
科创板	红筹企业 发行存托凭证	发行后存托凭证总份数≥3000万份	公开发行存托凭证对应基础股份占股份总数的比例≥25%；发行后存托凭证总份数>4亿份，公开发行存托凭证对应基础股份比例≥10%
北交所	境内企业	公开发行股份≥100万股（且发行对象≥100人）发行后股本总额≥3000万元（且公司股东≥200人）	公众股东持股比例不低于公司股本总额的25%；总股本>4亿元，公众股东持股比例不低于公司股本总额的10%；最近一年期末净资产≥5000万元

三、各板块发行条件对比

根据《首次公开发行股票注册管理办法（2023）》《北京证券交易所向不特定合格投资者公开发行股票注册管理办法（2023）》，各板块发行条件对比情况如表3-5所示。

表 3-5 各板块发行条件对比

板块	发行条件
主板、创业板、科创板	1. 发行人是依法设立且持续经营三年以上的股份有限公司（有限责任公司按原账面净资产值折股整体变更为股份有限公司的，持续经营时间可以从有限责任公司成立之日起计算），具备健全且运行良好的组织机构，相关机构和人员能够依法履行职责。 2. 发行人会计基础工作规范，财务报表的编制和披露符合企业会计准则和相关信息披露规则的规定，在所有重大方面公允地反映了发行人的财务状况、经营成果和现金流量，最近三年财务会计报告由注册会计师出具无保留意见的审计报告；发行人内部控制制度健全且被有效执行，能够合理保证公司运行效率、合法合规和财务报告的可靠性，并由注册会计师出具无保留结论的内部控制鉴证报告。 3. 发行人业务完整，具有直接面向市场独立持续经营的能力： （1）资产完整，业务及人员、财务、机构独立，与控股股东、实际控制人及其控制的其他企业间不存在对发行人构成重大不利影响的同业竞争，不存在严重影响独立性或者显失公平的关联交易； （2）主营业务、控制权和管理团队稳定，首次公开发行股票并在主板上市的，最近三年内主营业务和董事、高级管理人员均没有发生重大不利变化；首次公开发行股票并在科创板、创业板上市的，最近二年内主营业务和董事、高级管理人员均没有发生重大不利变化；首次公开发行股票并在科创板上市的，核心技术人员应当稳定且最近二年内没有发生重大不利变化； 发行人的股份权属清晰，不存在导致控制权可能变更的重大权属纠纷，首次公开发行股票并在主板上市的，最近三年实际控制人没有发生变更；首次公开发行股票并在科创板、创业板上市的，最近二年实际控制人没有发生变更； （3）不存在涉及主要资产、核心技术、商标等的重大权属纠纷，重大偿债风险，重大担保、诉讼、仲裁等或有事项，经营环境已经或者将要发生重大变化等对持续经营有重大不利影响的事项。 4. 发行人生产经营符合法律、行政法规的规定，符合国家产业政策。最近三年内，发行人及其控股股东、实际控制人不存在贪污、贿赂、侵占财产、挪用财产或者破坏社会主义市场经济秩序的刑事犯罪，不存在欺诈发行、重大信息披露违法或者其他涉及国家安全、公共安全、生态安全、生产安全、公众健康安全等领域的重大违法行为。 董事、监事和高级管理人员不存在最近三年内受到中国证监会行政处罚，或者因涉嫌犯罪正在被司法机关立案侦查或者涉嫌违法违规正在被中国证监会立案调查且尚未有明确结论意见等情形

续表

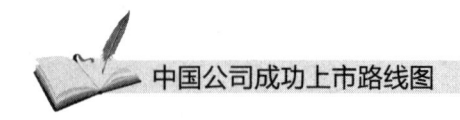

板块	发行条件
北交所	1. 发行人应当为在全国股转系统连续挂牌满十二个月的创新层挂牌公司。 2. 发行人申请公开发行股票，应当符合下列规定： （1）具备健全且运行良好的组织机构； （2）具有持续经营能力，财务状况良好； （3）最近三年财务会计报告无虚假记载，被出具无保留意见审计报告； （4）依法规范经营。 3. 发行人及其控股股东、实际控制人存在下列情形之一的，发行人不得公开发行股票： （1）最近三年内存在贪污、贿赂、侵占财产、挪用财产或者破坏社会主义市场经济秩序的刑事犯罪； （2）最近三年内存在欺诈发行、重大信息披露违法或者其他涉及国家安全、公共安全、生态安全、生产安全、公众健康安全等领域的重大违法行为； （3）最近一年内受到中国证监会行政处罚

四、各板块市值及财务指标对比

根据《上海证券交易所股票上市规则（2023年修订）》《上海证券交易所科创板股票上市规则（2023年8月修订）》《深圳证券交易所股票上市规则（2023年修订）》《深圳证券交易所创业板股票上市规则（2023年修订）》《北京证券交易所股票上市规则（试行）（2023年修订）》，各板块市值及财务指标对比情况如表3-6所示。

表 3-6 各板块市值及财务指标对比

板块	企业性质	企业情况	标准及相关指标	市值	净利润	营业收入	营收增长率	研发投入	经营活动产生的现金流量净额	加权平均净资产收益率	拥有自主研发、国际领先技术，科技创新能力较强，在同行业竞争中处于相对优势地位	营业收入快速增长，拥有自主研发、国际领先技术，在同行业竞争中处于相对优势地位	其他
主板	境内企业	不存在表决权差异安排	标准一	净利润+营收+现金流	—	最近三年为正，且累计≥1.5亿元，最近一年净利润≥6000万元	最近三年累计≥10亿元	—	—	最近三年累计≥1亿元（与营业收入二选一）	—	—	—	—
			标准二	市值+净利润+营收+现金流	预计≥50亿元	最近一年为正	最近一年≥6亿元	—	—	最近三年累计≥1.5亿元	—	—	—	—
			标准三	市值+净利润+营收	预计≥80亿元	最近一年为正	最近一年≥8亿元	—	—	—	—	—	—	—
		存在表决权差异安排	标准一	市值+净利润	预计≥200亿元	最近一年为正	—	—	—	—	—	—	—	—
			标准二	市值+净利润+营收	预计≥100亿元	最近一年为正	最近一年≥10亿元	—	—	—	—	—	—	—

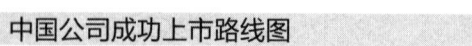

续表

板块	企业性质	企业情况	标准及相关指标	市值	净利润	营业收入	营收增长率	研发投入	经营活动产生的现金流量净额	加权平均净资产收益率	拥有自主研发、国际领先技术，科技创新能力较强，在同行业竞争中处于相对优势地位	营业收入快速增长，拥有自主研发、国际领先技术，在同行业竞争中处于相对优势地位	其他
主板	红筹企业	已在境外上市	标准一	市值	≥2000亿元	—	—	—	—	—	—	—	—
		未在境外上市	标准二	市值+科技创新能力等	≥200亿元	—	—	—	—	—	—	—	—
			标准一	市值+营收	预计≥200亿元	—	最近一年≥30亿元	—	—	—	—	—	—
			标准二	市值+营收快速增长	预计≥100亿元	—	—	—	—	—	同时满足此条件	—	—
			标准三	市值+营收快速增长	预计≥50亿元	—	最近一年≥5亿元	—	—	—	—	同时满足此条件	—
创业板	境内企业	不存在表决权差异安排	标准一	净利润	—	最近两年均为正，且累计≥5000万元	—	—	—	—	—	—	—
			标准二	市值+净利润+营收	预计≥10亿元	最近一年为正	最近一年≥1亿元	—	—	—	—	—	—
			标准三	市值+营收	预计≥50亿元	—	最近一年≥3亿元	—	—	—	—	同时满足此条件	—

续表

板块	企业性质	企业情况	标准及相关指标	市值	净利润	营业收入	营收增长率	研发投入	经营活动产生的现金流量净额	加权平均净资产收益率	拥有自主研发、国际领先技术，科技创新能力较强，在同行业竞争中处于相对优势地位	营业收入快速增长，拥有自主研发、国际领先技术，在同行业竞争中处于相对优势地位	其他
创业板	境内企业	存在表决权差异安排	标准一	预计≥100亿元	—	—	—	—	—	—	—	—	—
			标准二	预计≥50亿元	—	最近一年≥5亿元	—	—	—	—	—	—	—
	红筹企业	已在境外上市	标准一	≥2000亿元	—	—	—	—	—	—	—	—	—
		未在境外上市	标准一	市值+营收快速增长 ≥100亿元	—	—	—	—	—	—	—	—	—
			标准二	市值+营收快速增长 ≥50亿元	—	最近一年≥5亿元	—	—	—	—	—	—	—
科创板	境内企业	不存在表决权差异安排	标准一（二选一）	市值+净利润 ≥10亿元	最近两年均为正，且累计≥5000万元	—	—	—	—	—	同时满足此条件	—	—
				市值+净利润+营收 ≥10亿元	最近一年为正	最近一年≥1亿元	—	—	—	—	同时满足此条件	—	—

43

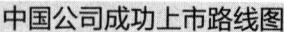

续表

板块	企业性质	企业情况	标准及相关指标	市值	净利润	营业收入	营收增长率	研发投入	经营活动产生的现金流量净额	加权平均净资产收益率	拥有自主研发、国际领先技术，科技创新能力较强，在同行业竞争中处于相对优势地位	营业收入快速增长，拥有自主研发、国际领先技术，在同行业竞争中处于相对优势地位	其他
科创板	境内企业	不存在表决权差异安排	标准二 市值+营收+研发投入	≥15亿元	—	最近一年≥2亿元	—	最近两年累计研发投入占最近两年累计营业收入的比例≥15%	—	—	—	—	—
			标准三 市值+营收+现金流	≥20亿元	—	最近一年≥3亿元	—	—	最近三年累计≥1亿元	—	—	—	—
			标准四 市值+营收	≥30亿元	—	最近一年≥3亿元	—	—	—	—	—	—	—
			标准五 市值+技术优势等	≥40亿元	—	—	—	—	—	—	—	—	主要业务或产品需经国家有关部门批准，市场空间大，目前已取得阶段性成果。医药行业企业至少有一项核心产品获准开展二期临床试验，其他符合科创板定位的企业需具备明显的技术优势并满足相应条件

44

续表

板块	企业性质	企业情况	标准及相关指标	市值	净利润	营业收入	营收增长率	研发投入	经营活动产生的现金流量净额	加权平均净资产收益率	拥有自主研发、国际领先技术，科技创新能力较强，在同行业竞争中处于相对优势地位	营业收入快速增长，拥有自主研发、国际领先技术，在同行业竞争中处于相对优势地位	其他
科创板	境内企业	存在表决权差异安排	标准一	市值	≥100亿元	—	—	—	—	—	—	—	—	—
			标准二	市值+营收	≥50亿元	—	最近一年≥5亿元	—	—	—	—	—	—	—
	红筹企业	已在境外上市	标准一	市值	≥2000亿元	—	—	—	—	—	—	—	—	—
			标准二	市值+营收快速增长	≥100亿元	—	—	—	—	—	—	—	—	—
		未在境外上市	标准一	市值+营收快速增长	≥50亿元	—	最近一年≥5亿元	—	—	—	—	—	—	—
北交所	境内企业	不存在表决权差异安排	标准一	市值+净利润+净资产收益率	≥2亿元	最近两年平均≥1500万元	—	—	—	—	平均≥8%	同时满足此条件	—
			标准二（二选一）	市值+净利润+净资产收益率	≥2亿元	最近一年≥2500万元	—	—	—	—	≥8%	同时满足此条件	—

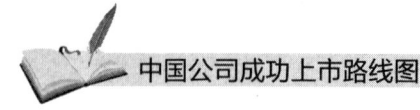

续表

板块	企业性质	企业情况	标准及相关指标	市值	净利润	营业收入	营收增长率	研发投入	经营活动产生的现金流量净额	加权平均净资产收益率	拥有自主研发、国际领先技术，科技创新能力较强，在同行业竞争中处于相对优势地位	营业收入快速增长，拥有自主研发、国际领先技术，在同行业竞争中处于相对优势地位	其他
北交所	境内企业	不存在表决权差异安排	标准二 市值+营收+增长率+现金流	≥4亿元	—	最近两年平均≥1亿元	最近一年≥30%	—	最近一年为正	—	—	—	—
			标准三 市值+营收+研发投入	≥8亿元	—	最近一年≥2亿元	—	最近两年研发投入合计占最近两年营业收入合计的比例≥8%	—	—	—	—	—
			标准四 市值+研发投入	≥15亿元	—	—	—	最近两年研发投入合计≥5000万元	—	—	—	—	—
		存在表决权差异安排	不适用	—	—	—	—	—	—	—	—	—	—

续表

板块	企业性质	企业情况	标准及相关指标	市值	净利润	营业收入	营收增长率	研发投入	经营活动产生的现金流量净额	加权平均净资产收益率	拥有自主研发、国际领先技术，科技创新能力较强，在同行业竞争中处于相对优势地位	营业收入快速增长，拥有自主研发、国际领先技术，在同行业竞争中处于相对优势地位	其他
北交所	红筹企业	已在境外上市	不适用	—	—	—	—	—	—	—	—	—	—
		未在境外上市	不适用	—	—	—	—	—	—	—	—	—	—

注：1. 上表中净利润以扣除非经常性损益前后孰低者为准，净利润、营业收入、经营活动产生的现金流量净额均指经审计的数值。本表所称市值，是指股票公开发行后按照总股本乘以发行价计算出来的发行人股票名义总价值。

2. 创业板、科创板营业收入快速增长，是指符合下列标准之一：

(1) 最近一年营业收入不低于5亿元的，最近三年营业收入复合增长率10%以上；

(2) 最近一年营业收入低于5亿元的，最近三年营业收入复合增长率20%以上；

(3) 受行业周期性波动等因素影响，行业整体处于下行周期的，发行人最近三年营业收入复合增长率高于同行业可比公司同期平均增长水平。

处于研发阶段的红筹企业和对国家创新驱动发展战略具有重要意义的红筹企业，不适用"营业收入快速增长"的上述要求。

第四章
股份有限公司的设立及股份制改造

第一节　股份有限公司的设立

一、股份有限公司的设立方式及形式

（一）股份有限公司的设立方式

《公司法》（2023年修订）[①]第九十一条规定："设立股份有限公司，可以采取发起设立或者募集设立的方式。发起设立，是指由发起人认购设立公司时应发行的全部股份而设立公司。募集设立，是指由发起人认购设立公司时应发行股份的一部分，其余股份向特定对象募集或者向社会公开募集而设立公司。"即股份有限公司的设立方式有两种。

1. 发起设立

发起设立是发起人认购公司首次（设立时）发行的全部股份而设立公司的一种方式。这种设立方式无须制作认股书，无须向社会公开募集股份，设立程序相对简单。

股份有限公司采取发起方式设立的，注册资本为在公司登记机关登记的全体发起人认购的股本总额。在发起人认购的股份缴足前，不得向他人募集股份。

[①] 本书如无特别说明，《公司法》均指2023年版。

2. 募集设立

募集设立是发起人认购公司首次（设立时）发行的部分股份，其余股份向社会公开募集或者向特定对象募集而成立公司的一种方式。这种方式比发起设立复杂，要进行向社会公开募集或者向特定对象募股和召开创立大会的程序。

股份有限公司采取募集方式设立的，注册资本为在公司登记机关登记的实收股本总额。法律、行政法规以及国务院决定对股份有限公司注册资本实缴、注册资本最低限额另有规定的，从其规定。

以募集方式设立股份有限公司的，发起人认购的股份不得少于公司股份总数的35%；但是，法律、行政法规另有规定的，从其规定。

（二）股份有限公司的设立形式

股份有限公司的设立形式有新设、有限公司整体变更和现有企业改制三种。

1. 新设

新设按照我国现行法律法规的通行做法为，具有投资主体资格的境内外法人、非法人组织或自然人，包括但不限于国家授权投资的机构或国家授权的部门、具有法人资格的企事业单位及其他法人或非法人组织，将自己所有或依法经营管理的部分财产以发起人的身份出资，组建一家新的股份有限公司。股份有限公司设立后，出资人仍独立存在，原有的法人地位不取消。

2. 有限公司整体变更

整体变更是指将有限责任公司变更为股份有限公司，折合的实收股本总额不得高于公司净资产额。股份公司作为有限公司的有效延续，在上市过程中可连续计算业绩。《首次公开发行股票注册管理办法（2023年修订）》第十条规定："发行人是依法设立且持续经营三年以上的股份有限公司，具备健全且运行良好的组织机构，相关机构和人员能够依法履行职责。有限责任公司按原账面净资产值折股整体变更为股份有限公司的，持续经营时间可以从有限责任公司成立之日起计算。"这也是境内企业上市惯常使用的设立形式。

3. 现有企业改制

企业将原有的全部或部分资产经评估或确认后作为原投资者出资而设立股份有限公司，实践中有实力的国有企业多采取该种形式。

二、设立股份有限公司的法定要求

（一）设立股份有限公司的一般要求

根据我国《公司法》等法律法规的要求，设立股份有限公司应当具备下列条件。

（1）发起人符合法定人数。设立股份有限公司，应当有2人以上200人以下为发起人，其中须有半数以上的发起人在中国境内有住所。

（2）有符合公司章程规定的全体发起人认购的股本总额或者募集的实收股本总额。

（3）股份发行、筹办事项符合法律规定。

（4）发起人制订公司章程，采用募集方式设立的经创立大会通过。

（5）有公司名称，建立符合股份有限公司要求的组织机构。

（6）有公司住所。

（二）以上市为目标设立股份有限公司的要求

与设立非上市的股份有限公司的要求不同，以上市为目标设立股份有限公司应符合日后上市的要求。

第一，发起人符合法定人数，应当有2人以上200人以下的发起人，其过半数在中国境内有住所。发起人中可以有自然人和以自然人为第一大股东。鉴于发起人持有的本公司股份自公司成立之日起一年内不得转让，在发起整体变更为股份有限公司前，通常会进行股权设置调整，以避免股份公司成立后一年内发起人股东有股权转让需求而受限的情形。

第二，虽然《公司法》和《首次公开发行股票注册管理办法》中未规定拟上市股份有限公司的股本要求，但相关证券交易所的上市规则中均有对股本总额的要求。

《上海证券交易所股票上市规则（2023年2月修订）》和《深圳证券交易所股票上市规则（2023年修订）》规定，境内企业拟申请首次公开发行股票并在上海、深圳证券交易所主板上市的，发行后股本总额不低于5000万元。

《深圳证券交易所股票创业板上市规则（2023年修订）》和《北京证券交易所股票上市规则（试行）》规定，境内企业拟申请首次公开发行股票并在深圳证券交易所创业板、北京证券交易所上市的，发行后股本总额不低于3000

万元。

第三，在股本设置上，根据股本总额的不同，要求公开发股的股本也不同。

《上海证券交易所股票上市规则（2023年2月修订）》《深圳证券交易所股票上市规则（2023年修订）》规定，境内企业拟申请首次公开发行股票并在上海、深圳证券交易所主板上市的，公开发行的股份要占到公司股份总数的25%以上；公司股本总额超过4亿元的，公开发行股份的比例为10%以上。

《北京证券交易所股票上市规则（试行）》规定，境内企业拟申请向不特定合格投资者公开发行股票并在北京证券交易所上市的，公开发行后，公司股东人数不少于200人，公众股东持股比例不低于公司股本总额的25%；公司股本总额超过4亿元的，公众股东持股比例不低于公司股本总额的10%。

第四，部分证券交易所对上市企业最近一年期末净资产有要求。如《北京证券交易所股票上市规则（试行）》规定，最近一年期末净资产不低于5000万元。

第五，股份有限公司设立后通常要求具备健全且运行良好的组织机构，相关机构和人员能够依法履行职责。也即股份公司设立后，公司应该建立健全股东大会、董事会、监事会等组织机构，并制定相应的决策制度。同时，进一步完善会计基础工作规范，财务报表的编制和披露符合企业会计准则和相关信息披露规则的规定，在所有重大方面公允地反映公司的财务状况、经营成果和现金流量，申请上市前最近三年财务会计报告由注册会计师出具无保留意见的审计报告。公司内部控制制度健全且被有效执行，能够合理保证公司运行效率、合法合规和财务报告的可靠性，并由注册会计师出具无保留结论的内部控制鉴证报告。

第六，结合企业的实际经营情况，并根据上市板块的市值和财务指标要求，在中介机构的辅导下确定上市板块。在股份公司设立后持续规范运作，通常以整体变更方式设立的股份公司的业绩可以连续计算。

例如，《上海证券交易所股票上市规则（2023年2月修订）》规定，境内企业拟申请首次公开发行股票并在上海证券交易所主板上市的，市值及财务指标应当至少符合下列标准中的一项：

（1）最近三年净利润均为正，且最近三年净利润累计不低于1.5亿元，最近一年净利润不低于 6000 万元，最近三年经营活动产生的现金流量净额累计不低于 1 亿元或营业收入累计不低于 10 亿元；

（2）预计市值不低于 50 亿元，且最近一年净利润为正，最近一年营业收入不低于 6 亿元，最近三年经营活动产生的现金流量净额累计不低于 1.5 亿元；

（3）预计市值不低于 80 亿元，且最近一年净利润为正，最近一年营业收入不低于 8 亿元。

前述净利润以扣除非经常性损益前后的孰低者为准，净利润、营业收入、经营活动产生的现金流量净额均指经审计的数值。预计市值是指股票公开发行后按照总股本乘以发行价格计算出来的发行人股票名义总价值。

三、公司设立的规范性要求

中国证监会对股份公司改制提出了规范性意见，主要体现为股份公司必须具有独立营运能力，在人员、资产、财务等方面应有较高的独立性和完整性。

（一）资产完整、业务完整，具有直接面向市场独立持续经营的能力

资产完整，业务及人员、财务、机构独立，与控股股东、实际控制人及其控制的其他企业间不存在对发行人构成重大不利影响的同业竞争，不存在严重影响独立性或者显失公平的关联交易。拟上市的股份公司应有独立的生产、供应、销售系统，具有独立的生产经营环境，进入股份公司的资产必须完整。企业改制时，将由拟设立的股份公司使用的生产系统、辅助生产系统、配套设施、工业产权、非专利技术等资产必须全部进入股份公司。

在实践中，股份公司设立前，公司通常会聘请券商、会计师事务所、律师事务所等第三方机构对同一实际控制人项下的资产和业务情况进行尽职调查，并确认改制上市的资产范围，在股份公司设立前即进行相关业务重组和股权调整。

发行人租赁控股股东、实际控制人房产或者商标、专利来自于控股股东、实际控制人授权使用的，保荐机构和发行人律师通常应关注并核查相关资产的具体用途、对发行人的重要程度、未投入发行人的原因、租赁或授权使用费用的公允性、是否能确保发行人长期使用、今后的处置方案等，并就该等

情况是否对发行人资产完整性和独立性构成重大不利影响发表明确意见。

如发行人存在以下情形之一的，保荐机构及发行人律师应当重点关注、充分核查论证并发表意见：一是生产型企业的发行人，其生产经营所必需的主要厂房、机器设备等固定资产系向控股股东、实际控制人租赁使用；二是发行人的核心商标、专利、主要技术等无形资产是由控股股东、实际控制人授权使用。

（二）非经营性资产的处理

非经营性资产原则上应剥离，以提高股份公司的资产盈利能力及净资产收益率。在改制中应注意的问题是非经营性资产的剥离对于股份公司的影响，即是否会造成股份公司对于其母公司的过度依赖，是否存在剥离后仍由股份公司承担该部分费用的问题，以避免资产剥离后产生不必要的关联交易。同时，也要结合非经营性资产剥离的复杂程序及税费等成本因素，因地制宜地制定相关处置方案。

（三）避免关联交易与禁止同业竞争

关联交易应尽可能避免，如原则上辅助生产部门、商标、专利、专有技术等应随同生产性资产进入股份公司；如果无法避免公司与控股股东进行关联交易，应签订关联交易协议，并严格按照股份公司章程规定的控股股东回避制度做出决议，切实保障公司和其他股东的合法权益不受侵犯。控股股东不得与上市公司从事相同产品的生产经营，以避免同业竞争。

（四）机构、人员独立

发行人的总经理、副总经理、财务负责人和董事会秘书等高级管理人员不得在控股股东、实际控制人及其控制的其他企业中担任除董事、监事以外的其他行政职务，不得在控股股东、实际控制人及其控制的其他企业领薪；发行人的财务人员不得在控股股东、实际控制人及其控制的其他企业中兼职。股份公司的劳动、人事及工资管理必须完全独立。

实践中，拟上市公司的实际控制人通常会担任拟上市主体的董事长和总经理，而实际控制人本身还有其他未在上市主体范围内的公司，实际控制人通常也会在这些公司中兼任总经理等职务或领取薪酬。在商事登记大数据日渐透明的当下，实际控制人的对外投资、对外兼职数据很容易被媒体以及监管机构查询获悉。规范相关主体的人员独立性是企业上市的基本要求。

（五）财务独立

股份公司应设立独立的财务部门，建立独立的财务核算体系，制定规范、独立的财务会计制度和对分公司、子公司的财务管理制度；应独立在银行开户，不得与其控股股东、实际控制人及其控制的其他企业共用银行账户；公司对其资金和财产有独立的支配权；公司为独立的纳税主体。

在企业上市过程中，中介机构都非常关注财务核查。中国证监会发布的《监管规则适用指引——发行类第5号》对资金流水核查做出明确要求。保荐机构及申报会计师应当充分评估发行人所处经营环境、行业类型、业务流程、规范运作水平、主要财务数据水平及变动趋势等因素，确定发行人相关资金流水核查的具体程序和异常标准，以合理保证发行人财务报表不存在重大错报风险。发行人及其控股股东、实际控制人、董事、监事、高管等相关人员应按照诚实信用原则，向中介机构提供完整的银行账户信息，配合中介机构核查资金流水。中介机构应勤勉尽责，采用可靠手段获取核查资料，在确定核查范围、实施核查程序方面保持应有的职业谨慎。在符合银行账户查询相关法律法规的前提下，资金流水核查范围除发行人银行账户资金流水以外，结合发行人实际情况，还可能包括控股股东、实际控制人、发行人主要关联方、董事、监事、高管、关键岗位人员等开立或控制的银行账户资金流水，以及与上述银行账户发生异常往来的发行人关联方及员工开立或控制的银行账户资金流水。

保荐机构及申报会计师在资金流水核查中，应结合重要性原则和支持核查结论需要，重点核查报告期内发生的以下事项：

（1）发行人资金管理相关内部控制制度是否存在较大缺陷；

（2）是否存在银行账户不受发行人控制或未在发行人财务核算中全面反映的情况，是否存在发行人银行开户数量等与业务需要不符的情况；

（3）发行人大额资金往来是否存在重大异常，是否与公司经营活动、资产购置、对外投资等不相匹配；

（4）发行人与控股股东、实际控制人、董事、监事、高管、关键岗位人员等是否存在异常大额资金往来；

（5）发行人是否存在大额或频繁取现的情形，是否无合理解释；发行人同一账户或不同账户之间，是否存在金额、日期相近的异常大额资金进出的情形，是否无合理解释；

（6）发行人是否存在大额购买无实物形态资产或服务（如商标、专利技术、咨询服务等）的情形，如存在，相关交易的商业合理性是否存在疑问；

（7）发行人实际控制人个人账户大额资金往来较多且无合理解释，或者频繁出现大额存现、取现情形；

（8）控股股东、实际控制人、董事、监事、高管、关键岗位人员是否从发行人获得大额现金分红款、薪酬或资产转让款，转让发行人股权获得大额股权转让款，主要资金流向或用途存在重大异常；

（9）控股股东、实际控制人、董事、监事、高管、关键岗位人员与发行人关联方、客户、供应商是否存在异常大额资金往来；

（10）是否存在关联方代发行人收取客户款项或支付供应商款项的情形。

发行人在报告期内存在以下情形的，保荐机构及申报会计师应考虑是否需要扩大资金流水核查范围：

（1）发行人备用金、对外付款等资金管理存在重大不规范情形；

（2）发行人毛利率、期间费用率、销售净利率等指标各期存在较大异常变化，或者与同行业公司存在重大不一致；

（3）发行人经销模式占比较高或大幅高于同行业公司，且经销毛利率存在较大异常；

（4）发行人将部分生产环节委托其他方进行加工的，且委托加工费用大幅变动，或者单位成本、毛利率大幅异于同行业；

（5）发行人采购总额中进口占比较高或者销售总额中出口占比较高，且对应的采购单价、销售单价、境外供应商或客户资质存在较大异常；

（6）发行人重大购销交易、对外投资或大额收付款，在商业合理性方面存在疑问；

（7）董事、监事、高管、关键岗位人员薪酬水平发生重大变化；

（8）其他异常情况。

保荐机构及申报会计师应将上述资金流水的核查范围、资金流水核查重要性水平确定方法和依据，异常标准及确定依据、核查程序、核查证据编制形成工作底稿，在核查中受到的限制及所采取的替代措施应一并书面记录。保荐机构及申报会计师还应结合上述资金流水核查情况，就发行人内部控制

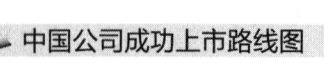

是否健全有效，是否存在体外资金循环形成销售回款、承担成本费用的情形发表明确核查意见。

（六）业务独立

发行人的业务应当独立于控股股东、实际控制人及其控制的其他企业，与控股股东、实际控制人及其控制的其他企业间不得有同业竞争或者显失公平的关联交易。

发行人应当按照《公司法》《企业会计准则》和中国证监会、证券交易所的相关规定认定并披露关联方。发行人应披露关联交易的交易内容、交易金额、交易背景以及相关交易与发行人主营业务之间的关系；还应结合可比市场公允价格、第三方市场价格、关联方与其他交易方的价格等，说明并摘要披露关联交易的公允性，是否存在对发行人或关联方的利益输送。

对于控股股东、实际控制人与发行人之间关联交易对应的营业收入、成本费用或利润总额占发行人相应指标的比例较高（如达到30%）的，发行人应结合相关关联方的财务状况和经营情况、关联交易产生的营业收入、利润总额合理性等，充分说明并摘要披露关联交易是否影响发行人的经营独立性，是否构成对控股股东或实际控制人的依赖，是否存在通过关联交易调节发行人收入利润或成本费用、对发行人利益输送的情形；此外，发行人还应披露未来减少与控股股东、实际控制人发生关联交易的具体措施。

第二节　股份有限公司的改制程序

一、组建企业改制上市工作小组，聘请中介机构

企业确定改制上市的大政方针后，当务之急就是组建专门的工作班子，确定相关中介机构。企业改制上市须选择保荐机构、律师事务所、会计师事务所和资产评估机构等专业中介机构。如果中小企业考虑成本问题，也可暂时不选择保荐机构，在改制阶段只选择强有力的律师事务所和会计师事务所先进行改制，改制完成后再确定保荐机构，以节约一定的费用。因为基础性的改制工作需要较长时间，因此中介机构的实力、投入本项目的精力和相互

之间的配合协调程度对企业改制、辅导、发行和上市至关重要。如果能组建一支强有力的合作团队，那么未来的改制上市工作就能达到事半功倍的效果。在对中介机构进行选择的过程中，如有需要，企业可以另外聘请财务顾问，协助企业进行比较、判断和选择。

企业改制上市工作小组和中介机构团队确定后，可以召开中介机构协调会，确定工作计划、工作内容、工作分工等，着手进入实质性的操作阶段。中介机构协调会类似于总经理办公会议，是企业改制上市过程中进行阶段性总结、讨论和计划的协调会议，开会时间和内容一般由保荐机构和企业根据工作进度和所面临的问题协商确定。

二、尽职调查和改制方案制定

尽职调查是中介机构进场后的首要工作。尽职调查的目的是尽快了解企业的基本情况，找出企业存在的问题，为下一步提出改制方案奠定基础；同时，尽职调查有助于中介机构评估项目风险，提高自身的业务风险防范能力和风险管理水平。尽职调查要求企业"坦诚相见"，真实、准确、完整地提供中介机构需要的材料，以便共同找出解决问题的方法。

对企业尽职调查的范围包括企业的控股子公司、对企业生产经营业绩具有重大影响的非控股子公司。

尽职调查的内容主要包括：对企业管理层诚信程度的调查；对企业所处行业的调查；对企业业务的调查；对企业经营管理状况与可持续发展的调查；对企业财务状况的调查；对企业资产状况的调查；对企业重大合同、知识产权、诉讼等方面的调查；对企业纳税、环保等方面的调查；等等。

尽职调查完成后，中介机构应该协助企业完成以下工作。

（1）拟定企业改制上市可行性研究报告，简称改制方案，改制方案如需报企业主管部门批准的，应先取得主管部门的批复。

（2）确定发起人、出资方式，签订发起人协议，并拟订公司章程草案。

（3）对非货币出资进行审计、评估，并出具审计报告、资产评估报告、土地评估报告等相关报告。如涉及需要进行国有立项、备案的国有资产的资产评估，须向国有资产管理部门申请评估立项、备案手续。

（4）到市场监督管理部门办理公司名称预核准事项，名称预核准有效期为6个月。

（5）取得土地评估结果的确认报告书及土地使用权处置方案的批复。

（6）取得关于资产评估结果的核准及国有股权管理方案（如有）的批复。

三、发起人出资

以发起方式设立股份有限公司的，发起人应当书面认足公司章程规定其认购的股份。一次缴纳的，应当缴纳全部出资；分期缴纳的，应当缴纳首期出资。以非货币财产出资的，应当依法办理其财产权的转移手续。资金到位后，由会计师事务所验资（现行《公司法》对发起设立的股份有限公司无验资要求，但出于对拟上市企业的规范要求，拟上市企业在整体变更为股份有限公司时应聘请会计师事务所进行验资），并出具验资报告。若发起人首次出资是以非货币财产出资的，应当在公司设立登记时提交已办理其财产权转移手续的证明文件。

四、召开创立大会及第一届董事会、监事会会议

发行股份的股款缴足后，发起人应当在30日内主持召开公司创立大会。创立大会由发起人、认股人组成。发起人应当在创立大会召开前15日将会议日期通知给各认股人或者予以公告。创立大会应有代表股份总数过半数的发起人、认股人出席，不具备这个条件不能举行。

创立大会须行使下列职权。

（1）审议发起人关于公司筹办情况的报告。

（2）通过公司章程。

（3）选举董事会成员；股份有限公司设董事会，其成员为五人至十九人。

董事会成员中可以有公司职工代表。董事会中的职工代表由公司职工通过职工代表大会、职工大会或者其他形式民主选举产生。

董事会设董事长一人，可以设副董事长。董事长和副董事长由董事会以全体董事的过半数选举产生。董事长召集和主持董事会会议，检查董事会决议的实施情况。副董事长协助董事长工作，董事长不能履行职务或者不履行职务的，由副董事长履行职务；副董事长不能履行职务或者不履行职务的，由半数以上董事共同推举一名董事履行职务。

（4）选举监事会成员；股份有限公司设监事会，其成员不得少于三人。

监事会应当包括股东代表和适当比例的公司职工代表，其中职工代表的比例不得低于三分之一，具体比例由公司章程规定。监事会中的职工代表由公司职工通过职工代表大会、职工大会或者其他形式民主选举产生。

监事会设主席一人，可以设副主席。监事会主席和副主席由全体监事过半数选举产生。监事会主席召集和主持监事会会议；监事会主席不能履行职务或者不履行职务的，由监事会副主席召集和主持监事会会议；监事会副主席不能履行职务或者不履行职务的，由半数以上监事共同推举一名监事召集和主持监事会会议。

董事、高级管理人员不得兼任监事。

（5）对公司的设立费用进行审核。

（6）对发起人用于抵作股款的财产的作价进行审核。

（7）发生不可抗力或者经营条件发生重大变化直接影响公司设立的，可以做出不设立公司的决议。

创立大会对上述所列事项做出决议，必须经出席会议的持表决权的认股人过半数以上通过。

董事会、监事会成员产生后就可以召开股份公司第一届董事会会议、第一届监事会会议，选举产生董事长、监事会主席，聘任董事会秘书、公司总经理等高级管理人员。

五、申请登记注册

以发起方式设立股份有限公司的，发起人首次缴纳出资后，应当选举董事会和监事会，由董事会向公司登记机关报送公司章程、由依法设定的验资机构出具的验资证明以及法律、行政法规规定的其他文件，申请设立登记。

董事会应于创立大会结束后三十日内，向公司登记机关报送下列文件，申请设立登记：

（1）公司登记申请书；

（2）创立大会的会议记录；

（3）公司章程；

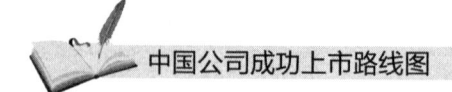

（4）验资证明；

（5）法定代表人、董事、监事的任职文件及其身份证明；

（6）发起人的法人资格证明或者自然人身份证明；

（7）公司住所证明。

以募集方式设立股份有限公司公开发行股票的，还应当向公司登记机关报送国务院证券监督管理机构的核准文件。

六、进行设立登记

公司登记机关接到股份有限公司的设立登记申请材料后，经审查认为申请材料齐全、符合法定形式的，应予以确认，并当场登记，出具登记通知书，及时制发营业执照。不予当场登记的，登记机关应当向申请人出具接收申请材料凭证，并在三个工作日内对申请材料进行审查；情形复杂的，经登记机关负责人批准，可以延长三个工作日，并书面告知申请人。

申请材料不齐全或者不符合法定形式的，登记机关应当将申请材料退还申请人，并一次性告知申请人需要补正的材料。申请人补正后，应当重新提交申请材料。

公司营业执照签发日期为公司成立日。

第三节 改制中的相关问题

企业在股份制改造的过程中，应注意企业的股权结构、发起人的合法性、主营业务的合规性、发起人所投入资产的合法性（如无形资产进行折股的问题）、资产负债剥离中的问题（应有利于避免同业竞争与关联交易，同时尽量保证业绩连续计算），以及股份公司与其控股股东在人员、财务、资产方面的独立性等问题。

一、整体改制和部分改制

企业改制分为整体改制和部分改制两种形式。中小企业原则上必须整体改制，特大型国有企业或大型企业集团可视情况部分改制。

(一)整体改制

整体改制是指在企业改制前对非经营性资产进行必要的剥离后,经营性资产必须整体进入股份公司。经营性资产包括辅助经营性资产。下述情况须整体改制:

(1)生产同类产品的企业,不得分拆部分上市,不得在母体留有同类业务,形成同业竞争;

(2)生产上下游产品的企业,从原料、配件供应到生产加工和产品销售,应整体进入股份公司,不得仅分拆效益较好的部分上市,母体与股份公司应避免存在原料、配件供应或产品销售环节的关联交易;

(3)实行多元化经营的大型企业集团,可以集中部分同类或上下游产品的生产实体进入股份公司;

(4)特大型国有企业,可选择其下属经营效益较好或技术水平较高的独立生产实体进入股份公司。

所谓整体改制,简单地说,就是将原企业的所有资产净值折合成股份,设立股份有限公司,原企业股东成为股份有限公司股东。不仅非公司制企业如国有企业、集体所有制企业等可以进行整体改制,有限责任公司也可以采取整体改制的方式设立股份有限公司。

整体改制在《公司法》中没有明确规定,主要有以下几个原因。

首先,整体改制是发起设立股份有限公司的一种特殊方式,并不仅仅是企业组织形式的变化。既然整体改制是发起设立的一种方式,它也应当符合发起设立的一般条件,如有2人以上200人以下的发起人等。如果原企业达不到上述标准,可以在改制的同时,调整股权结构,引入新股东。

其次,为了满足企业经营业绩连续计算及发行上市的需要,在整体改制过程中,资产重组也要受到一定的限制。例如,新老股东以现金增资的金额和比例应当符合企业经营的实际需要,并且确定对企业的经营业绩产生作用;企业的主营业务不宜发生重大变化;企业的经营性资产不宜进行剥离;企业的控股股东、主要经营管理人员、核心技术人员不宜发生重大变化;等等。

这里需要强调的一个问题是,整体改制时应该以经审计的净资产值作为股份有限公司的折股依据,而不是依据经评估后的净资产值。从我们对立法意图的理解来看,整体改制设立的股份有限公司应当是原企业的延续,因此

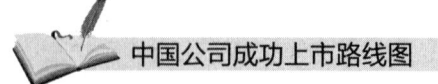

其计价基础不应产生变化。这是基于会计的持续经营假设,经审计的净资产值保留了企业原有的会计基础,使业绩连续计算具有意义。由规范的有限责任公司等企业法人变更设立拟上市公司时,在变更前或变更过程中不得以资产评估的评估值调整账务,否则原企业的经营业绩应自评估调账之日起计算。

总的来说,整体改制已经成为非公司制企业改制的一种重要方式。

(二)部分改制

部分改制是指企业以部分资产进行重组,通过吸收其他股东的投资或转让部分股权设立新的企业。部分改制比较适合于大型企业。严格来讲,部分改制登记不是变更登记,而是设立登记。在部分改制时,应注意如下问题。

第一,企业进行部分改制后原企业的地位问题。一种方式是将原企业拆分为两家企业,一家改制为股份有限公司,其股东为原有企业的股东(也包括在改制过程中新吸收的股东),另一家为原有企业,持有原企业不进入股份公司的资产(一般仍沿用原企业的名称);另一种方式是原企业拿出一部分资产,与新加入的股东一起,新成立一家股份有限公司,原有企业作为新成立的股份公司的股东。

这两种方式的一个共同问题是,原有企业的业绩可否连续计算。就第二种新成立股份有限公司的方式,我们认为业绩是无法连续计算的。就第一种拆分方式,如采用新设分立,我们认为业绩是无法连续计算的。如采用派生分立,目前法律法规对派生分立后原企业存续时间的连续计算均无禁止性的规定。虽无禁止性规定,但鉴于企业分立会对原企业的主营业务、持续经营能力与公司治理均有一定的影响,基于实质重于形式的原则,派生分立后的原存续企业必须符合一定的条件,例如其主营业务不能发生重大变化等,这样其存续时间才可以连续计算,或者其存续时间的连续计算才会有实际意义。现实审核中,一般派生分立主要用于将与发行人主营业务无关的业务及资产剥离,这种情况也不会影响发行人业绩的连续计算。例如:

WKYL以2018年1月1日至2021年3月31日为报告期申请在深圳证券交易所创业板上市。2021年1月2日,发行人在2021年第一次临时股东大会做出决议,同意公司以派生分立的方式分立为WKYL和一家新设公司,WKYL注册资本为4500万元,新设公司注册资本为1000万元,两家公司的股东及持股比例均与分立前发行人的股东及持股比例保持一致。分立后,

WKYL 对子公司 SZLJ 的长期股权投资按账面价值 1000 万元变更至新设公司名下，WKYL 实收资本相应减少 1000 万元，WKYL 原有其他资产及负债仍保留在 WKYL，SZLJ 由发行人全资子公司变更为新设公司的全资子公司。新设公司主要业务为持有并出租位于苏州市的房产，不从事医疗器械有关业务。除持有 SZLJ 的股权外，新设公司不存在其他业务。

结合中国证监会对发行人报告期内存在分立情形的过会企业如南方泵业（300145，现名中金环境）、蒙娜丽莎（002918）的关注，发行人在报告期内发生分立的，中国证监会除重点关注相关程序合法及不存在纠纷情形外，一方面关注分立对发行人的财务状况和经营成果的影响，发行人公司分立的会计处理是否符合会计准则的规定；另一方面也关注分立的原因、新分立公司的运营情况、与发行人相关业务的情况、是否存在同业竞争等。

第二，取得债权人同意的问题。对于原企业以资产出资方式成立股份有限公司的部分改制方式，如果用以出资的财产设定了抵押或原企业与债权人的契约性文件规定企业对于大额固定资产的处分需取得债权人的同意，则在改制前需就改制方案征得债权人的同意。例如，一般情况下，企业与银行所签订的借款合同均有企业改制需取得银行事先同意的条款。

第三，资产的完整性。企业的资产是否完整，是否具备完整的产供销系统，是企业是否具备持续发展能力的一个重要判别标准，也是中国证监会在审核企业是否具备发行条件时关注的一个重要方面。因此，在对企业进行部分改制时，应关注新成立的股份公司的资产的完整性。

二、发起人所投入资产的真实性与合法性

（一）对发起人所投入资产进行调查的原因

发起人所投入资产的真实性与合法性是企业改制或组建中的一个重要问题，但在核准制实行以前，由于拟上市的公司绝大多数是国有企业，拟投入企业资产也是国有资产，产权关系在形式上是明确的，因此，发起人所投入资产的真实性与合法性问题并不是很突出。然而，在民营企业上市过程中，由于以下原因，发起人所投入资产的真实性与合法性问题变得突出。

第一，民营企业在发展过程中往往有过挂靠集体企业或全民所有制企业等不规范行为，这些行为使企业的所有权关系变得极为复杂，经常缺乏足够

的证据来证明谁是企业在法律意义上的所有者，尽管这种所有权关系在实际意义上很清晰。因此，在企业改制过程中，当发起人是以原有企业的净资产出资时，往往难以证明其为企业净资产的所有者，其所投入到股份公司的资产可能存在潜在的纠纷与争议。

第二，从民营企业本身的发展来看，很多企业的初始出资关系不清晰，存在着集体出资、私人出资、挂名出资、名为出资实为借贷等多种方式，对于这些方式，在公司设立时可能没有正式的法律文书，各当事方的权利与义务约定不明确，造成原企业的产权难以确定。

第三，很多民营企业在发展初期存在着不规范的纳税行为，这些行为使企业存在被税务机关查处或追究的可能性。股份公司成立后，税收主管机关可能对股份公司成立以前的税收违法行为进行追究，使股份公司的资产存在潜在的风险。

第四，以技术或其他知识产权入股较多的高科技企业，该技术或知识产权可能存在权属争议或其他潜在的纠纷。

第五，以股权、债权等其他形式的资产进行出资的问题。《公司法》第四十八条对股东出资方式做了明确规定："股东可以用货币出资，也可以用实物、知识产权、土地使用权、股权、债权等可以用货币估价并可以依法转让的非货币财产作价出资；但是，法律、行政法规规定不得作为出资的财产除外。对作为出资的非货币财产应当评估作价，核实财产，不得高估或者低估作价。法律、行政法规对评估作价有规定的，从其规定。"该条规定不仅明确了实物、知识产权、土地使用权等非货币财产形式的出资，而且以法律的形式明确了股权、债权等可以用货币估价并可以依法转让的非货币财产的出资方式。

（二）中介机构对资产合法性与真实性的调查方式

中国证监会发布《监管规则适用指引——发行类第4号》，对出资瑕疵核查做出明确要求。

发行人的注册资本应依法足额缴纳。发起人或者股东用作出资的资产的财产权转移手续已办理完毕。保荐机构和发行人律师应关注发行人是否存在股东未全面履行出资义务、抽逃出资、出资方式等存在瑕疵，或者发行人历史上涉及国有企业、集体企业改制存在瑕疵的情形。

（1）历史上存在出资瑕疵的，应当在申报前依法采取补救措施。保荐机构和发行人律师应当对出资瑕疵事项的影响及发行人或相关股东是否因出资瑕疵受到过行政处罚、是否构成重大违法行为及本次发行的法律障碍，是否存在纠纷或潜在纠纷进行核查并发表明确意见。发行人应当充分披露存在的出资瑕疵事项、采取的补救措施，以及中介机构的核查意见。

（2）对于发行人是国有或集体企业改制而来，或发行人主要资产来自于国有或集体企业，或历史上存在挂靠集体组织经营的企业，若改制或取得资产过程中法律依据不明确、相关程序存在瑕疵或与有关法律法规存在明显冲突，原则上发行人应在招股说明书中披露有权部门关于改制或取得资产程序的合法性、是否造成国有或集体资产流失的意见。国有企业、集体企业改制过程不存在上述情况的，保荐机构、发行人律师应结合当时有效的法律法规等，分析说明有关改制行为是否经有权机关批准、法律依据是否充分、履行的程序是否合法以及对发行人的影响等。发行人应在招股说明书中披露相关中介机构的核查意见。

根据前述规定，在企业的股份制改造中，中介机构应对发起人所投入资产的合法性与真实性（即企业资产的合法性与真实性）进行必要的核查，主要应从以下六个方面入手。

第一，对企业的历史文件进行全面核查，以分析判断企业的最终所有者。中介机构应结合各种历史文件的背景及当时的政策法规，理清企业的挂靠关系，并从各种挂靠关系中清理出投资关系，以确认真正的投资者及原始出资人，将企业的所有者还原。

第二，对集体出资、私人出资、挂名出资、名为出资实为借贷等出资关系进行清理，这依赖于当事人的陈述与各种法律文件，从而梳理出企业的产权关系。

第三，对企业以前的纳税情况进行必要的梳理。

第四，针对自然人发起人的纳税情况积极地与主管税务部门进行沟通，就个人税务问题与主管税务机关进行必要的探讨，争取将自然人发起人的税务问题予以妥善处理。

第五，对于以技术或实物进行出资的，应对技术或实物的权属情况进行必要的核查。例如：对于技术出资的情况，对技术的开发人、竞争技术及其与本技术的相似性、使用状况等进行审查，并取得相关的法律文件，如权属证书、委托开发合同、购买合同等；对于实物出资的情况，对实物的物理状况、原始发票、运输单据、抵押情况等进行审查，以确定资产的所有权。

第六，股权出资应满足以下条件：股权所对应的企业的业务应与所设立拟上市公司的业务相同或相近；不存在质押等限制性条件，没有因法律诉讼等引致重大争议、潜在纠纷等不确定性因素；发起人协议应对股权和债权的划转、评估折股的依据、股权和债权的财务风险等做出约定。

三、其他应注意的问题

（一）非经营性资产的剥离

非经营性资产主要是指"企业办社会"所形成的资产，例如中小学校、托儿所、医院、职工培训学校、职工食堂、浴室、娱乐设施等。由于非经营性资产本身并不增加企业的主营收入，影响企业的经营业绩，净资产收益率、每股税后利润等指标也不尽如人意，因此进行非经营性资产的剥离往往成为企业发行上市过程中重要甚至是关键的一步。拟上市公司应按国家有关规定做好人员的分流和安置，原则上不得将学校、医院、公安、消防、公共服务、后勤保障等社会职能机构留在拟上市公司。

"剥离"是一个形象化的描述，从法律角度而言，其实是企业资产的分离，其基本原则是：经剥离的社会职能以及非经营性资产，不应对拟上市公司的经营和费用产生依赖，也不应由拟上市公司承租经营或代管。

在实践中，实现非经营性资产的剥离主要有分立、减资以及资产出售或置换三种方式。

1. 分立

分立，是指将企业分立成两家公司，一个是持有原企业经营性资产并作为拟发行上市主体的存续公司，另一个是持有被剥离出的非经营性资产的新设公司。分立的程序为：企业有关权力机构决议通过分立方案并报原审批机构批准；向债权债务人发出通知和公告；编制资产负债表及财产清单，存续公司与新设公司签订资产分离与债务承担的协议；存续公司办理企业的变更登记手续，新设公司办理新设登记手续。

如前文提及的 WKYL 的主要程序为：2021 年 1 月 2 日，发行人在 2021

年第一次临时股东大会做出决议，同意公司以派生分立的方式分立为 WKYL 和一家新设公司。2021 年 1 月 9 日，发行人在《扬子晚报》上刊登了《分立暨减资公告》。2021 年 2 月 23 日，发行人在 2021 年第二次临时股东大会做出决议，同意正式实施上述派生分立。同日，发行人出具了《关于分立后债务承担情况的说明》，确认于分立决议做出之日起 10 日内已通知了全体债权人，并承诺本次分立实施完成后，分立前发行人的债务由分立后的发行人和新设公司承担连带责任。2021 年 2 月 23 日，发行人上述派生分立暨减资事项经市场监督管理局核准，进行变更登记并取得换发的营业执照。

2. 减资

减资，是指将企业的部分资产（可能没有相应的负债）返还给企业的原有股东，同时将原企业的注册资本相应减少。企业的股本总额较大时，可以采用减资的方式，一方面实现非经营性资产的剥离，另一方面还可对企业的股东结构进行调整，以符合发行上市的需要。减资完成后，非经营性资产归企业股东所有，由其进行处置。减资的程序与分立较为相似，也要经过决议、报批、向债权人和债务人通知和公告、编制相关财务报表以及变更登记等各项程序。

创业板上市公司天地数码（300743）就采取了定向减资方式将非货币资产予以剥离。2010 年 6 月 1 日，天地有限（系天地数码前身）召开股东会，做出了天地有限减少注册资本 270 万元的决议。其中：天地有限股东 RYJ 减少投资 103.28 万元，其中无形资产出资 48.70 万元，净资产出资 54.58 万元；股东 PPD 减少投资 62.02 万元，其中无形资产出资 62.02 万元；股东 HQ 减少投资 62.89 万元，其中无形资产出资 29.64 万元，净资产出资 33.25 万元；股东 LJH 减少投资 41.81 万元，其中无形资产出资 29.64 万元，净资产出资 12.17 万元。2010 年 6 月 2 日，天地有限在《钱江晚报》上就本次减资事项刊登了《减资公告》。2010 年 11 月 24 日，会计师事务所出具了《验资报告》，对减资后的注册资本进行了审验。2010 年 12 月 7 日，工商行政管理局就本次减资事项予以变更登记。本次减资是为了解决天地有限历史沿革中非货币资产出资的问题，本次减资后天地有限的出资方式变更为全部由货币出资。

3. 资产出售或置换

资产出售或置换，就是由企业将非经营性资产出售给第三方（通常为企

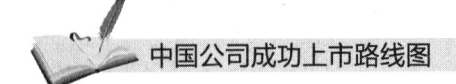

业的母公司）或将非经营性资产与第三方的经营性优良资产进行置换。分立和减资的程序较为繁杂，时间也较长（需进行公告），而通过资产出售或置换的方式"剥离"在程序上较为简单，只需与第三方签订并履行相关的协议即可。进行非经营性资产的剥离有两个需要注意的问题：一是被剥离出去的那部分资产不得与拟发行上市企业存在同业竞争，双方的关联交易也应当本着平等、自愿、有偿的原则，按照一般商业条件进行，从有利于发行上市的角度来看，应本着尽量减少关联交易的原则来进行资产的出售或置换，例如将资产出售或置换给无关的第三方；二是要注意资产剥离对企业经营连续性的影响。拟发行上市企业资产出售或置换时，建议聘请备案从事证券服务业务的资产评估机构进行评估，以确保交易价格的公允性。

（二）通知企业的债权债务人

在企业的股份制改造中，容易被忽略的一个问题就是通知企业的债务人，并征得企业债权人的同意。根据《民法典》的规定，企业作为债务人在变更时，应取得债权人的同意；而企业作为债权人在变更时，应及时通知债务人。在企业签订的合同中，尤其是企业与银行签订的有关贷款的文件中，有的文件明确规定了企业进行形式变更时应取得银行的同意，因此，在企业进行股份制改造时，应对作为债权人的银行进行通知，并取得其同意。《公开发行证券公司信息披露的编报规则第12号——公开发行证券的法律意见书和律师工作报告》明确规定，若发起人将其全资附属企业或其他企业先注销再以其资产折价入股，应说明发起人是否已通过履行必要的法律程序取得了上述资产的所有权，是否已征得相关债权人的同意，对其原有债务的处置是否合法、合规、真实、有效。

（三）股权设置

在企业股份制改造的过程中，应注意股权设置问题。《公司法》第一百六十条规定："公司公开发行股份前已发行的股份，自公司股票在证券交易所上市交易之日起一年内不得转让。"虽然发起人自公司成立之日起一年内不得转让股份的规定已取消，但发起人在进行股份制改造时，应对以下有关股权设置的问题进行考虑。

第一，增资扩股的幅度，尤其是以现金增资的幅度不宜过大。这是因为增资扩股幅度过大会影响企业的某些财务指标，如每股盈利、净资产收益率等。同时，自然人发起人就增资扩股部分还需承担个人所得税，也需提前考虑税负成本。

第二，股权的分散度应适宜。一方面，股权的过度集中会造成一股独大，公司治理中将缺乏制衡机制，无法建立有效的治理结构；另一方面，股权的过度分散也会造成"搭便车"现象，使得无人积极参与公司治理，内部出现"人治"的情形。

第三，要防止不规范的持股情况。在设置股权时，要注意是否存在过多的关联方持股、交叉持股、循环持股、不规范的委托持股等情形，并对上述问题加以解决。

（四）主营业务

律师在协助企业进行股份制改造时，应注意企业业务的合法合规性。首先，企业应有明确的主营业务，不能是一个纯粹的投资性公司或控股公司（下属控股子公司有明确的主营业务也可以，现行案例中存在上市主体为控股管理型母公司的情形，但是下属控股子公司一定要有明确的主营业务）。其次，企业所从事的业务应该已取得或能够取得有关主管部门的许可。例如，一家进行金银饰品生产的企业应有中国人民银行颁发的有关金银业务经营的营业执照，一家制药企业应该具有《药品生产许可证》等。另外，企业应符合所在行业的一些特定规定。例如，电工产品企业必须获得国家强制认证（CCC认证），药品生产企业应符合药品生产质量管理规范标准（GMP标准）等。值得注意的是，尽管从形式上看，企业的主营业务与其控股子公司的主营业务是两个不同的概念，但实质上，控股子公司的主营业务也应算是企业主营业务的一部分，因为证券监管机构是以合并会计报表来判断企业的主营业务的，这也是可以出现控股管理型上市主体的原因。

（五）独立性

由于中国股市中大股东实际控制上市公司、侵占上市公司资产的情形时有发生，上市公司的独立性问题备受监管部门及投资者的关注。发行人应具备的独立性包括以下七个方面的内容。

第一，发行人应当具有完整的业务体系和直接面向市场独立经营的能力。

第二，发行人的资产完整。生产型企业应当具备与生产经营有关的生产系统、辅助生产系统和配套设施，合法拥有与生产经营有关的土地、厂房、机器设备以及商标、专利、非专利技术的所有权或者使用权，具有独立的原料采购和产品销售系统；非生产型企业应当具备与经营有关的业务体系及相关资产。

第三，发行人的人员独立。发行人的总经理、副总经理、财务负责人和董事会秘书等高级管理人员不得在控股股东、实际控制人及其控制的其他企业中担任除董事、监事以外的其他行政职务，不得在控股股东、实际控制人及其控制的其他企业领薪；发行人的财务人员不得在控股股东、实际控制人及其控制的其他企业中兼职。

第四，发行人的财务独立。发行人应当建立独立的财务核算体系，能够独立做出财务决策，具有规范的财务会计制度和对分公司、子公司的财务管理制度；发行人不得与控股股东、实际控制人及其控制的其他企业共用银行账户。

第五，发行人的机构独立。发行人应当建立健全内部经营管理机构，独立行使经营管理职权，与控股股东、实际控制人及其控制的其他企业间不得有机构混同的情形。

第六，发行人的业务独立。发行人的业务应当独立于控股股东、实际控制人及其控制的其他企业，与控股股东、实际控制人及其控制的其他企业间不得有同业竞争或者显失公平的关联交易。

第七，发行人在独立性方面不得有其他严重缺陷。

因此，企业在进行股份制改造时，应对其独立性问题予以充分的关注，以防止独立性问题成为公司上市的障碍。

第四节　外商投资股份有限公司的设立

随着中国证券市场的日益开放，越来越多的外商投资股份有限公司在中国发行股票并上市。在《中华人民共和国外商投资法》实施之前，外商投资企业依照《中华人民共和国中外合资经营企业法》《中华人民共和国外资企业法》《中华人民共和国中外合作经营企业法》（简称"外资三法"）设立。

在《中华人民共和国外商投资法》实施之前，关于外商管理以及上市有很多特殊规定,包括《关于设立外商投资股份有限公司若干问题的暂行规定》(《中华人民共和国外商投资法》生效后废止)对一般设立外商投资股份有限公司的要求(如最近连续三年的盈利记录等),以及对国有企业、集体所有制企业申请转变为外商投资股份有限公司的更高要求等。

在《中华人民共和国外商投资法》实施之前,对外商投资企业设立等实行审批、备案,这是"外资三法"及其配套行政法规确定的外商投资管理制度之一。为了进一步扩大对外开放,积极促进外商投资,保护外商投资合法权益,规范外商投资管理,推动形成全面开放新格局,促进社会主义市场经济健康发展,《中华人民共和国外商投资法》于2020年1月1日起施行。

《中华人民共和国外商投资法》及其实施条例施行后,"外资三法"及其实施细则、《中外合资经营企业合营期限暂行规定》将同时废止,这些法律、行政法规确定的对外商投资企业设立等实行审批、备案管理的制度将不再实行。这是对《中华人民共和国外商投资法》确立的准入前国民待遇加负面清单管理制度的落实,是对外商投资管理制度所做的重大改革,将进一步简化外商投资企业设立程序,为外商投资营造更便利的环境。

一、外商投资股份有限公司的定义

根据《关于设立外商投资股份有限公司若干问题的暂行规定》(已废止),外商投资股份有限公司是指依该规定设立的,全部资本由等额股份构成,股东以其所认购的股份对公司承担责任,公司以全部财产对公司债务承担责任,中外股东共同持有公司股份,外国股东购买并持有的股份占公司注册资本25%以上的企业法人。

此时设立的外商投资公司有特殊的治理结构和股比要求,特别是在有限公司阶段,依照《中华人民共和国中外合资经营企业法》《中华人民共和国外资企业法》《中华人民共和国中外合作经营企业法》的规定,董事会是公司最高决策机构,这与《公司法》规定的股东大会是公司最高决策机构不符,一般拟上市外商投资公司改制为外商投资股份有限公司后,就会适用《公司法》对公司章程等进行调整。

《中华人民共和国外商投资法》生效后,在《外商投资准入特别管理措施

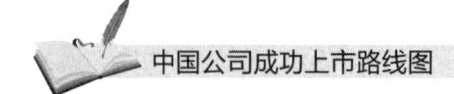

(负面清单)》之外的领域，按照内外资一致原则实施管理，外商投资股份有限公司的组织结构及治理架构与内资公司基本无差异。

《中华人民共和国外商投资法》也规定，《中华人民共和国外商投资法》施行前依照《中华人民共和国中外合资经营企业法》《中华人民共和国外资企业法》《中华人民共和国中外合作经营企业法》设立的外商投资企业，在《中华人民共和国外商投资法》施行后五年内可以继续保留原企业组织形式等。拟上市外商公司原依照"外资三法"设立的，可在股份制改造时按照《公司法》的相关规定建立规范的三会治理架构。

二、外商投资股份有限公司设立的特殊规定

《中华人民共和国外商投资法》第四条规定，国家对外商投资实行准入前国民待遇加负面清单管理制度。所谓准入前国民待遇，是指在投资准入阶段给予外国投资者及其投资不低于本国投资者及其投资的待遇；所称负面清单，是指国家规定在特定领域对外商投资实施的准入特别管理措施。国家对负面清单之外的外商投资，给予国民待遇。负面清单由国务院发布或者批准发布。中华人民共和国缔结或者参加的国际条约、协定对外国投资者准入待遇有更优惠规定的，可以按照相关规定执行。

《中华人民共和国外商投资法》实施后，设立外商投资股份有限公司一般已无前置的外商投资企业批准，简化了外商投资股份有限公司的设立程序。国家对外商投资实行准入前国民待遇加负面清单管理制度。为此，国家发展和改革委员会、商务部发布了《外商投资准入特别管理措施（负面清单）》（以下简称《外商投资准入负面清单》），统一列出股权要求、高管要求等外商投资准入方面的特别管理措施。在《外商投资准入负面清单》之外的领域，按照内外资一致原则实施管理。境内外投资者统一适用《市场准入负面清单》的有关规定。外商投资企业在中国境内投资，应符合《外商投资准入负面清单》的有关规定。有关主管部门对境外投资者拟投资《外商投资准入负面清单》内领域，但不符合《外商投资准入负面清单》规定的，不予办理许可、企业登记注册等相关事项；涉及固定资产投资项目核准的，不予办理相关核准事项。投资有股权要求的领域，不得设立外商投资合伙企业。从事《外商投资准入负面清单》禁止投资领域业务的境内企业到境外发行股份并上市交

易的,应当经国家有关主管部门审核同意,境外投资者不得参与企业经营管理,其持股比例参照境外投资者境内证券投资管理有关规定执行。

三、外商投资股份有限公司的负面清单

表 4-1　外商投资准入特别管理措施(负面清单)(2021 年版)

序号	特别管理措施
\multicolumn{2}{c}{一、农、林、牧、渔业}	
1	小麦新品种选育和种子生产的中方股比不低于 34%、玉米新品种选育和种子生产须由中方控股
2	禁止投资中国稀有和特有的珍贵优良品种的研发、养殖、种植以及相关繁殖材料的生产(包括种植业、畜牧业、水产业的优良基因)
3	禁止投资农作物、种畜禽、水产苗种转基因品种选育及其转基因种子(苗)生产
4	禁止投资中国管辖海域及内陆水域水产品捕捞
\multicolumn{2}{c}{二、采矿业}	
5	禁止投资稀土、放射性矿产、钨勘查、开采及选矿
\multicolumn{2}{c}{三、制造业}	
6	出版物印刷须由中方控股
7	禁止投资中药饮片的蒸、炒、炙、煅等炮制技术的应用及中成药保密处方产品的生产
\multicolumn{2}{c}{四、电力、热力、燃气及水生产和供应业}	
8	核电站的建设、经营须由中方控股
\multicolumn{2}{c}{五、批发和零售业}	
9	禁止投资烟叶、卷烟、复烤烟叶及其他烟草制品的批发、零售
\multicolumn{2}{c}{六、交通运输、仓储和邮政业}	
10	国内水上运输公司须由中方控股
11	公共航空运输公司须由中方控股,且一家外商及其关联企业投资比例不得超过 25%,法定代表人须由中国籍公民担任。通用航空公司的法定代表人须由中国籍公民担任,其中农、林、渔业通用航空公司限于合资,其他通用航空公司限于中方控股
12	民用机场的建设、经营须由中方相对控股。外方不得参与建设、运营机场塔台
13	禁止投资邮政公司、信件的国内快递业务

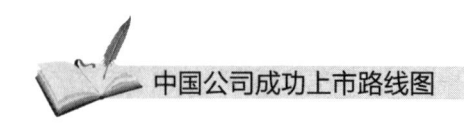

续表

序号	特别管理措施
七、信息传输、软件和信息技术服务业	
14	电信公司：限于中国入世承诺开放的电信业务，增值电信业务的外资股比不超过50%（电子商务、国内多方通信、存储转发类、呼叫中心除外），基础电信业务须由中方控股
15	禁止投资互联网新闻信息服务、网络出版服务、网络视听节目服务、互联网文化经营（音乐除外）、互联网公众发布信息服务（上述服务中，中国入世承诺中已开放的内容除外）
八、租赁和商务服务业	
16	禁止投资中国法律事务（提供有关中国法律环境影响的信息除外），不得成为国内律师事务所合伙人
17	市场调查限于合资，其中广播电视收听、收视调查须由中方控股
18	禁止投资社会调查
九、科学研究和技术服务业	
19	禁止投资人体干细胞、基因诊断与治疗技术开发和应用
20	禁止投资人文社会科学研究机构
21	禁止投资大地测量、海洋测绘、测绘航空摄影、地面移动测量、行政区域界线测绘，地形图、世界政区地图、全国政区地图、省级及以下政区地图、全国性教学地图、地方性教学地图、真三维地图和导航电子地图编制，区域性的地质填图、矿产地质、地球物理、地球化学、水文地质、环境地质、地质灾害、遥感地质等调查（矿业权人在其矿业权范围内开展工作不受此特别管理措施限制）
十、教育	
22	学前、普通高中和高等教育机构限于中外合作办学，须由中方主导（校长或者主要行政负责人应当具有中国国籍，理事会、董事会或者联合管理委员会的中方组成人员不得少于1/2）
23	禁止投资义务教育机构、宗教教育机构
十一、卫生和社会工作	
24	医疗机构限于合资

续表

序号	特别管理措施
十二、文化、体育和娱乐业	
25	禁止投资新闻机构（包括但不限于通讯社）
26	禁止投资图书、报纸、期刊、音像制品和电子出版物的编辑、出版、制作业务
27	禁止投资各级广播电台（站）、电视台（站）、广播电视频道（率）、广播电视传输覆盖网（发射台、转播台、广播电视卫星、卫星上行站、卫星收转站、微波站、监测台及有线广播电视传输覆盖网等），禁止从事广播电视视频点播业务和卫星电视广播地面接收设施安装服务
28	禁止投资广播电视节目制作经营（含引进业务）公司
29	禁止投资电影制作公司、发行公司、院线公司以及电影引进业务
30	禁止投资文物拍卖的拍卖公司、文物商店和国有文物博物馆
31	禁止投资文艺表演团体

第五章
股票发行与上市

第一节 全面注册制

资本市场作为经济发展的重要组成部分，对于促进创新、支持企业发展具有重要意义。中国股票市场自改革开放以来获得了巨大的发展，成为全球最富有活力和具有潜力的股票市场之一。中国股票市场的发行审核工作经历了从审批制到核准制再到注册制的演变过程。

一、审批制

在20世纪90年代初期，中国股票市场刚刚起步，股票发行审核率先使用的是审批制。所谓审批制，顾名思义，是指采用行政管理和计划分配的办法管理股票发行的指标和额度，由地方政府或行业主管部门根据指标推荐企业进行股票发行的一种审核发行制度。公司发行股票的首要条件是取得指标和额度。根据1993年4月22日国务院颁发的《股票发行与交易管理暂行条例》，当时申请公开发行股票需经过以下几个步骤。①申请人需要按照隶属关系，分别向省、自治区、直辖市、计划单列市人民政府或者中央企业主管部门提出公开发行股票的申请。②在国家下达的发行规模内，地方政府对地方企业的发行申请进行审批，中央企业主管部门在与申请人所在地地方政府协商后对中央企业的发行申请进行审批。③被批准的发行申请，送证监会复审；证监会应当自收到复审申请之日起二十个工作日内出具复审意见书，并将复审意见书抄报证券委；经证监会复审同意的，申请人应当向证券交易所上市委员会提出申请，经上市委员会同意接受上市，方可发行股票。

到了1996年，国务院证券委员会发布了《关于1996年全国证券期货工作安排意见》，提出："针对目前新股发行中存在的问题，今后下达新股发行计划，改为'总量控制，限报家数'的管理办法，即由国家计委、证券委共同制定股票发行总规模，证监会在确定的总规模内，根据市场情况向各地区、各部门下达发行企业个数，并对企业进行审核。"

二、核准制

审批制具有较重的计划经济色彩，政府干预色彩浓厚。此外，一些非经济主管部门也能拿到发行额度，导致了一些买卖额度现象。行政化的审批导致在制度上存在较大的寻租行为，不利于股票市场的健康发展。正是在这样的背景下，核准制应运而生。中国证监会1999年9月发布实施的《中国证券监督管理委员会股票发行审核委员会条例》规定，股票发行审核委员会依照法定条件审核股票发行申请，以投票的方式对股票发行申请进行表决，提出审核意见。这标志着我国股票发行体制开始从审批制转变为核准制。

1. 股票发行审核委员会概述

股票发行审核委员会（以下简称发审委）经历了一段较长的发展过程。最早的发审委合计80名委员，由中国证监会的专业人员和外部专家及社会知名人士组成。发审委委员分为8个组，每组10名委员，各组设组长一名，由各组委员选举产生。发审委审核工作会议对发行申请采取无记名投票的方式表决。发审委委员可以投同意票、反对票和弃权票。同意票数达到出席会议委员人数的2/3即为通过。对未通过的发行申请，发行申请单位可以向中国证监会申请复审。经中国证监会同意，由发审委另外一组进行复审。复审申请只能提出一次。

这一制度实施以来，发审委在企业申请发行上市审核过程中，较好地起到了专业把关和分散审核风险的作用。但随着社会经济环境和证券市场的变化，这一制度也相应地暴露出一些问题。主要的问题有：发审委委员身份保密，使股票发行审核工作缺乏相应的透明度，甚至出现了中介机构利用信息不对称唆使发行人对委员"公关"等有损发审委形象的行为，干扰了发审委正常的工作秩序；发审委委员对股票发行申请实行无记名投票的制度使得个

别委员在审核工作中表现出了较大的随意性，不能客观公正地履行职责；由于委员人数过多，掌握的审核标准不尽一致，且委员全为兼职，审核质量有时存在一定的差异；等等。

2003年12月5日和2003年12月11日，经国务院批准，中国证监会分别发布了《中国证券监督管理委员会股票发行审核委员会暂行办法》（以下简称《暂行办法》）和《中国证券监督管理委员会股票发行审核委员会工作细则》，对发审委制度进行了重大改革。发审委制度改革的重点之一便是提高发审委工作的透明度，加大发审委委员的审核责任，将发审委工作置于社会监督之下。中国证监会希望通过新的制度安排，建立一个公开透明、廉洁公正、权责明晰、专业高效的发审委，把好市场准入关。2003年12月24日，中国证监会向社会公布了新一届发审委25名委员的名单。

与原制度相比，新出台的发审委制度主要在以下几个方面进行了改革。

一是取消了原来的发审委委员身份必须保密的规定，并明确规定向社会公布发审委会议时间、参会委员名单、审核企业名单及发审委会议审核结果，全面提高发审委工作的透明度。

二是将发审委的投票表决方式由无记名投票改为记名投票，强化委员的审核责任。

三是将委员人数由80人减至25人，并设部分专职委员，提高审核工作的质量和效率。

四是将原来的二审制改为一审制，发审委对企业的发行申请只进行一次审核，减少原有二审制情况下由于两组委员审核标准不一致而造成审核结果出现重大差异的情况。

五是对委员参加发审委会议提出了具体要求，如要求委员必须对证监会职能部门出具的初审报告和发行人的申请文件进行全面审核，参会前必须在审核工作底稿上提出有依据、明确的审核意见，并在会议结束时签名提交证监会等。

六是将原来的9名委员开会、6票赞成为通过，改为7名委员开会、5票赞成为通过。

七是设专章对发审委工作的监督做出了规定，建立了发审委委员的问责机制和监督机制。

由于新修订的《证券法》对发审委的工作提出了一些新要求，中国证监会在总结以往发审委审核工作的实践基础上，对《暂行办法》的相关内容进行了再修订，于2006年5月9日发布了《中国证券监督管理委员会发行审核委员会办法》(以下简称《办法》)。与《暂行办法》相比，《办法》增加了以下三个方面的规定。

一是增加了发审委审核上市公司非公开发行股票的特别程序。上市公司非公开发行股票是《证券法》为上市公司融资开通的一个新渠道，为上市公司引入新的战略股东、注入新的优质资产提供了工具，有利于提高上市公司的质量，调整上市公司的结构。根据《证券法》的要求，2006年5月8日起施行的《上市公司证券发行管理办法》对非公开发行股票做了相关规定。鉴于非公开发行股票在发行方式和投资者要求方面有别于公开发行，对于信息披露的形式和内容、发行时机、定价基准日、发行对象选择等方面有特殊要求，《办法》对非公开发行股票的审核设定了特别程序。

二是完善了发行人接受询问和委员提议暂缓表决的制度。围绕提高审核工作的透明度、扩大委员与发行人和保荐人的正常沟通渠道、规范在审核工作中遇到重大疑难问题时的解决程序等问题，中国证监会在过往的实践中通过发布补充规定等方式不断对相关程序和内容进行了完善。例如，从2004年12月起，将发行人和保荐人到会陈述和接受询问的人数由原来的总共不超过3人增加到4人，陈述和接受询问的时间增加至不超过45分钟，收到了很好的效果。再比如，在发行审核委员会会议中发现存在尚待调查核实并影响明确判断的重大问题时，经出席会议的5名发审委委员同意，可以对该股票发行申请暂缓表决一次，但对何时提议暂缓表决过去没有明确规定。本着既对企业负责又防止滥用暂缓表决的情况出现的原则，实践中中国证监会要求委员在会议前以书面方式提议暂缓表决。此次发布的《办法》将上述两项做法充实到了条文中。

三是根据《证券法》的有关规定，对《办法》的名称和相关条文在文字上做了修改和统一。按照《证券法》的表述，将过去的"股票发行审核委员会"统一改为"发行审核委员会"，并对《办法》名称进行了相应的调整。

2009年5月13日，中国证监会发布《关于修改〈中国证券监督管理委员会发行审核委员会办法〉的决定》，修订内容包括以下三个方面。

一是对《办法》第二条进行了修改,将发审委的类型进行细化分类,规定中国证监会设立主板发审委、创业板发审委和并购重组委。

二是对《办法》第六条进行了修改,增加有关创业板发审委的委员人数及组成情况的规定,规定创业板发审委委员为35名,部分发审委委员可以为专职,其中中国证监会的人员5名,中国证监会以外的人员30名。

三是在《办法》第七条下增加一款,规定主板发审委委员、创业板发审委委员和并购重组委委员不得相互兼任。

2. 发审委工作程序

第一,中国证监会发行监管部在每月月底制定下月发审委会议召开计划并告知全体委员,非专职委员应当在每月月底前将下月能参加发审委会议的时间安排报告发行监管部。发审委会议原则上应当在每周固定时间召开。

第二,发行监管部在发审委会议召开5日前,将会议通知、股票发行申请文件及中国证监会有关职能部门的初审报告送达参会发审委委员,并将发审委会议审核的发行人名单、会议时间、发行人承诺函和参会发审委委员名单在中国证监会网站上公布。发行监管部安排发审委会议审核发行人的顺序,原则上按照发行人向发行监管部报送审核材料的时间先后确定。委员、发行人或其他中介机构可在发审委工作会议三天前提出回避申请。

第三,发审委委员以审慎、负责的态度,全面审阅发行人的股票发行申请文件和中国证监会有关职能部门出具的初审报告。在审核时,发审委委员在工作底稿上填写个人审核意见。

第四,发审委确定会议议程。会议议程一般包括以下几个部分:

(1)出席会议的委员达到规定的人数后,委员填写本次发审委会议中国证监会发审委委员与发行人接触事项的有关说明,交由发行监管部工作人员核对后,召集人宣布会议开始并主持会议;

(2)发行监管部预审人员向委员报告审核情况,并就有关问题提供说明;

(3)召集人组织委员对初审报告中提请委员关注的问题和审核意见逐一发表个人审核意见,对委员发现的发行人存在初审报告提请关注问题以外的其他问题发表个人审核意见;

(4)发行人代表和保荐代表人(不超过4人)到会陈述和接受询问;

(5)召集人总结委员会的主要审核意见,形成发审委会议对发行人股票发行申请的审核意见；

（6）委员对发审委会议记录、审核意见记录确认并签名；

（7）委员进行投票表决，表决方式采取封闭式记名投票，委员个人的投票意见不对外公布；

（8）发行监管部工作人员负责监票及统计投票结果；

（9）召集人宣布表决结果；

（10）委员在发审委会议表决结果上签名，同时提交审核工作底稿。

第五，发审委会议表决采取记名投票方式。表决票设同意票和反对票。同意票数达到5票为通过，同意票数未达到5票为未通过。发审委委员不得弃权。发审委委员在投票时应当在表决票上说明理由。发审委对发行人的股票发行申请只进行一次审核。发审委委员发现存在尚待调查核实并影响明确判断的重大问题时，经出席会议的5名发审委委员同意，可以对该股票发行申请暂缓表决一次。

第六，发审委会议对发行人的股票发行申请表决通过后，中国证监会在网站上公布表决结果。发审委会议对发行人股票发行申请提出的审核意见，中国证监会有关职能部门应当向发行人保荐机构进行书面反馈。

三、注册制

为了构建健全的资本市场体系，进一步提高上市公司质量和市场运作效率，注册制于2019年开始被提出并逐步推行。传统审批制下，企业需要经历严格的审核及核准流程，主管部门决定是否批准企业上市。全面注册制取消了IPO核准制度，改为发行注册制，由中国证监会、交易所负责核查和审批信息披露材料的合规性，提高了信息披露的真实性和透明度。这样的改革有效降低了政府的干预程度，使市场成为决定上市与否的主要力量。

2019年7月22日，科创板在上海证券交易所成功开市，标志着我国资本市场正式迈入注册制时代。科创板试点注册制改革，以信息披露为核心，加强对企业的过程监管，有效减少了前期审查的时间和程序。该改革大幅缩短了企业从申请到上市的时间，降低了企业融资成本，激发了市场活力。

在科创板改革的基础上，扩大注册制试点，为存量板块推行注册制积累经验。2020年6月12日，中国证监会发布了《创业板首次公开发行股票注

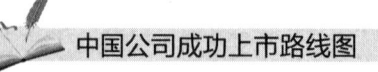

册管理办法（试行）》《创业板上市公司证券发行注册管理办法（试行）》《创业板上市公司持续监管办法（试行）》和《证券发行上市保荐业务管理办法》。与此同时，中国证监会、深交所、中国结算、证券业协会等发布了相关配套规则，宣告创业板改革和注册制试点的开始。

宁波卡倍亿电气技术股份有限公司是创业板改革并试点注册制后首批十八家上市企业之一。从2012年进场到2020年上市，上海市锦天城律师事务所陪伴了该公司八个年头，也见证了其从不规范一步步走向规范。在申报过程中，从2019年12月在中国证监会过初审会，到2020年7月在交易所审议通过，经历了注册制正式出台期间的重新制作申报材料、重新研读各项法规，也取得了创业板注册制正式实施第一天就上报申报材料的效率性申报的成果，最终公司在2020年8月24日于深交所创业板成功挂牌上市。

2023年2月17日，中国证监会发布全面实行股票发行注册制相关制度规则，证券交易所、全国股转公司、中国结算、中证金融、证券业协会配套制度规则同步发布实施。全面实行注册制是涉及资本市场全局的重大改革，这次全面实行注册制相关制度规则的发布实施，标志着注册制的制度安排基本定型，标志着注册制推广到全市场和各类公开发行股票行为，在中国资本市场改革发展进程中具有里程碑意义。

在注册制下，上交所、深交所负责对上市申请文件进行审核，并实行分行业审核。认为发行人符合发行条件、上市条件和信息披露要求的，将审核意见、发行上市申请文件及相关审核资料报中国证监会履行注册程序。根据《深圳证券交易所股票发行上市审核规则》与《上海证券交易所股票发行上市审核规则》，申请首次公开发行股票并上市的主要审核流程如下。

1. 受理与补正

交易所自收到发行人发行上市申请文件后五个工作日内，对文件进行核对，做出是否受理的决定，告知发行人及其保荐人，并在交易所网站公示。发行上市申请文件与中国证监会和交易所规定的文件目录不相符、文档名称与文档内容不相符、文档格式不符合中国证监会和交易所要求、签章不完整或者不清晰、文档无法打开或者存在交易所认定的其他不齐备情形的，发行人应当予以补正，补正时限最长不超过三十个工作日。发行人在三十个工作日内提交补正文件确有困难的，可以提交延期补正文件的书面申请，并说明理由；经交易所认可的，可适当延期。

2. 报送工作底稿

交易所受理发行上市申请文件后十个工作日内，保荐人应当以电子文档形式报送保荐工作底稿和验证版招股说明书，供监管备查。

3. 审核问询

对股票首次发行上市申请，交易所发行上市审核机构自受理之日起二十个工作日内，通过保荐人向发行人提出首轮审核问询。在首轮审核问询发出前，发行人及其保荐人、证券服务机构及其相关人员不得与审核人员接触，不得以任何形式干扰审核工作。首轮审核问询后，交易所发行上市审核机构收到发行人回复后十个工作日内可以继续提出审核问询。发行人及其保荐人、证券服务机构应当按照审核问询要求进行必要的补充调查和核查，及时、逐项回复审核问询，相应补充或者修改发行上市申请文件，并于上市委员会审议会议结束后十个工作日内汇总补充报送与审核问询回复相关的保荐工作底稿和更新后的验证版招股说明书。审核过程中，交易所依照相关规定，从发行上市申请文件已被交易所受理的发行人中抽取一定比例，对其信息披露质量进行现场检查。交易所发行上市审核机构收到发行人及其保荐人、证券服务机构对审核问询的回复后，认为不需要进一步审核问询的，将出具审核报告并提交上市委员会审议。发行人及其保荐人、证券服务机构回复交易所审核问询的时间总计不超过三个月。自受理发行上市申请文件之日起，交易所审核和中国证监会注册的时间亦总计不超过三个月，但发行人及其保荐人、证券服务机构回复审核问询的时间不计算在内。

4. 上市委员会审议

上市委员会召开审议会议，对交易所发行上市审核机构出具的审核报告及发行上市申请文件进行审议。每次审议会议由五名委员参加，其中会计、法律专家至少各一名。上市委员会进行审议时要求对发行人及其保荐人进行现场问询的，发行人代表及保荐代表人应当到会接受问询，回答委员提出的问题。上市委员会通过合议形成发行人是否符合发行条件、上市条件和信息披露要求的审议意见。发行人存在发行条件、上市条件或者信息披露方面的重大事项有待进一步核实，无法形成审议意见的，经会议合议，上市委员会可以对该发行人的发行上市申请暂缓审议，暂缓审议时间不超过两个月。对

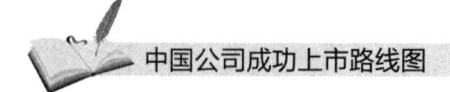

发行人的同一发行上市申请，上市委员会只能暂缓审议一次。交易所结合上市委员会的审议意见，出具发行人符合发行条件、上市条件和信息披露要求的审核意见或者做出终止发行上市审核的决定。

5. 向证监会报送审核意见

交易所审核通过的，向中国证监会报送发行人符合发行条件、上市条件和信息披露要求的审核意见，相关审核资料和发行人的发行上市申请文件。中国证监会发现存在影响发行条件的新增事项并要求交易所进一步问询的，交易所向发行人及保荐人、证券服务机构提出反馈问题。交易所结合反馈回复，就新增事项形成审核意见并报送中国证监会。中国证监会认为交易所对新增事项的审核意见依据明显不充分，退回交易所补充审核的，交易所对补充审核事项重新审核。交易所审核通过的，重新向中国证监会报送审核意见及相关资料；审核不通过的，做出终止发行上市审核的决定。

6. 证监会注册

中国证监会在二十个工作日内对发行人的注册申请做出同意或者不予注册的决定。发行人在取得中国证监会同意注册决定后，启动股票公开发行前，应当在交易所网站和符合中国证监会规定条件的网站披露招股意向书。

全面实行注册制是中国资本市场改革的重要一步。传统核准制下，IPO申请周期长、程序烦琐，全面注册制简化了审核流程，加快了企业上市速度，减少了企业融资时间和成本。这种高效的融资机制有利于企业筹集更多资金，推动经济发展和创新能力的提升。全面注册制强调信息披露的重要性，让投资者更加全面清楚地了解企业情况。这有助于提高市场的透明度和公平性，吸引更多的参与者，增加市场活跃度和流动性。然而，也需要在改革过程中进一步完善相关制度和加强监管能力，确保全面注册制的有效实施，为我国资本市场的长期健康发展提供有力支持。

第二节　股票发行与上市的程序

股票发行与上市是企业初始融资的最后阶段，也是企业走向资本市场的前奏。由于股票发行与上市有法定时间限制，时间较为紧凑且工作繁杂，需要发行人和保荐机构以认真、细致和负责的工作态度去完成。以下是首次公开发行股票并上市的一般程序。

一、发行定价

自2006年9月19日起施行的《证券发行与承销管理办法》（以下简称《办法》）对我国首次公开发行股票的定价方式进行了规定。该《办法》自制定以来，历经多次修订。该《办法》的制定和实施在规范证券发行与承销行为、维护市场秩序、便利投融资等方面发挥了重要作用。2019年科创板、2020年创业板试点注册制以来，市场化发行承销机制运行总体平稳，推动主板发行承销制度市场化改革已具备成熟条件。全面实行股票发行注册制背景下，《办法》的部分内容已经不能完全适应证券市场发展的新形势，因此中国证监会于2023年2月17日颁布《证券发行与承销管理办法》（2023年修订），以满足全面实行注册制下的立法和监管实际。在上海证券交易所、深圳证券交易所首次公开发行股票并上市的，适用新修订《办法》的规定。向不特定合格投资者公开发行股票并在北京证券交易所上市的，则适用《北京证券交易所向不特定合格投资者公开发行股票注册管理办法》与《北京证券交易所证券发行与承销管理细则》等相关规定。

上述修订后的《办法》明确了全面实行以市场化询价方式定价为主体，以直接定价为补充的定价机制。在上海证券交易所、深圳证券交易所首次公开发行证券可以通过向网下投资者询价或者直接定价等其他合法可行的方式确定发行价格，向不特定合格投资者公开发行股票并在北京证券交易所上市，可以通过发行人和主承销商自主协商直接定价、合格投资者网上竞价或网下询价等方式确定发行价格。发行人和主承销商应当在招股意向书（或招股说明书）和发行公告中披露本次发行证券的定价方式。

1. 直接定价

上述修订后的《办法》规定，在上海证券交易所、深圳证券交易所首次公开发行证券发行数量在2000万股（份）以下且无老股转让计划的，发行人和主承销商可以通过直接定价的方式确定发行价格。采取直接定价方式的，需要满足规定的限制条件，即发行人尚未盈利的，应当通过向网下投资者询价方式确定发行价格，不得直接定价；通过直接定价方式确定的发行价格对

应市盈率不得超过同行业上市公司二级市场平均市盈率；已经或者同时境外发行的，通过直接定价方式确定的发行价格还不得超过发行人境外市场价格；首次公开发行证券采用直接定价方式的，除保荐人的相关子公司或者保荐人所属证券公司的相关子公司参与发行人证券配售的情形外全部向网上投资者发行，不进行网下询价和配售。

向不特定合格投资者公开发行股票并在北京证券交易所上市，采用直接定价方式的，发行人与主承销商应当结合发行人所属行业、市场情况、同行业公司估值水平等因素审慎确定发行价格。

2. 网下投资者询价

在上海证券交易所、深圳证券交易所首次公开发行证券通过询价方式确定发行价格的，可以在初步询价后确定发行价格，也可以在初步询价确定发行价格区间后，通过累计投标询价确定发行价格。在北京证券交易所向不特定合格投资者公开发行股票通过询价方式确定发行价格的，应当通过初步询价确定发行价格。

相比于初步询价后定价，累计投标询价可以在初步询价结束后给投资者提供其他询价对象的报价信息、初步询价阶段的申购数量及对应的认购倍数等信息，投资者可以根据这些增量信息在价格区间之内进一步调整报价。这使得投资者在二次报价阶段更加深入地认识与理解公司，促进买卖双方充分博弈，进一步促进公司合理价值发现。

首次公开发行证券采用询价方式的，应当向证券公司、基金管理公司、期货公司、信托公司、保险公司、财务公司、合格境外投资者和私募基金管理人等专业机构投资者，以及经中国证监会批准的证券交易所规则规定的其他投资者询价。上述询价对象统称网下投资者。主承销商应当向网下投资者提供投资价值研究报告，网下投资者可以自主决定是否报价。首次公开发行证券发行价格或价格区间确定后，提供有效报价的投资者方可参与申购。

网下投资者报价后，发行人和主承销商应当剔除拟申购总量中报价最高的部分，然后根据剩余报价及拟申购数量协商确定发行价格，或者确定发行价格区间后，通过累计投标询价确定发行价格。公开发行证券数量在4亿股（份）以下的，有效报价投资者的数量不少于10家；公开发行证券数量超过4亿股（份）的，有效报价投资者的数量不少于20家。

首次公开发行证券时，发行人和主承销商可以自主协商确定有效报价条件、配售原则和配售方式，并按照事先确定的配售原则在有效申购的网下投资者中选择配售证券的对象。

首次公开发行证券采用询价方式在主板上市的，公开发行后总股本在 4 亿股（份）以下的，网下初始发行比例不低于本次公开发行证券数量的 60%；公开发行后总股本超过 4 亿股（份）或者发行人尚未盈利的，网下初始发行比例不低于本次公开发行证券数量的 70%。首次公开发行证券采用询价方式在科创板、创业板上市的，公开发行后总股本在 4 亿股（份）以下的，网下初始发行比例不低于本次公开发行证券数量的 70%；公开发行后总股本超过 4 亿股（份）或者发行人尚未盈利的，网下初始发行比例不低于本次公开发行证券数量的 80%。公开发行并在北京证券交易所上市的，网下初始发行比例应当不低于 60% 且不高于 80%。

首次公开发行证券，可以实施战略配售。参与战略配售的投资者不得参与本次公开发行证券网上发行与网下发行。安排战略配售的，应当扣除战略配售部分后确定网下网上发行比例。网上投资者有效申购数量超过网上初始发行数量一定倍数的，应当从网下向网上回拨一定数量的证券。

3. 竞价发行

公开发行并在北京证券交易所上市的，可以采用竞价方式，发行人和主承销商可以设置最低申购价格及价格确定机制并在发行公告中予以披露，投资者申报的每股价格不得低于最低申购价格。主承销商应当公开披露投资价值研究报告。

发行人和主承销商应当在发行公告中披露价格确定机制。投资者有效申购总量小于或等于网上发行数量且已设置最低申购价格的，发行价格为最低申购价格；未设置最低申购价格的，发行价格为投资者的最低报价。投资者有效申购总量大于网上发行数量的，发行人和主承销商可以选择下列方式之一确定发行价格。

（1）剔除最高报价部分后，将投资者申购报单按照价格从高到低排序计算累计申购数量，当累计申购数量达到网上发行数量或其一定倍数时，对应的最低申购价格为发行价格。剔除部分不得低于拟申购总量的 5%，因剔除导致拟申购总量不足的，相应部分可不剔除。拟申购总量超过网上发行数量 15

倍的，剔除部分不得低于拟申购总量的 10%。报价大于或等于发行价格且未被剔除的投资者为有效报价投资者。

（2）按照事先确定并公告的方法（加权平均价格或算数平均价格）计算申购报单的基准价格，以 0.01 元为一个价格变动单位向基准价格上下扩大价格区间，直至累计申购数量达到网上发行股票数量或其一定倍数，较低的临界价格为发行价格。报价在上下两个临界价格以内（含临界价格）的投资者为有效报价投资者。发行人和主承销商可以在竞价申购结束后根据申购情况协商确定剔除比例和累计申购倍数。

投资者有效申购总量小于或等于网上发行数量的，向投资者按有效申购数量配售股票。投资者有效申购总量大于网上发行数量的，向有效报价投资者按比例配售股票。

二、信息披露与路演推介

发行人和主承销商在发行过程中公告的信息，应当在证券交易所网站和符合中国证监会规定条件的媒体发布，同时将其置备于公司住所、证券交易所，供社会公众查阅。发行人披露的招股意向书除不含发行价格、筹资金额以外，其内容与格式应当与招股说明书一致，并与招股说明书具有同等法律效力。

发行人可聘请专业财经公关公司协助进行发行前的路演推介活动。路演，译自英文"roadshow"，是投资者与证券发行人在充分交流的条件下促进股票成功发行的重要推介手段。路演主要指证券发行人在发行前，在主要的路演地对可能的投资者进行巡回推介活动，昭示将发行证券的价值，加深投资者的认知程度，并从中了解投资者的投资意向，发现需求和价值定位，以确保证券的成功发行。

发行人和主承销商可以采用现场、电话、视频会议、互联网等合法合规的方式进行路演推介。采用公开方式进行路演推介的，应当事先披露举行时间和参加方式。路演推介期间，发行人和主承销商与投资者任何形式的见面、交谈、沟通，均被视为路演推介。

在首次公开发行证券以及公开发行股票并在北交所上市申请文件受理后，发行人和主承销商可以与拟参与战略配售的投资者进行一对一路演推介，介绍公司、行业基本情况，但路演推介内容不得超出证监会及交易所认可的公开信息披露范围。首次公开发行证券以及公开发行股票并在北交所上市招股意向书刊登后，发行人和主承销商可以向网下投资者进行路演推介和询价。发行人和主承销商应当根据项目实际发行情况，预留充裕时间并合理安排路演推介工作。

发行人和主承销商应当至少采用互联网方式向公众投资者进行公开路演推介，并事先披露举行时间和参加方式。路演时不得屏蔽公众投资者提出的与本次发行相关的问题。路演推介内容不得超出证监会及交易所认可的公开信息披露范围。发行人和主承销商向公众投资者进行推介时，提供的发行人信息的内容及完整性应当与向网下投资者提供的信息保持一致。

三、上网发行

发行人的证券可通过按市值向二级市场投资者配售、上网定价或线下对投资者定向配售等方式发行，发行过程包括申购、摇号抽签、配售、股款收缴、划款等程序。募集量较大的股票发行承销商可以行使超额配售选择权和采用回拨机制。

四、推荐上市

发行人在中央登记结算公司完成股份登记存管后，可向拟上市交易所递交上市材料，交易所批准上市申请后即可安排发行股票挂牌交易。

发行人在其上市申请获得证券交易所同意后，于其股票上市前五个交易日内，在符合条件的媒体披露上市公告书、公司章程及其他交易所要求的文件。

第六章
注册制 IPO 的审核要点

第一节 主体资格

一、主板、创业板、科创板

公司是否符合主体资格要求是上市发行的实质条件之一。对主板、创业板、科创板的拟 IPO 企业来说，根据《首次公开发行股票注册管理办法》的规定，符合主体资格要求，主要有以下三个核心要点：①公司是依法设立的股份有限公司；②公司持续经营时间在三年以上；③公司具备健全且运行良好的组织机构，相关机构和人员能够依法履行职责。

1. 公司是依法设立的股份有限公司

有的公司可能从设立就是股份有限公司，而有的公司需要从有限责任公司通过整体变更设立股份有限公司。股份公司的设立、改制程序及相关问题和注意事项详见本书"第四章　股份有限公司的设立及股份制改造"，在此不再赘述。

2. 公司持续经营时间在三年以上

（1）关于"三年"的理解。《首次公开发行股票注册管理办法》第十条规定："有限责任公司按原账面净资产值折股整体变更为股份有限公司的，持续经营时间可以从有限责任公司成立之日起计算。"

满足"三年以上"的时间条件，可能存在以下三种情形：

①公司成立为股份有限公司后已经持续经营三年以上；

②公司设立之初为有限责任公司，后来整体变更为股份有限公司，如果是按照原账面净资产值折股整体变更的，可以从有限责任公司成立之日起开始计算是否满三年；

③公司设立之初为有限责任公司，后来整体变更为股份有限公司，如果是按照经评估净资产值折股设立股份公司的，则只能视同新设股份公司，持续经营时间不可连续计算，需要自股份有限公司成立之日起开始计算是否满三年。

因此，实践中比较多的公司会选择上述第二种方式，这样可以从有限公司成立就开始计算经营时间，节约公司上市的时间成本。

（2）关于"持续经营"的理解。关于这一条件，我们还需关注的一个词为"持续经营"。一是关于"持续"，如果说公司在经营过程中因为一些特殊情况中止了经营，那么就不符合持续的要求；二是关于"经营"，"经营"不同于"成立"的概念。举例而言，就是公司虽然成立了，但却是一个空壳公司，没有经营资产也没有相应的经营活动，这样的话，持续经营时间就不能从公司设立开始计算，而需要从真正有本质的经营开始计算。

为了更深入地理解这个问题，可以来看一个案例：GRW系上市公司分拆子公司上市项目，在上市前进行了资产和业务的重组，将主营业务相关的业务、资产全部纳入上市主体，申报报告期为2019年、2020年、2021年，而主要经营性资产直到2019年12月才注入发行人，因此在审核中该项目被关注在完全实现业务重组之前，是否开展了实际的经营业务，是否满足"持续经营三年"的IPO基本条件。中介机构从业务重组之前公司就是经营主营业务的，自身已经具备开展主营业务的相关经营资产，并且也有相应的员工，有相应的研发投入、研发成果，也实现了一定的业务收入等角度来说明在重组前公司也是在持续经营的，所以合计持续经营的时间满足三年的要求。

3. 公司具备健全且运行良好的组织机构，相关机构和人员能够依法履行职责

为满足"健全且运行良好的组织机构"条件，拟IPO企业需要建立健全股东大会、董事会、监事会、经理等组织机构，还应建立健全独立董事、董事会秘书和各专门委员会等制度，并且需要制定相应的符合法律法规和对应上市板块的上市公司治理规则的股东大会、董事会、监事会议事规则，独立

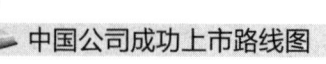

董事工作细则，董事会秘书工作细则，专门委员会工作细则等内部治理制度。

具体而言，实践中机构设置和依法履职要求如下。

（1）股东大会、董事会、监事会、经理层。股东大会、董事会、监事会以及以总经理为代表的经理层（以下简称"三会一层"）是我国公司治理结构中最基础的企业组织机构（见图6-1、图6-2）。"三会一层"的合法设立及规范运作也是"具备健全且运行良好的组织机构"的核心体现。

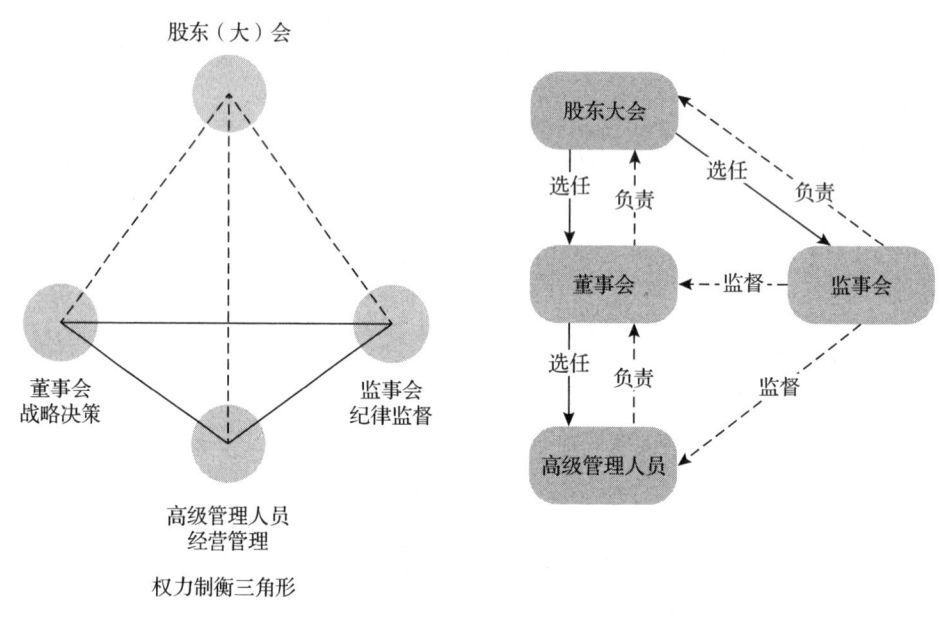

图6-1 "三会一层"示意图　　　　图6-2 "三会一层"的关系

具体而言，在报告期内，公司的股东大会、董事会、监事会、总经理办公会的召集、召开程序、决议内容需要符合相关法律法规及内部治理制度的规定；对于一些重大事项，如投融资、对外担保、关联交易等，则需要根据相关法律法规及内部治理制度规定的审议权限履行相应的审议程序。

（2）公司的董事、监事、高级管理人员。公司的董事包括股东代表董事、职工代表董事及独立董事；监事包括股东代表监事、职工代表监事；高级管理人员包括总经理、副总经理、财务负责人、董事会秘书和公司章程规定的其他人员。

①任职资格。该等人员需要满足《公司法》《首次公开发行股票注册管理

办法》《上市公司自律监管指引》规定的相关任职资格条件（特别是国家公务员、事业单位有关人员、党政领导干部、中管干部、国有企业领导及相关人员、高校人员、银行从业人员等具有特殊职业身份的人员，公司在拟聘任其为董事、监事、高级管理人员时需特别关注，提前确认是否符合相应的资格条件），并且履行相应的聘任程序：股东代表董事、股东代表监事、独立董事需要由股东大会选举产生，职工代表董事、职工代表监事需要由职工代表大会选举产生，而高级管理人员需要由公司董事会进行聘任。

除任职资格外，该等人员在公司组织机构内部也有一定的内部兼职限制，例如：公司的高级管理人员不得在控股股东、实际控制人及其控制的其他企业中担任除董事、监事以外的其他职务，不得在控股股东、实际控制人及其控制的其他企业领薪；公司的董事可以由经理或者其他高级管理人员兼任，但兼任经理或者其他高级管理人员职务的董事以及由职工代表担任的董事，总计不得超过公司董事总数的二分之一；公司董事、高级管理人员及其配偶和直系亲属在公司董事、高级管理人员任职期间不得担任公司监事等。

根据规定，上市公司独立董事占董事会成员的比例不得低于三分之一，且至少包括一名会计专业人士，所以拟上市公司的董事会中必须有不低于三分之一的董事为独立董事。独立董事是指不在上市公司担任除董事外的其他职务，并与其所受聘的上市公司及其主要股东、实际控制人不存在直接或者间接利害关系，或者其他可能影响其进行独立客观判断关系的董事。

独立董事除了需要满足《公司法》《首次公开发行股票注册管理办法》《上市公司自律监管指引》等规定的董事的任职资格外，还有着更高的任职资格要求。例如：独立董事需要具备上市公司运作的基本知识，熟悉相关法律法规和规则；具有五年以上履行独立董事职责所必需的法律、会计或者经济等工作经验；具有良好的个人品德，不存在重大失信等不良记录。同时因其独立性，独立董事不能为以下人员：一是在上市公司或者其附属企业任职的人员及其配偶、父母、子女、主要社会关系；二是直接或者间接持有上市公司已发行股份百分之一以上或者是上市公司前十名股东中的自然人股东及其配偶、父母、子女；三是在直接或者间接持有上市公司已发行股份百分之五以上的股东或者在上市公司前五名股东任职的人员及其配偶、父母、子女；四是在上市公司控股股东、实际控制人的附属企业任职的人员及其配偶、父

母、子女；五是与上市公司及其控股股东、实际控制人或者其各自的附属企业有重大业务往来的人员，或者在有重大业务往来的单位及其控股股东、实际控制人任职的人员；六是为上市公司及其控股股东、实际控制人或者其各自附属企业提供财务、法律、咨询、保荐等服务的人员，包括但不限于提供服务的中介机构的项目组全体人员、各级复核人员、在报告上签字的人员、合伙人、董事、高级管理人员及主要负责人；七是最近十二个月内曾经具有前述第一项至第六项所列举情形的人员；八是法律、行政法规、中国证监会规定、证券交易所业务规则和公司章程规定的不具备独立性的其他人员。

②依法履职。《公司法》第一百八十条规定："董事、监事、高级管理人员对公司负有忠实义务，应当采取措施避免自身利益与公司利益冲突，不得利用职权牟取不正当利益。董事、监事、高级管理人员对公司负有勤勉义务，执行职务应当为公司的最大利益尽到管理者通常应有的合理注意。公司的控股股东、实际控制人不担任公司董事但实际执行公司事务的，适用前两款规定。"《公司法》完善了董事、监事和高级管理人员的忠实、勤勉义务。

虽然《公司法》中对勤勉义务仅有概括性规定，但对上市公司董事、监事、高级管理人员而言，勤勉义务有着更为细致的要求，例如董事、监事、高级管理人员应当关注信息披露文件的编制情况，保证定期报告、临时报告在规定期限内披露，并且对公开披露文件是否存在虚假记载、误导性陈述或重大遗漏依法负有保证义务。

对于独立董事而言，2023年9月4日起施行的《上市公司独立董事管理办法》对独立董事履职提出了更高的要求。例如：独立董事原则上最多在三家境内上市公司担任独立董事，并应当确保有足够的时间和精力有效地履行独立董事的职责；每年在上市公司的现场工作时间应当不少于十五日。除按规定出席股东大会、董事会及其专门委员会、独立董事专门会议外，独立董事可以通过定期获取上市公司运营情况等资料、听取管理层汇报、与内部审计机构负责人和承办上市公司审计业务的会计师事务所等中介机构沟通、实地考察、与中小股东沟通等多种方式履行职责。

（3）专门委员会。实践中，辅导期内公司会逐步设立审计委员会、提名委员会、战略委员会及薪酬与考核委员会，其中审计委员会为法定必须设立的委员会。除战略委员会外，其余委员会中独立董事人数均需过半。同时根据《上市公司独立董事管理办法》的规定，审计委员会成员应当为不在上市公司担任高级管理人员的董事，并由独立董事中的会计专业人士担任召集人。

①审计委员会。董事会审计委员会负责审核公司财务信息及其披露、监督及评估内外部审计工作和内部控制，例如：披露财务会计报告及定期报告中的财务信息、内部控制评价报告；聘用或者解聘承办公司审计业务的会计师事务所；聘任或者解聘公司财务负责人；因会计准则变更以外的原因做出会计政策、会计估计变更或者重大会计差错更正等事项需要审计委员会进行审议。

审计委员会每季度至少召开一次会议，两名及以上成员提议，或者召集人认为有必要时，可以召开临时会议。审计委员会会议须有三分之二以上成员出席方可举行。

②提名委员会。公司董事会提名委员会负责拟定董事、高级管理人员的选择标准和程序，对董事、高级管理人员人选及其任职资格进行遴选、审核，例如：提名或者任免董事、聘任或者解聘高级管理人员等事项需要提名委员会进行审议。

③战略委员会。公司战略委员会负责对公司战略相关事项进行研究、提出建议并对该等事项的实施进行监督，例如：对公司中长期发展战略规划进行研究并提出建议；对公司章程规定的须经董事会批准的重大投资、融资方案进行研究并提出建议；对公司章程规定的须经董事会批准的重大资本运作、资产经营项目进行研究并提出建议。

④薪酬与考核委员会。公司董事会薪酬与考核委员会负责制定董事、高级管理人员的考核标准并进行考核，制定、审查董事、高级管理人员的薪酬政策与方案，并就下列事项向董事会提出建议：董事、高级管理人员的薪酬；制定或者变更股权激励计划、员工持股计划，激励对象获得权益、行使权益的条件及时间；董事、高级管理人员在拟分拆所属子公司安排持股计划；等等。

二、北交所

对北交所的拟 IPO 企业来说，根据《北京证券交易所向不特定合格投资者公开发行股票注册管理办法》和《北京证券交易所股票上市规则（试行）》，符合主体资格要求主要有以下两个核心要点：一个是与主板、创业板、科创板相同的要求，即公司需为依法设立有效存续的股份有限公司，还有一个与其他板块不同的点在于公司需为在全国股转系统连续挂牌满12个月的创新层挂牌公司。因此，对于北交所的拟IPO企业而言，在登陆北交所之前需要先登陆全国股转系统（即俗称的新三板）创新层。

根据《全国中小企业股份转让系统分层管理办法》，拟IPO企业登陆新三板创新层有以下两种模式：一种为公司已经符合创新层相关条件，在申请挂牌的同时定向发行进入创新层；另一种为先申请成为新三板基础层公司，再在符合创新层条件的情况下转板进入创新层。而"12个月"的要求是指从新三板挂牌到申报北交所IPO要满12个月的时间。

第二节　实质条件

一、何为实质条件

所谓实质条件，即《中华人民共和国公司法（2023年修正）》（以下简称《公司法》）、《中华人民共和国证券法（2019年修订）》（以下简称《证券法》）、《首次公开发行股票注册管理办法》（以下简称《首发办法》）、《北京证券交易所向不特定合格投资者公开发行股票注册管理办法》（以下简称《北交所注册管理办法》）以及各上市板块上市规则等法律、法规和规范性文件规定的首次公开发行股票并上市所需要满足的条件。

在目前的审核环境中，审核机构主要关注板块定位、持续经营能力、稳定性及合规要求。

二、板块定位

（一）基本要求

发行人申请首次公开发行股票并上市，应当符合相关板块的定位。

主板突出"大盘蓝筹"特色，重点支持业务模式成熟、经营业绩稳定、规模较大、具有行业代表性的优质企业。

科创板面向世界科技前沿、面向经济主战场、面向国家重大需求。优先支持符合国家战略，拥有关键核心技术，科技创新能力突出，主要依靠核心技术开展生产经营，具有稳定的商业模式，市场认可度高，社会形象良好，具有较强成长性的企业。

创业板深入贯彻创新驱动发展战略，适应发展更多依靠创新、创造、创意的大趋势，主要服务成长型创新创业企业，支持传统产业与新技术、新产业、新业态、新模式深度融合。

北交所充分发挥对全国中小企业股份转让系统的示范引领作用，深入贯彻创新驱动发展战略，聚焦实体经济，主要服务创新型中小企业，重点支持先进制造业和现代服务业等领域的企业，推动传统产业转型升级，培育经济发展新动能，促进经济高质量发展。

（二）审核关注要点

随着注册制的全面实施，行业板块的定位越来越重要。首先，企业需要根据监管机构公布的定位要求，比对自身的条件，确定申报的板块，避免出现事倍功半的情况；其次，在申报过程中，中介机构也会花很大一部分的精力与笔墨来证明企业符合相应板块的要求；最后，在申报后，监管机构可能会进行多轮问询，基本首要问题就是板块定位。

笔者所在团队在2022年申报一个创业板项目时，第一次问询的第一个问题就是关于板块定位的："结合上述问题，以及发行人核心技术特点及行业特征，分析说明发行人核心技术及产品的主要创新情况和具体特征，并说明发行人是否符合《创业板首次公开发行股票注册管理办法（试行）》《深圳证券交易所创业板股票发行上市审核规则》等规定的创业板定位。"

目前，板块定位逐渐成为限制企业申报IPO或者影响IPO成功的重要因素，保荐人应根据证券监管机构有关板块定位的规定和要求，结合发行人所处行业领域、主营业务构成、业务模式、核心技术、主要资产、人员构成以及主要财务指标等情况，在逐项分析的基础上，按照实质重于形式的原则，确定板块适配性，判断发行人是否符合拟申报板块的定位和要求。

三、持续经营能力

（一）基本要求

持续经营能力，是指公司基于宏观因素、行业因素以及自身的经营情况，在可以预见的未来，有能力按照既定目标持续性地开展经营。影响持续经营能力的情况较多，例如客户供应商集中、核心资产（不动产、知识产权、技术等）存在重大纠纷或不利变化、毛利率不符合市场普遍规律等。

相关法律法规规定如下。《证券法》第十二条第二款规定，公司首次公开发行新股，应当"具有持续经营能力"。《首发办法》第十二条第（三）项规定："不存在涉及主要资产、核心技术、商标等的重大权属纠纷，重大偿债风险，重大担保、诉讼、仲裁等或有事项，经营环境已经或者将要发生重大变化等对持续经营有重大不利影响的事项。"《北交所注册管理办法》第十条第（二）项规定，发行人申请公开发行股票，应当"具有持续经营能力，财务状况良好"。

（二）审核关注要点

根据《监管规则适用指引——发行类第5号》的规定，对于持续经营能力，主要关注以下要点。

（1）发行人因宏观环境因素影响存在重大不利变化风险，如法律法规、汇率税收、国际贸易条件、不可抗力事件等。

（2）发行人因行业因素影响存在重大不利变化风险，如：

①发行人所处行业被列为行业监管政策中的限制类、淘汰类范围，或行业监管政策发生重大变化，导致发行人不满足监管要求；

②发行人所处行业出现周期性衰退、产能过剩、市场容量骤减、增长停滞等情况；

③发行人所处行业准入门槛低、竞争激烈，导致市场占有率下滑；

④发行人所处行业上下游供求关系发生重大变化，导致原材料采购价格或产品售价出现重大不利变化。

（3）发行人因自身因素影响存在重大不利变化风险，如：

①发行人重要客户或供应商发生重大不利变化，进而对发行人业务稳定性和持续性产生重大不利影响；

②发行人由于工艺过时、产品落后、技术更迭、研发失败等原因导致市场占有率持续下降，主要资产价值大幅下跌、主要业务大幅萎缩；

③发行人多项业务数据和财务指标呈现恶化趋势，由盈利转为重大亏损，且短期内没有好转迹象；

④发行人营运资金不能覆盖持续经营期间，或营运资金不能够满足日常经营、偿还借款等需要；

⑤对发行人业务经营或收入实现有重大影响的商标、专利、专有技术以及特许经营权等重要资产或技术存在重大纠纷或诉讼，已经或者将对发行人财务状况或经营成果产生重大不利影响。

在实务中，涉及持续经营能力的关注点更显得多样化，我们简单列举几个审核中的问询案例。

（1）发行人生产经营用的主要房产系租赁上述土地上所建房产的，如存在不规范情形，原则上不构成发行上市障碍。保荐人和发行人律师应就其是否对发行人持续经营构成重大影响发表明确意见。

（2）补充披露发行人被永久禁止使用某商业秘密的可能性，是否对发行人持续经营存在重大不利影响。

（3）请发行人结合某产品及其他主要产品的整体市场规模变化情况和市场竞争格局，补充说明发行人的持续经营能力是否面临重大不利变化，是否存在业绩大幅下滑的风险。

四、主营业务、控制权和管理团队稳定

（一）基本要求

《首发办法》第十二条第（二）项规定：

"主营业务、控制权和管理团队稳定，首次公开发行股票并在主板上市的，最近三年内主营业务和董事、高级管理人员均没有发生重大不利变化；首次公开发行股票并在科创板、创业板上市的，最近二年内主营业务和董事、高级管理人员均没有发生重大不利变化；首次公开发行股票并在科创板上市的，核心技术人员应当稳定且最近二年内没有发生重大不利变化；

发行人的股份权属清晰，不存在导致控制权可能变更的重大权属纠纷，首次公开发行股票并在主板上市的，最近三年实际控制人没有发生变更；首次公开发行股票并在科创板、创业板上市的，最近二年实际控制人没有发生变更。"

（二）审核关注要点

首先，最近二年和最近三年分别以自然月计算，即24个月和36个月，

这是在《首发办法》中明确的。因为报告期末至申报往往会有 4~5 个月左右的时间，因此这个自然月的计算对顺利推进 IPO 会更有优势。笔者所在团队在 2017 年时有一个项目，如果以自然月计算可以提前一个申报期，当时详细的准则并未出台，但是我们经过多番论证以及沟通，确认最近二年并非两个会计年度，从而得以顺利申报。

其次，在《监管规则适用指引——发行类第 4 号》中对董事、高级管理人员和核心技术人员变化进行了明确，要求以实质重于形式的原则，综合两方面的因素进行分析：一是最近 36 个月（24 个月）内的变动人数及比例，在计算人数比例时，以董事和高级管理人员合计总数作为基数；二是上述人员离职或无法正常参与发行人的生产经营是否对发行人生产经营产生重大不利影响。同时，变动后新增的董事、高级管理人员来自原股东委派或发行人内部培养产生的，原则上不构成人员的重大变化；管理层因退休、调任等原因发生岗位变化的，不轻易认定为重大变化，但是要关注是否对公司生产经营产生重大不利影响。另外，目前很多企业选择在报告期中后段时间进行股改，股改前可能很多只有一个执行董事和一名经理，股改后建立健全了董事会和高管层级，此时的变动只要符合前述股东委派或发行人内部培养的情况，也不会构成人员的重大变化。

关于实际控制人的变动，也有两个明确规定的例外情况。①如果实际控制人为单名自然人或者有亲属关系的多名自然人，实际控制人去世导致股权变动，股份受让人为继承人的，通常不视为公司控制权发生变更。其他多名自然人为实际控制人，实际控制人之一去世的，应当结合股权结构、去世自然人在股东大会或者董事会决策中的作用、对发行人持续经营的影响等因素综合判断公司控制权是否发生变更。②因国有资产监督管理需要，国务院或者省级人民政府国有资产监督管理机构无偿划转直属国有控股企业的国有股权或者对该等企业进行重组等导致发行人控股股东发生变更的，符合一定条件的，可视为公司控制权没有发生变更。

目前很多的企业家面临家族接班的问题，对于在原本报告期初未持有家族企业股权，后续通过受让股权成为公司股东的，是否可以在股权转让前后均认定一家人为实际控制人？答案是肯定的。

目前，市场上已经出现很多类似的案例，均得到监管机构的认可并成功上市。例如纽泰格（301229）、上海港湾（605598）等企业，均在股权转让前后认定一家人为实际控制人（即便转让前后可能未持有发行人股权）。这体现了实际控制人的认定遵循实质重于形式的原则，当然基本要求转让人是参与管理这家企业的。

五、合规要求

（一）基本要求

（1）《证券法》第十二条第四款规定："发行人及其控股股东、实际控制人最近三年不存在贪污、贿赂、侵占财产、挪用财产或者破坏社会主义市场经济秩序的刑事犯罪。"

破坏社会主义市场经济秩序的刑事犯罪在《中华人民共和国刑法》第二编第三章有规定，具体包括生产、销售伪劣商品罪，走私罪，妨害对公司、企业的管理秩序罪，破坏金融管理秩序罪，金融诈骗罪，危害税收征管罪，侵犯知识产权罪以及扰乱市场秩序罪等几大类。

（2）《首发办法》第十三条规定：

"发行人生产经营符合法律、行政法规的规定，符合国家产业政策。

最近三年内，发行人及其控股股东、实际控制人不存在贪污、贿赂、侵占财产、挪用财产或者破坏社会主义市场经济秩序的刑事犯罪，不存在欺诈发行、重大信息披露违法或者其他涉及国家安全、公共安全、生态安全、生产安全、公众健康安全等领域的重大违法行为。

董事、监事和高级管理人员不存在最近三年内受到中国证监会行政处罚，或者因涉嫌犯罪正在被司法机关立案侦查或者涉嫌违法违规正在被中国证监会立案调查且尚未有明确结论意见等情形。"

（3）《北交所注册管理办法》第十一条规定：

"发行人及其控股股东、实际控制人存在下列情形之一的，发行人不得公开发行股票：

（一）最近三年内存在贪污、贿赂、侵占财产、挪用财产或者破坏社会主义市场经济秩序的刑事犯罪；

（二）最近三年内存在欺诈发行、重大信息披露违法或者其他涉及国家安全、公共安全、生态安全、生产安全、公众健康安全等领域的重大违法行为；

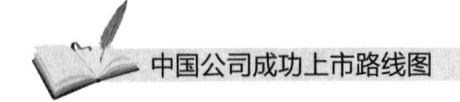

（三）最近一年内受到中国证监会行政处罚。"

（二）审核关注要点

对于重大违法行为，没有明确的界定标准，但是如有以下情形之一且中介机构出具明确核查结论的，可以不认定为重大违法行为：①违法行为显著轻微、罚款数额较小；②相关处罚依据未认定该行为属于情节严重；③有权机关证明该行为不属于重大违法。但违法行为导致严重环境污染、重大人员伤亡或者社会影响恶劣等并被处以罚款等处罚的，不适用上述规定。

发行人合并报表范围内的各级子公司，如对发行人主营业务收入或者净利润不具有重要影响（占比不超过百分之五），其违法行为可不视为发行人本身存在重大违法行为，但相关违法行为导致严重环境污染、重大人员伤亡或者社会影响恶劣等的除外。

如被处罚主体为发行人收购而来，且相关处罚于发行人收购完成之前已执行完毕，原则上不视为发行人存在重大违法行为。但发行人主营业务收入和净利润主要来源于被处罚主体或者相关违法行为导致严重环境污染、重大人员伤亡或者社会影响恶劣等的除外。

最近三年，指的是从刑罚执行完毕或者行政处罚执行完毕之日起计算三十六个月。

实务中，审核机构的问询案例：结合环保相关法律法规说明发行人报告期内行政处罚金额较大的违法行为的背景、产生的影响，不构成重大违法违规行为的判断依据，发行人及其子公司报告期内多次受到环保类行政处罚的原因及内部追责情况，发行人环保内控机制的有效性、健全性。

笔者所在团队曾经手一个IPO项目，该拟IPO企业处于劳动力相对密集的户外纺织品行业，因为在赶货期加班时间超过了《劳动法》的规定，被处以2000元以下的罚款。虽然罚款数额较小，但是在问询时仍然被问到是否属于重大违法违规。我们从违法行为不属于情节严重、处罚是最低档次论证违法行为轻微；同时取得了有关主管部门的证明，证明此项违法行为不属于重大违法违规。

上述案例提醒发行人，企业需要严格遵守法律法规的规定，合规经营，避免被行政处罚的情形。因为虽然处罚很小，但是监管机构仍然会重点关注，需要企业和中介机构进行核查并出具明确结论。

值得注意的是，拟上市公司首次公开发行股票并上市的实质条件是在不断变化的：一个是法规的变化，另一个是法规定义的变化。在实务中，我们经常会遇见这样的情形：企业规范好了，但是曾经的上市条件已经发生了变化，只能遗憾地被市场拒之门外。这也提醒有志于上市的企业家们，永远不要让条件等着我们，而是要我们等着条件。

第三节　独立性

一、独立性概览

从意识形态来说，一个独立的人，是指具有独立的思想、独立的人格，有独自生活的能力。但人类是群居动物，一般没有自给自足的能力，只能说某个人有独立的能力。企业也一样，我们并不是要求这个企业完全自给自足，而是要求企业在充分竞争的市场上依靠自身经营并具备盈利能力，这就是所谓的面向市场自主经营的能力。

企业自身主要涉及这样的几个方面，分别是资产、人员、财务、机构和业务。一个企业要正常经营，这几个主要方面都必须是具备独立性的。

二、资产完整独立

（一）基本要求

资产完整独立，要求生产型企业具备与生产经营有关的主要生产系统、辅助生产系统和配套设施，合法拥有与生产经营有关的主要土地、厂房、机器设备以及商标、专利、非专利技术的所有权或者使用权，具有独立的原料采购和产品销售系统；非生产型企业具备与经营有关的业务体系及主要相关资产，例如相关的软件著作权、品牌等。

例如，酒店管理类企业的主要生产性相关资产为租赁的房产和商标；应用软件产品研发企业的主要资产为租赁的办公楼、软件著作权和服务器；矿业企业的主要资产为采矿权、矿产土地所有权、开采设备等。需要根据不同企业的主营业务和生产经营模式，界定其资产是否完整和独立。

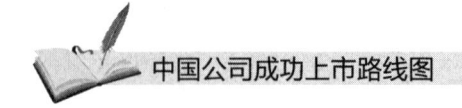

（二）审核关注要点

1. 资产共用

资产共用，最常见的是商号、字号以及商标的共用。《企业名称登记管理规定》第六条规定："企业名称由行政区划名称、字号、行业或者经营特点、组织形式组成。"第十七条规定："在同一企业登记机关，申请人拟定的企业名称中的字号不得与下列同行业或者不使用行业、经营特点表述的企业名称中的字号相同：（一）已经登记或者在保留期内的企业名称，有投资关系的除外；（二）已经注销或者变更登记未满1年的原企业名称，有投资关系或者受让企业名称的除外；（三）被撤销设立登记或者被撤销变更登记未满1年的原企业名称，有投资关系的除外。"由此可知，共用商号这个行为在法律上是被认可的；而且在实际操作中，很多集团型的企业都是使用共同的商号，例如中信集团、海尔集团等。

实务中，审核机构的问询案例：请发行人结合商号的形成过程，分别开始使用商号的时间，两家公司均使用相同商号的原因、背景，说明与发行人之间是否存在商号、商标纠纷，共用商号是否会引起混淆，是否对发行人业务独立性产生不利影响。

如果是共用商号和字号，我们有两项规范措施是必须要采取的：第一，发行人合法注册取得所开展业务相关的商标；第二，虽然使用同一个商号，但是经营不得存在同业竞争，不得使客户产生混淆。

如果是使用集团授权的商标，我们的规范措施包括不同的处理方式。第一，彻底解决授权，即集团以零对价或公允价值将所属的商标转让给发行人。第二，如不能进行转让，则从下述几个方面进行处理：①详细说明不能转让的原因；②从商标对发行人生产经营的重要程度、商标的使用等方面，证明对发行人没有重大影响；③承诺授权商标的使用期限，以及对商标的展期和维护，同时应当承诺如果转让条件成熟，应及时进行转让。

2. 主要生产资产来自于控股股东、实际控制人

发行人租赁控股股东、实际控制人房产或者商标、专利来自于控股股东、实际控制人授权使用的，中介机构应关注并核查相关资产的具体用途、对发行人的重要程度、未投入发行人的原因、租赁或授权使用费用的公允性、是否能确保发行人长期使用、今后的处置方案等，并就该等情况是否对发行人

的资产完整性和独立性构成重大不利影响发表明确意见。

如发行人存在以下情形之一的,应当重点关注、充分核查论证并发表意见:一是生产型企业的发行人,其生产经营所必需的主要厂房、机器设备等固定资产系向控股股东、实际控制人租赁使用;二是发行人的核心商标、专利、主要技术等无形资产是由控股股东、实际控制人授权使用。

三、人员独立

(一)基本要求

发行人的总经理、副总经理、财务负责人和董事会秘书等高级管理人员不在控股股东、实际控制人及其控制的其他企业担任除董事、监事以外的其他职务,不在控股股东、实际控制人及其控制的其他企业领薪;发行人的财务人员不在控股股东、实际控制人及其控制的其他企业兼职。

其实,这里的人员独立性需要进行一定的拓展:①拓展到其他重要员工的兼职,例如重要业务人员在关联方任职,核心技术人员系他方员工或者大学老师;②关联方的员工为发行人服务,发行人的员工为他人服务。

(二)审核关注要点

根据规定,人员独立性的相关要求是明确的,中介机构会通过核查员工名册、工资发放表、社会保险费用明细表、社保缴纳凭证以及网络查询、访谈等形式进行核查。目前,审核中重点关注的问题有以下两个。

(1)对于人员独立性,在上市过程中会进行一定的拓展。很多高科技企业是校企合作或者大学教授科研转化的成果,这也是目前大力发展高科技的必然结果。因此,在审核中有极大概率面临高管或核心技术人员在大学兼职的问题。拟上市公司应当在上市前进行规范,主要有以下几点:

①明确高校兼职人员参与经营管理的具体职责和工作范围,不得影响发行人的人员独立性;

②发行人建立自身的技术研发体系,从独立研发人员的储备和管理来证明具备研发人才。

(2)民营企业的成功很大一部分源于企业家对企业财务的管理,因此企业家往往会让自己的亲属担任财务人员。但是基于财务人员独立性的要求,这种行为需要被彻底整改。

四、财务独立

（一）基本要求

发行人已建立独立的财务核算体系，能够独立做出财务决策，即财务系统、账套独立；采购、销售、付款、资金管理都有自己独立的流程和管理；具有规范的财务会计制度和对分公司、子公司的财务管理制度，即制定完善运行的内控管理制度；发行人未与控股股东、实际控制人及其控制的其他企业共用银行账户。

财务独立的基本要求也可以反映到发行上市的实质条件中，即发行人由会计师出具无保留意见的内部控制鉴证报告。

（二）审核关注要点

财务独立性也是财务合规的要求，在企业规范的过程中会建立独立的财务体系。从法律层面看，在审核中会重点关注的要点如下。

1. 资金拆借

在民营企业中，典型的财务独立性问题是企业家个人的资金与公司的资金存在混同使用的情形，因此也会出现企业资金周转困难时，企业家个人或者其关联方的资金拆借给发行人的情形。

实务中，审核机构的问询案例：2019 年及 2020 年集团与发行人之间大额资金拆借的原因及背景，是否构成资金占用并计提了资金成本；结合集团、发行人的资金链状况等，说明未来集团与发行人之间是否仍会发生非经营性资金往来，相关内部控制制度的有效性。

因此，我们建议相关企业在股改前，对相关的资金拆借应当全部予以清理，同时按照同期银行利率计算并支付利息；在股改完成后，杜绝资金拆借的情形，否则，因此事项导致企业 IPO 申报延期就得不偿失了。

2. 资金归集

所谓资金归集，是指集团公司对下属公司指定账户确定"留底资金"，对超过"留底资金"部分的资金由银行业务处理系统在日终自动上划到总公司指定的现金管理账户中。

实务中，审核机构的问询案例：说明发行人委托 X 进行资金归集的必要性，资金归集的具体存放情况，是否实际为资金混同或资金池情形；资金归集后转出流向，发行人与 X 之间存在多次大额资金往来的具体情况、资金用途，是否存在控股股东、实际控制人资金占用，是否存在利益输送情形。

资金归集的行为应当保障上市公司的独立性；不得变相进行资金占用和担保，损害公司利益。因此，发行人如果确定要上市，需要及时终止相关资金归集的行为，同时控股股东出具承诺不再进行，并对可能的行政处罚进行兜底。

五、机构独立

（一）基本要求

发行人已建立健全内部经营管理机构，独立行使经营管理职权，与控股股东、实际控制人及其控制的其他企业不存在机构混同的情形，主要包括以下几个方面：①发行人拥有独立的股东大会、董事会、监事会以及独立董事、各专门委员会等，具备独立的采购、生产、销售、财务和管理等主要部门，并建立健全了内部各机构的规章制度及议事规则；②控股股东、实际控制人及其关联方不得对董事、监事、高级管理人员的任命和任职进行干涉，不得对发行人机构的设立、撤销和变更进行干涉；③不得出现与股东单位合署办公以及"两块牌子，一套人马"等情形。

（二）审核关注要点

对于机构独立性，在审核中主要关注是否存在与控股股东和实际控制人控制的企业机构混同的情形。在实践中，发行人的控股股东或者其他关联方的注册地址与发行人的往往在同一个地方，或者办理工商变更时为同一个经办人和联系方式，或者不同企业的公章保存在同一处或管理台账保存在同一处等。前述问题均为大量 IPO 项目中经常被忽视而审核监管机构会关注的小问题，但一不小心就会被牵扯出机构独立的大问题。

对于分拆上市的，机构独立性则是审核机构的必问问题。由于分拆出来的子公司在机构独立性上先天不足，会严重依赖于集团统一的采购和销售体系，因此，分拆上市的，应当比一般企业更早地进行独立性规划，完善相关组织和部门，与原上市公司进行有效隔离。

六、业务独立

（一）基本要求

发行人的业务独立于控股股东、实际控制人及其控制的其他企业，与控股股东、实际控制人及其控制的其他企业不存在对发行人构成重大不利影响的同业竞争，以及严重影响独立性或者显失公平的关联交易。

业务独立性是公司上市过程中审核机构重点关注的问题，也是有可能出现很多障碍的一环。业务独立性与上市实质条件中的持续经营能力高度绑定，是重要的上市条件。

（二）审核关注要点

1. 同业竞争

业务独立性要求发行人与控股股东、实际控制人及其控制的其他企业不存在对发行人构成重大不利影响的同业竞争。

（1）判断原则。同业竞争的"同业"是指竞争方从事与发行人主营业务相同或者相似的业务。认定该相同或者相似的业务是否与发行人构成"竞争"时，应当按照实质重于形式的原则，结合相关企业在历史沿革、资产、人员、主营业务（包括但不限于产品服务的具体特点、技术、商标商号、客户、供应商等）等方面与发行人的关系，以及业务是否有替代性和竞争性、是否有利益冲突、是否在同一市场范围内销售等来判断；不能简单以产品销售地域不同、产品的档次不同等认定不构成同业竞争。竞争方的同类收入或者毛利占发行人主营业务收入或者毛利的比例达百分之三十以上的，如无充分相反证据，原则上应当认定为构成重大不利影响的同业竞争。

对于控股股东、实际控制人控制的与发行人从事相同或者相似业务的企业，发行人还应当结合目前自身业务和关联方业务的经营情况、未来发展战略等，在招股说明书中披露未来对于相关资产、业务的安排，以及避免上市后出现构成重大不利影响的同业竞争的措施。

以前，同业竞争是一条红线，而且判断的原则没有明晰，所以在IPO规范时中介机构往往会从严。而对于国内的民营企业，因为集群效应，企业家们往往有很多近亲属从事相同或相似的业务，也都很有成绩。因此，从严要求同业竞争，也导致了国内很多优质的企业未能上市。2019年，科创板注册管理办法出台，第一次对同业竞争提出了"重大不利影响"的概念，同时在 2019 年发布的首发业务若干问题解答和上市审核问答中对影响独立性的重大问题提出了审核要求，实质上也提出了"重大不利影响"的概念。此后，各个板块均逐步实质上执行"重大不利影响"的判断原则。基于前述调整，2019 年以来，有许多在往年因为同业竞争不能上市的企业顺利上市。例如，长华集团（605018）和一彬科技（001278）系存续分立而出的两家企业，两家企业的实际控制人为亲兄弟，主营业务在大类上都是汽车零配件，但是结合相关企业的历史沿革、资产、人员、主营业务（包括但不限于产品服务的具体特点、技术、商标商号、客户、供应商等）等方面进行分析，最终判定不存在构成重大不利影响的同业竞争，从而获得了审核机构的认可。

由此可见，国内上市的要求是不断变化的，对于优秀的企业而言，准备上市的工作什么时候都不晚。

（2）核查范围。中介机构应当针对发行人控股股东、实际控制人及其近亲属全资或者控股的企业进行核查。

如果发行人控股股东、实际控制人是自然人，其配偶及夫妻双方的父母、子女控制的企业与发行人存在竞争关系，则应当认定为构成同业竞争。

发行人控股股东、实际控制人的其他亲属及其控制的企业与发行人存在竞争关系的，应当充分披露前述相关企业在历史沿革、资产、人员、业务、技术、财务等方面对发行人独立性的影响，报告期内交易或者资金往来，销售渠道、主要客户及供应商重叠等情况，以及发行人未来有无收购安排。

2. 关联交易

中介机构在尽职调查过程中，应当尊重企业合法合理、正常公允且确实有必要的经营行为，如存在关联交易，应就交易的合法性、必要性、合理性及公允性，以及关联方认定，关联交易履行的程序等事项，基于谨慎原则进行核查，同时请发行人予以充分信息披露，具体如下。

（1）关于关联方认定。发行人应当按照《公司法》《企业会计准则》和中国证监会、证券交易所的相关规定认定并披露关联方。

（2）关于关联交易的必要性、合理性和公允性。发行人应披露关联交易的交易内容、交易金额、交易背景以及相关交易与发行人主营业务之间的关系；发行人还应结合可比市场公允价格、第三方市场价格、关联方与其他交易方的价格等,说明并摘要披露关联交易的公允性,是否存在对发行人或关联方的利益输送。

对于控股股东、实际控制人与发行人之间关联交易对应的营业收入、成本费用或利润总额占发行人相应指标的比例较高(如达到30%)的,发行人应结合相关关联方的财务状况和经营情况、关联交易产生的营业收入、利润总额合理性等,充分说明并摘要披露关联交易是否影响发行人的经营独立性、是否构成对控股股东或实际控制人的依赖,是否存在通过关联交易调节发行人收入利润或成本费用、对发行人利益输送的情形;此外,发行人还应披露未来减少与控股股东、实际控制人发生关联交易的具体措施。

(3)关于关联交易的决策程序。发行人应当披露章程对关联交易决策程序的规定,已发生关联交易的决策过程是否与章程相符,关联股东或董事在审议相关交易时是否回避,以及独立董事和监事会成员是否发表不同意见等。

(4)关于关联方和关联交易的核查。中介机构应对发行人的关联方认定,发行人关联交易信息披露的完整性,关联交易的必要性、合理性和公允性,关联交易是否影响发行人的独立性、是否可能对发行人产生重大不利影响,以及是否已履行关联交易决策程序等进行充分核查并发表意见。

实务中,审核机构的问询案例:结合发行人与X的合作历史,说明发行人与X的合作背景,合作内容,报告期内零对价转让股权的原因,发行人报告期内是否存在向已转让或注销的子公司销售产品的情况。结合发行人向第三方采购或销售定价、X向第三方采购同类电池片定价等因素,说明发行人与X关联交易的必要性、公允性,双方是否存在代垫成本费用等利益输送安排。

3. 客户集中

客户集中情形的核查通常应关注以下方面:①发行人客户集中的原因及合理性;②发行人客户在行业中的地位、透明度与经营状况,是否存在重大不确定性风险;③发行人与客户合作的历史、业务稳定性及可持续性,相关交易的定价原则及公允性;④发行人与重大客户是否存在关联关系,发行人的业务获取方式是否影响独立性,发行人是否具备独立面向市场获取业务的能力。

对于因行业因素导致发行人客户集中度高的,通常还应关注发行人客户集中与行业经营特点是否一致，是否存在下游行业较为分散而发行人自身客户较为集中的情形。对于非因行业因素导致发行人客户集中度偏高的，通常还应关注该客户是否为异常新增客户，客户集中是否可能导致发行人未来持续经营能力存在重大不确定性。

实务中，审核机构的问询案例：补充披露发行人下游行业的竞争格局、主要客户在相关市场的市场份额等情况，分析发行人客户集中是否符合行业特点，分析披露发行人与第一大客户相关交易的稳定性、持续性、价格公允性和业务独立性，是否对单一客户存在重大依赖，以及客户集中是否对发行人存在重大不利影响。

在一些特殊行业的上下游较容易形成客户集中度高的情形，例如电力、电信、水利、交通等国有企业仍占据主导地位的行业；另外，某些企业通过技术优势、品牌优势或者生产规模优势等，已经在市场上占据了主要地位的，也可能会形成客户集中度高的情形。在审核中，对于客户集中度高的情形，不能一竿子打翻一船人，而是需要发行人从行业角度以及从客户或发行人的竞争力角度解释是否具备合理性，同时对相关交易的稳定性、持续性、价格公允性、市场竞争性等方面进行分析，最后需要判断企业的可持续盈利能力。

4. 生产环节外包

21世纪以来，随着社会分工的不断加深，很多企业会将非核心的生产环节进行外包，而且外包的规模会非常大，特别是家具家纺、生活用品、电器等企业。例如，Nike、阿迪达斯、小米等企业掌握核心的品牌和设计优势，将一般生产环节进行外包。审核机构在遇到这种情形时，会担心企业开展业务是否会对外包加工商有严重依赖。

实务中，审核机构的问询案例：结合技术优势、研发能力、设计水平等情况，补充披露发行人全部采用外包生产方式的原因及合理性，是否影响发行人的业务独立性，是否对发行人的持续经营能力产生不利影响；结合外协采购模式对公司业务独立性和资产完整性的影响，披露公司相比同行业主要竞争对手的优势、核心技术及竞争力。

从企业的角度，发行人应当注意下列事项。

（1）生产环节的外包是属于优势互补，但是业务核心的设计、技术等优势需要掌握在发行人的手中；同时需要符合行业和市场经济发展的基本趋势。

（2）储备大量生产厂家，使后备资源丰富，可替代性强，利于供应链的把控。

（3）不得存在重大依赖：不存在向单个供应商采购比例较高的情形；供应商最好选择在行业内知名的代工厂商，表明其在业内的质量、经营的稳定性等；对同一产品的供应商，保持充分竞争，即通过招投标或者竞争性谈判从多家供应商中选择，这是一个市场化的行为；技术、人员和资产的各方面与发行人保持独立。

（4）发行人应当把控除外包环节以外的相关业务环节，拥有具备核心竞争力的商标、专利、资质、技术、设计、团队等。

在社会分工的大背景下，原本典型的生产型企业很多都会选择代工厂商，而其业务模式已经发生重大变化。这也提醒我们，独立性的内涵也是随着时代在变化的，不是一成不变的，需要根据市场经济和生产力的发展逐步丰富。

企业首次公开发行股票并上市的审核要求众多，独立性是基础也是核心的要求，通常是中介机构和审核机构的关注重点之一。随着IPO注册制的实行以及注册制审核理念的逐渐深入，对于发行人的独立性要求有了更多的包容和尊重，更贴近经济发展的现状和社会生产力的现实状态，更多地体现了实质重于形式的原则。笔者相信，上市这道大门会对越来越多的优秀企业打开，让更多的企业不会囿于形式审核。

第四节 股权、股东与实际控制人

一、概览

本节主要讨论与股权架构、股东以及实际控制人相关的问题。从大的方向上来说，对股权、股东与实际控制人的主要要求如下：①股东符合当时相关法律、法规、规章及规范性文件的规定，具备向发行人出资、成为股东的资格；②发行人股东持有的股权清晰，合法合规，不存在纠纷和潜在纠纷；③发行人的实际控制人认定准确，符合法律法规及监管要求。

股东和股权是一个公司的基础，公司成立的条件就是必须有符合条件的股东，这个问题在IPO中也是属于基础性的问题。在审核实务中，关注的要点有股权代持问题、股东资格问题、股东穿透问题和实际控制人认定问题。

二、股权代持问题

（一）基本要求

股权代持，是指实际出资人与他人约定，以他人的名义代实际出资人持有股权，并根据实际出资人的指示或者委托代为行使股东权利、履行股东义务的行为。《最高人民法院关于适用〈中华人民共和国公司法〉若干问题的规定（三）》指出，有限责任公司的实际出资人与名义出资人订立合同，约定由实际出资人出资并享有投资权益，以名义出资人为名义股东，实际出资人与名义股东对该合同效力发生争议的，如无法律规定的无效情形，人民法院应当认定该合同有效。据此，如未违反相应的法律法规，股权代持在民法上是有效的行为。

但是如果企业申请 IPO 的话，因为审核要求是发行人股份权属清晰，不存在纠纷和潜在纠纷，所以股权代持的行为不符合前述权属清晰的要求。同时，2021 年中国证监会发布的《监管规则适用指引——关于申请首发上市企业股东信息披露》明确要求，发行人应当真实、准确、完整地披露股东信息，发行人历史沿革中存在股份代持等情形的，应当在提交申请前依法解除，并在招股说明书中披露形成原因、演变情况、解除过程、是否存在纠纷或潜在纠纷等。

综上，股权代持由于会导致股权不清晰、易产生纠纷，所以被审核机构要求清理。

（二）审核关注要点

1. 代持形成的原因

（1）实际出资人的身份使其不得持股。我国的法律法规对部分群体和人员有绝对限制持股或相对限制持股的要求，例如政府公务员、军人、相关国企单位领导干部等。

部分实际出资人由于身负巨大的个人债务或已经成为失信被执行人，为了逃避债务和执行，也会选择代持的方式。

（2）规避 200 人限制。根据《公司法》的规定，有限公司股东人数上限为 50 人，股份公司股东人数上限为 200 人。因此，也会存在因规避人数限制而选择代持的情形。此种情况最典型的就是职工持股会代持或实际控制人为被激励的员工代持股权的情形。

（3）利益输送。对于发行人的大客户、供应商或行业管理部门的人员等，企业希望通过给予其股权的方式进行利益输送，所以通过代持的方式进行。

（4）其他个人原因。此处的个人原因包括：个人不希望显名；认为办理工商程序麻烦；股东大会签署相关文件耗时长；等等。

上述所列是代持的原因，但不代表在 IPO 的审核中认可这些原因。如前述（1）（2）（3）项代持原因，均在一定程度上违反了我国的法律法规，发行人不仅需要解决代持的问题，还面临监管机构的处罚。所以，有志于上市的企业家们应当避免出现这些代持情形。

2. 代持的核查

目前针对代持的核查，主要是核查是否存在代持、代持的原因以及代持还原的情况。一般而言，在审核中最常用的核查方式就是查看股东的流水以及凭证，核查在入股发行人前后是否有异常的流水进出、取得分红后是否转给他人等，用以确认是否存在代持或者确认代持的真实性。如果存在代持，需要对代持双方签署的代持协议进行核查，并进行访谈确认，主要确认代持的原因、代持是否解除、是否存在纠纷和潜在纠纷，另外需要核查实际出资人的资金来源以及是否违反了法律法规等。

3. 代持的解除

代持的解除主要有以下几种途径：隐名股东显名、由代持股东真实持有、转让给其他第三方等。但是现在代持解除的主要问题还是在税务上，如果代持协议没有经过公证，很难判断代持解除的股权转让是真实的代持而不是为了逃避纳税义务而倒签的代持协议。因此，目前很多代持的解除会由仲裁、法院等有权机关进行仲裁或者审判，以司法确权的方式确认代持行为是真实存在的，而后根据相关仲裁和判决进行解除。例如冠石科技（605588），其公司股东解除股权代持相关事项难以在税务上得到认可，因此经相关自然人协商，决定采取司法判决的方式对历史上曾经存在的股权代持关系进行确认。

4. 实务中代持案例的问询

实务中，审核机构的问询案例：结合股权代持演变情况、解除过程，股东入股或股权代持的资金来源、资金流向与相关证据的匹配情况等，说明发行人历次股权代持及解除是否真实、有效，股权变动程序是否合法合规；结合历次股权代持及解除的价格和定价依据，与同期入股价格对比是否存在差异等，说明股权代持相关股权变动是否公允，股权转让款是否及时支付，股权代持是否均在申报前真实解除，是否存在利益输送或其他未披露利益安排；结合股东相关情况，股东之间的关联关系等，说明发行人股权代持较多的背景和原因，相关股东入股和代持的原因及合理性，股权代持及解除是否仍存在纠纷或潜在纠纷。

三、股东资格问题

（一）基本要求

简而言之，股东资格是指是否可以作为上市公司的股东。这涉及以下几个维度的问题：①是否可以作为公司的股东；②是否可以作为上市公司的股东；③是否是上市公司的股东。

（二）审核关注要点

1. 无/限制民事行为能力人

《公司法》中并未禁止无民事行为能力人和限制民事行为能力人成为公司股东。《公司法》第一百六十七条规定："自然人股东死亡后，其合法继承人可以继承股东资格；但是，股份转让受限的股份有限公司的章程另有规定的除外。"原国家工商行政管理总局在2007年6月25日针对广东省工商行政管理局的提问所下发的《关于未成年人能否成为公司股东问题的答复》（工商企字〔2007〕131号）更是明确："经请示全国人大常委会法制工作委员会同意……《公司法》对未成年人能否成为公司股东没有作出限制性规定。因此，未成年人可以成为公司股东，其股东权利可以由法定代理人代为行使。"

综上，无/限制民事行为能力人可以作为公司的股东，相关人员通过继承取得股权后被认定为无/限制民事行为能力人这两种情形在实务中较为多见。例如北京博科技股份有限公司，其实际控制人在报告期内被认定为无民事行为能力人，但是并未剥夺他作为股东的资格和各项权利；同时在问询中咨询了民商事领域的权威专家，对相关认定和权利责任均予以认可。

2. 禁止持股的个人

（1）公务员。《公务员法》第五十九条规定："公务员应当遵纪守法，不

得有下列行为：……（十六）违反有关规定从事或者参与营利性活动，在企业或者其他营利性组织中兼任职务……"第一百零七条规定："公务员辞去公职或者退休的，原系领导成员、县处级以上领导职务的公务员在离职三年内，其他公务员在离职两年内，不得到与原工作业务直接相关的企业或者其他营利性组织任职，不得从事与原工作业务直接相关的营利性活动。"第一百一十二条规定："法律、法规授权的具有公共事务管理职能的事业单位中除工勤人员以外的工作人员，经批准参照本法进行管理。"

（2）领导干部配偶和子女。《中共中央、国务院关于进一步制止党政机关和党政干部经商、办企业的规定》明确：领导干部的子女、配偶，在党政机关及所属编制序列的事业单位工作的，一律不得离职经商、办企业；不在党政机关及所属编制序列的事业单位工作的，不准利用领导干部的影响和关系经商、办企业。

《中共中央纪律检查委员会关于中央国家机关各部门制定的司（局）级以上领导干部配偶、子女个人经商办企业的具体规定适用于地方厅（局）级以上领导干部的通知》与《关于省、地两级党委、政府主要领导配偶、子女个人经商办企业的具体规定（执行）》规定：区、县党政机关局级领导干部的配偶、子女不准在领导干部管辖的业务范围内投资兴办可能与公共利益发生冲突的企业。

（3）现役军人。《中国人民解放军内务条令（试行）》第一百零五条规定："军人不得经商，不得从事本职以外的其他职业和网络营销、传销、有偿中介活动，不得参与以营利为目的的文艺演出、商业广告、企业形象代言和教学活动，不得利用工作时间和办公设备从事证券期货交易、购买彩票，不得擅自提供军人肖像用于制作商品。"

（4）高校领导干部。《中共中央纪委、教育部、监察部关于加强高等学校反腐倡廉建设的意见》与《中共教育部党组关于印发〈直属高校党员领导干部廉洁自律"十不准"〉的通知》中明确规定：不准以本人或者借他人名义经商、办企业。

（5）其他情形。例如国有企业领导人员及其配偶与子女、国有企业职工等，他们的投资也存在部分被禁止的情形。

（6）实务案例。目前大学很多教授有在外创办企业或者投资等商业行为，在审核中会要求发行人说明创办企业或者投资等行为是否符合相关法律、法规及高校的相关规定。

2002年6月28日，科学技术部、教育部发布《关于印发〈关于充分发挥高等学校科技创新作用的若干意见〉的通知》（国科发政字〔2002〕202号），其中规定："鼓励和支持高校师生兼职创业，处理好相关的知识产权、股权分配等问题，处理好兼职创业与正常教学科研的关系。"2016年2月26日，国务院印发《实施〈中华人民共和国促进科技成果转化法〉若干规定》（国发〔2016〕16号），其中规定："国家设立的研究开发机构、高等院校科技人员在履行岗位职责、完成本职工作的前提下，经征得单位同意，可以兼职到企业等从事科技成果转化活动……"根据上述规范性文件的规定，经所在单位同意，在不影响本职工作的前提下，高校教师及科研人员可以兼职到企业等从事科技成果转化活动。

发行人还应当取得所属高校的说明，确认符合高校的规定并进行了审批，同时也不存在担任党政领导干部的情形。

从实务案例中我们可以看出，对于股权投资的限制在不同的身份背景下都是有可能的，我们需要关注股东的职务、职业中是否有相关的限制规定。

3. 外资股东

外商在中国境内投资需要遵守《外商投资准入特别管理措施（负面清单）》以及《自由贸易试验区外商投资准入特别管理措施（负面清单）》的规定，清单中统一列出了股权要求、高管要求等外商投资准入方面的特别管理措施；在其他领域，按照内外资一致原则实施管理。境内公司、企业或自然人以其在境外合法设立或控制的公司并购与其有关联关系的境内公司，按照外商投资、境外投资、外汇管理等有关规定办理。

4. 三类股东

三类股东，是指契约型基金、资产管理计划、信托计划这三种类型的股东。由于这三类股东都通过委托等协议关系设立及运行，不具有独立法人资格，会导致发行人的股权清晰度、稳定性存疑，因此在核查中很难对其进行穿透核查，从而给利益输送提供了更多的空间。

但存在前述问题之下，三类股东也不是企业IPO的红线，在满足一定条件和核查要求的基础上，存在三类股东的企业也可以成功上市，并已经有不少的成功案例。

根据《监管规则适用指引——发行类第 4 号》以及实务中的经验，三类股东的核查要求如下。

首先，中介机构应核查确认公司控股股东、实际控制人、第一大股东不属于资产管理产品、契约型私募投资基金。

其次，资产管理产品、契约型私募投资基金为发行人股东的，中介机构应核查确认该股东依法设立并有效存续，已纳入国家金融监管部门有效监管，并已按照规定履行审批、备案或报告程序，其管理人也已依法注册登记。

再次，发行人应当按照首发信息披露准则的要求对资产管理产品、契约型私募投资基金股东进行信息披露。通过协议转让、特定事项协议转让和大宗交易方式形成的资产管理产品、契约型私募投资基金股东，中介机构应对控股股东、实际控制人、董事、监事、高级管理人员及其近亲属，本次发行的中介机构及其负责人、高级管理人员、经办人员是否直接或间接在该等资产管理产品、契约型私募投资基金中持有权益进行核查并发表明确意见。

最后，中介机构应核查确认资产管理产品、契约型私募投资基金已做出合理安排，可确保符合现行锁定期和减持规则要求。

5. 股东人数的认定

《证券法》第九条规定："未经依法注册，任何单位和个人不得公开发行证券。证券发行注册制的具体范围、实施步骤，由国务院规定。有下列情形之一的，为公开发行：……（二）向特定对象发行证券累计超过二百人，但依法实施员工持股计划的员工人数不计算在内……"因此，在实务中经常会遇到的审核问询是：说明是否存在法律法规规定禁止持股的主体直接或间接持有发行人股份的情形，穿透计算的股东人数是否超过 200 人。

《非上市公众公司监管指引第 4 号——股东人数超过 200 人的未上市股份有限公司申请行政许可有关问题的审核指引》规定，股权结构中存在工会或职工持股会代持、委托持股、信托持股，以及通过"持股平台"间接持股等情形的，应当按照本指引的相关规定进行规范。"持股平台"是指单纯以持股为目的的合伙企业、公司等持股主体。本条要求前述的持股方式需要穿透计算股东人数。

当然，穿透计算也有例外情形。①《证券法》规定依法实施员工持股计划的员工人数不计算在内，《证券期货法律适用意见第 17 号》进一步明确依法以公司制企业、合伙制企业、资产管理计划等持股平台实施的员工持股计划，在计算公司股东人数时，员工人数不计算在内；②《非上市公众公司监管指引第 4 号——股东人数超过 200 人的未上市股份有限公司申请行政许可有关问题的审核指引》特别规定：以依法设立的员工持股计划以及以已经接受证券监督管理机构监管的私募股权基金、资产管理计划和其他金融计划进行持股，并规范运作的，可不进行股份还原或转为直接持股，即可以作为一个股东人数。

四、股东穿透问题

（一）基本要求

2021 年 2 月 5 日，中国证监会发布《监管规则适用指引——关于申请首发上市企业股东信息披露》，其中要求："发行人应当真实、准确、完整地披露股东信息……发行人股东的股权架构为两层以上且为无实际经营业务的公司或有限合伙企业的，如该股东入股交易价格明显异常，中介机构应当对该股东层层穿透核查到最终持有人，说明是否存在本指引第一项、第二项的情形。最终持有人为自然人的，发行人应当说明自然人基本情况。"

从此文件发布开始，境内首次公开发行股票并上市的所有企业均开展了股东穿透核查。

（二）审核关注要点

1. 穿透核查原则

（1）实质重于形式原则。股东穿透核查应按照实质重于形式原则，根据企业实际情况合理确定穿透核查范围，审慎履行核查义务，切实防范利用上市进行利益输送、违法违规"造富"等行为。

（2）重要性原则。股东穿透核查应当把握好重要性原则，避免免责式、简单化的核查。对于持股较少、不涉及违法违规"造富"等情形的，保荐机构会同发行人律师实事求是发表意见后，可不穿透核查。

（3）可不穿透核查的情形。持股较少的，可结合持股数量、比例等因素综合判断。原则上，直接或间接持有发行人股份数量少于 10 万股或持股比例

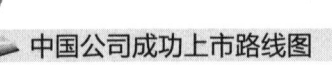

低于 0.01% 的，可认定为持股较少。

2. 最终持有人的理解及豁免

根据沪深交易所发布的《关于股东信息核查中"最终持有人"的理解与适用》，最终持有人包括：自然人；上市公司（含境外上市公司）、新三板挂牌公司等公众公司；国有控股或管理主体（含事业单位、国有主体控制的产业基金等）、集体所有制企业、境外政府投资基金、大学捐赠基金、养老基金、公益基金以及公募资产管理产品。除此之外的外资股东，如果中介机构能以适当核查方式确认外资股东的出资人不存在境内主体，并充分认证该外资股东入股发行人的价格不存在明显异常，可将该外资股东视为"最终持有人"。

3. 证监会系统离职人员入股核查

证监会系统离职人员入股核查主要是确认是否存在证监会系统离职人员的不当入股。根据《监管规则适用指引——发行类第 2 号》，不当入股情形包括但不限于：利用原职务影响谋取投资机会；入股过程存在利益输送；在入股禁止期【指副处级（中层）及以上离职人员离职后三年内、其他离职人员离职后二年内】内入股；作为不适格股东入股；入股资金来源违法违规。对于不当入股需要进行清理。但是我们必须注意，对于这个问题的处理要秉持谨慎的态度，因为很多情况下可能会因为舆论关系被审核人员一直问或者被审核机构私下沟通，要求证监会离职人员退出。

同时要求对股东核查中穿透后是否存在证监会系统离职人员直接或间接持有发行人股份的情形进行说明。所谓证监会系统离职人员，是指发行人申报时相关股东为离开证监会系统未满十年的工作人员，具体包括从证监会会机关、派出机构、沪深证券交易所、全国股转公司离职的工作人员，从证监会系统其他会管单位离职的会管干部，在发行部或公众公司部借调累计满 12 个月并在借调结束后三年内离职的证监会系统其他会管单位的非会管干部，从会机关、派出机构、沪深证券交易所、全国股转公司调动到证监会系统其他会管单位并在调动后三年内离职的非会管干部。

证监会系统离职人员入股属于发行人在全国中小企业股份转让系统挂牌期间通过集合竞价、连续竞价、做市交易等公开交易方式，参与向不特定合格投资者公开发行股票配售增加的股东，以及因继承、执行法院判决或仲裁裁决取得发行人股份的股东,不适用《监管规则适用指引——发行类第 2 号》。

目前,对于证监会系统离职人员的核查,需要发行人提供穿透后的全体自然人股东身份信息,并提交证监会系统进行比对核查。

五、实际控制人认定问题

(一)基本要求

实际控制人是指拥有公司控制权、能够实际支配公司行为的主体。发行人需要真实、准确、完整地披露公司控制权或者股权及控制结构可能存在的不稳定性及其对公司的持续经营能力的潜在影响和风险。

在确定公司控制权归属时,应当本着实事求是的原则,尊重企业的实际情况,以发行人自身的认定为主,由发行人股东予以确认。保荐机构、发行人律师应当通过核查公司章程、协议或者其他安排以及发行人股东大会(股东出席会议情况、表决过程、审议结果、董事提名和任命等)、董事会(重大决策的提议和表决过程等)、监事会及发行人经营管理的实际运作情况,对实际控制人认定发表明确意见。

发行人股权较为分散但存在单一股东控制比例达到百分之三十的情形的,若无相反的证据,原则上应当将该股东认定为控股股东或者实际控制人。存在下列情形之一的,中介机构应当进一步说明是否通过实际控制人认定规避发行条件或者监管并发表专项意见:

(1)公司认定存在实际控制人,但其他持股比例较高的股东与实际控制人持股比例接近;

(2)公司认定无实际控制人,但第一大股东持股接近百分之三十,其他股东比例不高且较为分散。

(二)共同实际控制人

发行人主张多人共同拥有公司控制权的,应当符合以下条件。

(1)每人都必须直接持有公司股份或者间接支配公司股份的表决权。

(2)发行人公司治理结构健全、运行良好,多人共同拥有公司控制权的情况不影响发行人的规范运作。

(3)多人共同拥有公司控制权的情况,一般应当通过公司章程、协议或者其他安排予以明确。公司章程、协议或者其他安排必须合法有效、权利义

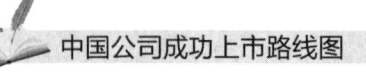

务清晰、责任明确，并对发生意见分歧或者纠纷时的解决机制做出安排。该情况在最近三十六个月（主板）或者二十四个月（科创板、创业板）内且在首发后的可预期期限内是稳定、有效存在的，共同拥有公司控制权的多人没有出现重大变更。

（4）根据发行人的具体情况认为发行人应当符合的其他条件。法定或者约定形成的一致行动关系并不必然导致多人共同拥有公司控制权，发行人及中介机构不应为扩大履行实际控制人义务的主体范围或者满足发行条件而做出违背事实的认定。主张通过一致行动协议共同拥有公司控制权但无第一大股东为纯财务投资人等合理理由的，一般不能排除第一大股东为共同控制人。共同控制人签署一致行动协议的，应当在协议中明确发生意见分歧或者纠纷时的解决机制。

实际控制人的配偶、直系亲属，如持有公司股份达到百分之五以上或者虽未达到百分之五但是担任公司董事、高级管理人员并在公司经营决策中发挥重要作用，保荐机构、发行人律师应当说明上述主体是否为共同实际控制人。

对于一家公司来说，股东、股权问题是复杂敏感的，而且涉及重大利益，需要小心谨慎地处理。在目前注册制的审核标准以及指导思想下，主要还是强调重要股东以及股份清晰，相关的股权问题不能影响到发行人的实际控制权，不存在纠纷和潜在纠纷。

第五节　业务

业务向来是一个企业生存的核心，具体而言，业务对应着企业的经营模式、企业的利润来源，是企业未来持续稳定经营的保证。在 IPO 的审核中，业绩的真实性、稳定性及增长性是关注的重中之重。

一、经营资质

经营资质，即根据法律法规的相关规定，企业在从事某一领域的经营活动前必须取得的证明其有资格从事该等业务的证明文件。若未取得即进行经营的，则存在违规经营的重大风险，从而可能导致不符合 IPO 的基本条件。因此，不管是《上海证券交易所发行上市审核业务指南第 4 号——常见问题的信息披露和核查要求自查表 第一号 首次公开发行》还是《深圳证券交易所股票发行上市审核业务指南第 3 号——首次公开发行审核关注要点》，都对经营资质的核查提出了明确的要求，具体如下："发行人及其合并报表范围各级子公司是否取得从事生产经营活动所必需的行政许可、备案、注册或者认证等，以及相关行政许可、备案、注册或者认证等的相关证书名称、核发机关、有效期；已经取得的上述行政许可、备案、注册或者认证等，是否存在被吊销、撤销、注销、撤回的重大法律风险或者存在到期无法延续的风险；如存在，是否会对发行人持续经营造成重大不利影响；报告期内是否存在未取得资格即开展经营的情况。"

实践中关于经营资质的问题，通常有两种情况。一种为无证经营，即没有取得经营资质之前，企业就已经从事相关的经营活动，或是到期未及时续期，在没有资质的空档时间，从事了相关经营活动。还有一种为超越经营资质经营，即企业取得的某一资质仅允许企业从事 A 产品的生产经营，但实际上企业从事了 A1 产品的生产经营；或者某一资质仅允许企业销售 B 产量的产品，但实际上企业销售了 B plus 产量的产品。中介机构主要从以下几个方面进行核查。

（1）了解企业所在的行业，检索该行业对应的监管机构以及相关法律法规、监管政策，该行业通常所需的经营资质。

（2）通过访谈、走访等方式了解企业的生产过程，具体产品，各个阶段的产成品、副产品，确认各个产品是否需要取得资质。特别是化工行业的企业，因为产品种类较多，且生产过程中会产生副产品、中间产品等，需要逐项确认是否属于《安全生产许可证条例》《危险化学品安全管理条例》《中华人民共和国监控化学品管理条例》等法律法规规定的危险化学品、易制毒化学品、易制爆危险化学品、剧毒化学品、受到监管的产品等，该等产品是否均取得了相对应的资质。

（3）收集企业报告期内已经取得的全部资质，确认资质覆盖的业务、产品、有效期间，确认是否所有业务产品均已取得资质，是否能够完整覆盖报告期，是否存在空档期。特别是空档期的问题，如果公司有搬迁、相关证书

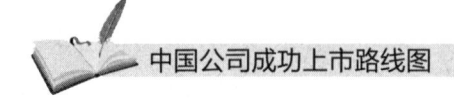

暂停使用、续期存在间隔时间等情况，空档期间公司不应该继续生产经营，否则就会产生无证经营的不合规情况。例如，上海市锦天城律师事务所经办的某IPO项目就在搬迁期间暂停了需要资质的业务。根据公开文件披露，因为生产场地搬迁的关系，该项目在审核中被关注报告期内《危险废物经营许可证》《废弃电器电子产品处理资格证书》的申领、更换情况，是否与搬迁时间匹配，是否存在间隔期或无证经营期。经中介机构核查，原厂区于2017年11月11日停止废弃电器电子产品的拆解处理作业。2017年11月23日，公司取得厂址变更后由杭州市环保局换发的临时《废弃电器电子产品处理资格证书》，新厂区开始进行试运行。2018年4月23日，公司取得了杭州市环保局换发的《废弃电器电子产品处理资格证书》。

（4）因为资质证书是否能够延续影响着企业的持续经营能力，所以在核查时还需特别关注临近到期的资质是否需要续期，续期的进展如何，是否存在无法续期的风险。

虽说在IPO审核中资质问题与公司的经营能力直接挂钩，尤为重要，但在IPO注册制的审核理念之下，无证经营和超越资质经营的问题并不是一经发现即宣告IPO死刑。如果说①客观上该等问题的发生存在一定的背景和原因，没有对公司业务开展产生重大不利影响，情节轻微，且公司已经整改完成；②主观上公司不存在恶意；③主管部门能够出具相关的无违法违规证明，消除公司被处罚的潜在可能性；④实际控制人、控股股东能出具承担罚款等兜底性承诺，消除公司受到财务损失的潜在可能性，则在审核中会存在一定的解释空间。

以上海市锦天城律师事务所经办的某化工行业IPO项目为例，报告期内公司存在危险化学品溶剂回收套用，中间品、副产品超过安全生产许可证证载产能的情形。中介机构解释了超产能的原因，论述了危险化学品超产未造成重大不利影响，公司已经开始办理新的安全生产许可证，并且根据相关政府部门的说明，办证不存在障碍。同时危险化学品超产能情形已经取得了应急管理部门和生态环境主管部门出具的专项证明文件，证明不构成违法违规，未对公司做出行政处罚，亦不会因此进行行政处罚。公司的实际控制人也出具了兜底承诺，若发行人及其子公司因超出业务资质证书证载范围及限额进行生产经营活动，受到主管部门的行政处罚或被要求承诺其他责任的，由其承担该等损失或进行同等的经济补偿，发行人的生产活动和经营业绩将不会受到影响。该项目已于 2022 年 12 月在北交所挂牌上市。

二、境外经营

随着全球化的进一步深化，越来越多的中国企业努力开发海外市场，常见的有以下两种形式：一种为直接对外销售，即直接开展外销业务；还有一种为在境外投资设厂，设立境外子公司再对外开展生产经营活动。在 IPO 审核中，围绕着境外经营的合规性、真实性和可持续性，监管机构制定了一系列的核查要求。

1. 外销占比较高的核查要求

境外销售相较于境内销售具有其特殊性：一是境外与境内在法律法规、文化等方面存在天然的差异，所以在外销过程中需要符合当地的合规性要求以及考虑如何打开当地市场并持续稳定发展，这对公司提出了更高的要求；二是该等天然差异导致的信息差以及客户的核查配合存在难度为发行人虚构收入、操纵利润提供了可能，以至于外销收入的真实性在 IPO 核查中成为重中之重。下面就沪深两大交易所发布的核查细则要求，逐条分析如下。

（1）主要境外客户的基本情况、订单获取方式及信用政策，是否为发行人关联方或与发行人存在异常资金往来，境外客户为经销商的，主要最终客户的情况。该等核查要求，一是为了核查发行人境外业绩的真实性，是否存在虚构收入的情况；二是为了核查发行人境外业绩的稳定性，主要客户是否为知名客户，信用政策是否稳定，是否存在境外客户调整信用政策以帮发行人冲利润等情况。中介机构在进行该等核查时，通常会采用函证，实地走访，调取中国出口信用保险公司出具的信用报告，核查发行人、控股股东、实际控制人、核心员工的银行流水等方式。

（2）报告期内发行人境外销售的主要国家和地区，与发行人出口产品相关的贸易政策是否发生重大不利变化，对发行人境外业务开展的具体影响。该等核查要求主要是为了核查发行人经营业绩的稳定性以及未来的可持续性。中介机构在进行该等核查时，通常会对发行人的高级管理人员、相关业务人员进行访谈，了解发行人产品的主要销售地及导致相关贸易摩擦的政策、公司的应对措施等；也会在中国贸易救济信息网（http://cacs.mofcom.gov.cn/）等公开网站对贸易政策进行检索，必要时还会取得境外销售地律师出具的相关法律意见书。

（3）发行人在销售所涉的国家和地区是否依法取得从事相关业务所需的资质，是否符合国家外汇及税务等有关法律法规的规定。该等核查要求主要是为了核查境外销售的合规性及未来的可持续性。在IPO审核中有一个基本原则，即合规产生的利润才是有效的利润，若经营存在法律风险，则该等业绩也存在重大风险。在进行该等核查时，中介机构通常需要依赖销售所涉国家和地区律师出具的相关合规意见。

（4）报告期内相同或同类产品是否存在境外销售价格明显高于境内销售价格或境外销售毛利率明显高于境内销售毛利率的情形，是否存在合理原因；报告期各期发行人海关出口数据、出口退税金额、境外客户应收账款函证、物流运输记录、发货验收单据、中国出口信用保险公司数据等的具体核查情况，是否与发行人境外销售收入相匹配。该等核查要求主要是为了核查境外销售业绩的真实性。

（5）报告期内汇兑损益对发行人的业绩是否存在较大影响，信息披露是否充分。该等核查要求主要是为了核查业绩的稳定性。在IPO注册制充分披露的审核理念之下，相关汇兑损益风险在招股书是否充分提示也是关注要点之一。

2. 境外子公司IPO审核要求

为了更好地参与国际经济技术合作与竞争，在更大范围优化资源配置，应对国际贸易摩擦，越来越多的企业选择了"走出去"，在境外投资设厂的情形也逐渐普遍化。在IPO审核过程中，境外投资的核查要点如下。

（1）境外子公司的设立与业务开展的合规性。同境内子公司一样，境外子公司的历史沿革、股权是否清晰，是否履行了内部关于投资设立子公司的相关审批流程，子公司开展业务是否取得了相应的资质、许可、认证均为IPO核查的要点。除此之外，相比境内子公司，对境外子公司的核查还需要关注如下要点：一是在投资设立过程中是否履行了我国境外投资相关手续，包括但不限于相关外汇、发改、商务等审批程序；二是是否符合设立地的相关法律法规，包括但不限于投资设立时是否符合当地的相关规定，在当地开展相关业务是否符合当地的相关规定等。参考案例如表6-1所示。

表6-1 境外子公司的设立与业务开展的合规性问询案例

公司名称代码	问询内容	核查方式
HBXN	发行人投资和收购境外子公司是否符合发改部门、商务部门、外汇部门等审批或备案程序；各子公司设立和存续的合法合规性，在环保、税收、劳工、产品质量等各方面是否符合所在国家或地区的法律法规规定，是否存在被当地有权机关处罚的情形，是否涉及诉讼、仲裁或其他争议或纠纷	（1）访谈发行人实际控制人、高级管理人员及相关业务负责人； （2）查阅发行人就其投资境外子公司所取得的发改部门、商务部门及外汇管理部门的备案、登记文件； （3）电话咨询发改委，就发行人设立及首次增资境外子公司时未办理发改委备案程序事宜进行咨询； （4）查阅发行人在中华人民共和国商务部业务系统统一平台填报《境外中资企业再投资报告表》的情况； （5）查阅境外子公司的注册登记文件； （6）查阅境外子公司所在地律师事务所出具的法律意见书及美国尽职调查备忘录
THLD	说明天宏电池的设立过程，是否履行了必要的审批、登记程序，是否符合我国境外投资、外汇管理的相关规定，是否合法合规	（1）查阅发行人设立境外子公司天宏电池的董事会决议文件、发行人境外子公司设立过程中的备案及登记手续、相关主管部门出具的境外投资项目备案通知书、企业境外投资证书、外汇登记证，向相关主管部门访谈并获取相关主管部门出具的证明，核查天宏电池的设立过程，是否履行了必要的审批、登记程序； （2）登录国家企业信用信息公示系统、外汇登记管理局等主管部门网站查询，核查发行人境外子公司设立过程是否符合我国境外投资、外汇管理的相关规定，是否合法合规； （3）查阅发行人境外子公司天宏电池的境外工商登记资料、公司章程，获取境外律师就境外子公司出具的境外法律意见书、发行人的说明

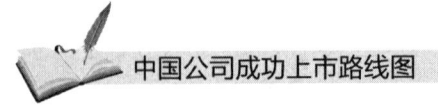

续表

公司名称代码	问询内容	核查方式
JFGF	境外子公司设立及增资瑕疵。根据申请文件，发行人子公司欧洲巨峰是公司在德国投资的企业，该公司2016年的设立及2018年、2019年的增资均未在发展改革部门办理相应的备案手续，不符合境内企业境外投资管理相关的程序。目前，公司已计划注销欧洲巨峰。请发行人：①补充披露境外子公司欧洲巨峰的设立及历次增资的具体情况，未履行相应程序的原因，是否存在受到行政处罚的风险，是否影响境外子公司生产经营，是否影响发行人本次公开发行并上市；②说明境外子公司在境外开展经营是否需要获取相关资质，相关资质的取得及续期情况，生产经营活动是否符合所在地的相关法律法规，是否存在被有权机关处罚的情形；③补充披露欧洲巨峰的注销进展，说明注销后对发行人境外销售业务的影响	（1）取得并查阅发行人境外律师出具的法律意见； （2）取得发行人关于欧洲巨峰未履行相应程序的原因以及生产经营等情况的说明； （3）取得发行人设立、增资欧洲巨峰的相关会议文件以及第五届董事会第十次会议关于注销欧洲巨峰的会议文件； （4）取得发行人设立及增资欧洲巨峰的商务局备案文件； （5）对发行人实际控制人就未履行相应程序的原因以及生产经营等情况进行访谈； （6）登录中华人民共和国国家发展和改革委员会、江苏省发展和改革委员会、苏州市发展和改革委员会网站查询发行人报告期内是否存在因境外投资程序瑕疵而受到发改主管部门的行政处罚或调查方面的行政处罚的情形； （7）取得发行人实际控制人就欧洲巨峰相关事项出具的承诺
XRGF	请发行人说明：①存在多种模式境外收入的原因；②境外子公司设立及运营是否符合当地的法律法规，境外经营是否符合当地的法律法规，是否取得了经营所必要的许可、认证，是否存在被当地有权机构处罚的情况；③境外销售业务是否符合外汇、税务等相关法律法规	（1）取得境外律师出具的法律意见书以及境外子公司设立的相关资料。核查境外子公司设立及运营是否符合当地法律法规，是否取得了经营所必要的许可、认证，是否存在被当地有权机构处罚的情况。 （2）抽查境外销售合同或订单、发货单、报关单、增值税发票以及海关电子口岸数据、出口数据统计咨询证明书和免抵退税申报报表，核查收汇、结汇相关的银行流水。查询国家外汇管理局、重大税收违法失信案件信息公布栏。 （3）取得发行人及其子公司的《对外贸易经营者备案登记表》及《涉税信息查询结果告知书》

需要特别关注的是，发行人投资设立境外子公司时，未履行发改委备案程序也属于一个常见问题。除了在设立之初提前关注设立程序的合规性，从根源上解决该问题外，在发生之后如何在 IPO 过程中理解该问题，解决该问题的尺度为何，也是当前值得关注的一点。

参考 JFGF 公司的披露，中介机构取得了发行人的说明并访谈了发行人实际控制人，发现设立过程中具体经办人员不熟悉当时发改委备案的法律规定，未及时向发改主管部门办理境外投资备案手续，不符合当时有效的法律法规的规定，但该等情形系发行人经办人员对相关规则不熟悉所致，并非有意规避，从主观角度论述了该问题的产生并非源于主观恶意行为。同时，为解决上述发改委备案不及时的问题，发行人曾向发改委咨询补办相关备案手续事项，但因发改委仅进行事前备案，无相关事后补办法定程序，未能实现补办，这说明了虽然未能成功，但发行人积极采取了整改措施。再者，中介机构论述了该子公司占公司整体的收入比较小，查询了各级发改主管部门的官网并且取得了发行人的说明，即发行人没有因此受到行政处罚或者被调查，以此说明该等程序瑕疵未对发行人产生重大不利影响。最后，由实际控制人进行了兜底承诺，若发行人因境外投资未履行发改委备案手续的程序瑕疵而受到任何罚款或损失，相关费用和责任由发行人实际控制人以连带责任方式全额承担、赔偿，发行人实际控制人将根据有权部门的要求及时予以缴纳，如因此给发行人带来损失，发行人实际控制人愿意向发行人给予全额补偿，发行人实际控制人在承担前述补偿后，不会就该等费用向发行人行使追索权。

此外，由于境内外税务相关法律法规的差异、国际双重征税问题、税收协定等因素影响，税务问题也成为关注的要点，特别是：子公司与母公司的交易情况，是否存在被当地税务主管部门追缴税款的风险，境内公司销售给境外子公司的产品定价是否公允，是否存在因转移定价安排避税而受到当地税务机关处罚的风险；境外子公司是否存在因替母公司分担成本费用而被当地主管税务机关处罚的风险，是否获得境外子公司主管税务机关无违法违规记录的纳税证明；是否存在刻意的税务安排，从而达到减少纳税、增加利润的目的；等等。

（2）境外业务的真实性及可持续性。为核查境外业务的真实性及可持续

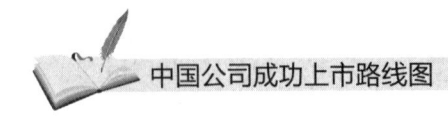

性，除外销核查列举的核查要点外，审核中通常还会关注如下问题：①发行人设立境外子公司的原因及背景；②境外子公司的业务分工和定位、未来发展规划；③发行人对子公司的管控力度；等等。问询案例如表6-2所示。

表6-2 境外业务的真实性及可持续性问询案例

公司名称/ 代码	问询内容	核查方式
HBXN	设立或收购各子公司的原因、背景和必要性，母公司、子公司的各自业务分工和定位以及同一地区境外子公司的各自业务分工和定位	访谈发行人实际控制人、高级管理人员及相关业务负责人
THLD	补充披露天宏电池的业务开展情况及后续经营计划，预计整体资金、人员、技术投入情况，发行人是否具备运营境外子公司的能力	根据发行人的说明，核查天宏电池的业务开展情况及后续经营计划，预计整体资金、人员、技术投入情况，发行人是否具备运营境外子公司的能力
XRGF	请发行人说明：①发行人无境外专利，境外销售是否存在侵犯境外第三方知识产权的风险；②现阶段贸易冲突对发行人生产经营是否存在影响	（1）取得境外律师出具的法律意见书，核查境外子公司是否存在因侵犯境外第三方知识产权产生的诉讼纠纷； （2）核查报告期内美国和澳大利亚对原产地为中国的硬质合金、硬质合金工具及配套产品的关税变动情况

三、主要客户、供应商核查要点

主要客户和供应商是一个企业业务情况的折射镜，客户对应着企业的收入，供应商对应着企业的成本，因此在IPO审核中，对主要客户、供应商的核查有助于了解企业业绩的真实性。中介机构对主要客户、供应商的核查手段大同小异，包括但不限于现场走访、访谈、网络查询、函证、穿行测试、实质性分析等。这些手段虽然传统但也比较有用，例如，通过现场走访，既可以形成完整的证据链来证明发行人业务的真实性，也可以确认发行人与客户、供应商的"强弱"关系，以此判断发行人的行业地位，还可以考察客户、供应商的质地及经营状况，从而判断发行人的持续良好经营有没有障碍。根据沪深两大交易所发布的核查细则要求，客户、供应商核查的关注要点具体如下。

1. 客户核查

（1）在发行申报文件中，需要披露报告期各期前五大客户的基本情况，包括但不限于成立时间、注册资本、控股股东及实际控制人、与发行人的合作年限、发行人向前五大客户销售的产品内容。如果发行人不同模式、不同业务的客户存在较大差异，还得分类说明前五大客户的情况。举例来说，如果一个公司同时有供水业务、排水业务以及供排水配套市政工程业务，该公司在披露客户情况时，就需要分别披露供水业务的主要客户情况、排水业务的主要客户情况以及工程类业务的主要客户情况。同时需要关注客户是否与发行人及其控股股东、实际控制人、董事、监事、高级管理人员存在关联关系，如果存在关联关系，要核查关联交易是否必要、合理、公允，相关关联交易审议程序是否履行到位，是否存在依赖关联方或者通过关联方输送利益的情形。

（2）需要关注主要客户变动的情况，例如，如果报告期各期前五大客户变化较大或者同一客户销售金额在报告期内存在重大变动，中介机构需要核查变化的原因，是否具有合理性，是否存在异常的情况；还要关注报告期内发行人是否存在新增主要客户、客户是自然人、既是客户又是供应商、主要客户名称相似、工商登记资料异常、注册地址相近、成立时间较短等特殊情形，核实上述情形是否存在合理原因，从而核实发行人业绩的真实性以及未来的可持续性。

（3）关注大客户依赖问题。大客户的问题存在正反两面性：一方面，知名品牌客户能给发行人带来业绩支持、产品质量的背书；另一方面，也容易伴随着大客户依赖的问题，一旦大客户不再支持发行人，则存在业绩不可持续的风险。在审核实践中，如果发行人来自单一客户的主营业务收入或毛利贡献占比超过50%，一般认为发行人对该客户存在重大依赖。面对大客户依赖问题，主要是要打消审核机构对未来业绩不确定性的疑虑，说明该等情况的合理性，以及发行人拥有独立的、持续的经营能力。具体核查要点如下。

①发行人客户集中的原因及合理性。

②发行人客户在行业中的地位、透明度与经营状况，是否存在重大不确

定性风险。

③发行人与客户合作的历史、业务稳定性及可持续性，相关交易的定价原则及公允性；发行人与重大客户是否存在关联关系，发行人的业务获取方式是否影响独立性，发行人是否具备独立面向市场获取业务的能力。

④对于因行业因素导致发行人客户集中度高的，发行人客户集中与行业经营特点是否一致，是否存在下游行业较为分散而发行人自身客户较为集中的情形，该客户是否为异常新增客户，客户集中是否可能导致发行人未来持续经营能力存在重大不确定性。

⑤发行人主要产品或服务应用领域和下游需求情况，市场空间是否较大；发行人技术路线与行业技术迭代的匹配情况，是否具备开拓其他客户的技术能力以及市场拓展的进展情况，包括与客户的接触洽谈、产品试用与认证、订单情况等。

⑥发行人及其下游客户所在行业是否属于国家产业政策明确支持的领域，相关政策及其影响下的市场需求是否具有阶段性特征，产业政策变化是否会对发行人的客户稳定性、业务持续性产生重大不利影响。

⑦对于存在重大依赖的单一客户属于非终端客户的情况，应当穿透核查终端客户的有关情况、交易背景，分析说明相关交易是否具有合理性，交易模式是否符合行业惯例，销售是否真实。

2. 供应商核查

（1）同客户核查一样，在供应商核查中，也需要在发行申报文件中披露报告期各期前五大供应商的基本情况，包括但不限于成立时间、注册资本、控股股东及实际控制人、与发行人的合作年限、发行人向前五大供应商采购的内容；同时需要关注供应商是否与发行人及其控股股东、实际控制人、董事、监事、高级管理人员存在关联关系。

（2）关注供应商变化的情况，例如，报告期各期前五大供应商是否发生较大变化，向同一供应商采购的金额是否存在重大变化，需要说明变化的原因及合理性；还要关注报告期内是否存在新增主要供应商、供应商为自然人、主要供应商名称相似、工商登记资料异常、注册地址相近、成立时间较短等特殊情形，核实上述情形是否存在合理原因。

（3）关注发行人向供应商采购的价格是否公允，是否存在明显偏低的情形；若存在明显偏低的情况，具体原因是什么，是否具有合理性，是否存在利益输送、为发行人承担成本费用以做高利润等情况。

（4）关注发行人的原材料供应的稳定性，重要原材料采购是否对供应商存在重大依赖，如果存在重大依赖，则存在重要原材料不足或者被卡脖子只能以高价获取原材料等风险，以至于影响发行人的持续经营能力。

3. 客户和供应商重叠

客户和供应商重叠是指一个企业既是客户又是供应商的情况。在一般的商业逻辑中，出现这种现象可能存在两种情况：一种是这个企业的业务范围很广，恰好既可以把原材料卖给发行人，又可以买发行人的产品；还有一种情况为发行人是这个企业的加工厂，从这个企业买了原材料进行加工，再卖回这个企业，但第二种情况在 IPO 中一般会采用净额法进行核算，通俗来说，公司就是赚了个加工费。

对于客户和供应商重叠问题，在审核中监管机构主要考虑两点：第一点为发行人和这个企业是否存在利益输送，买卖的价格是否公允合理；第二点也是最核心的一点，即发行人的业务是否存在独立性，是否具备完整的业务结构以及独立面向市场的竞争能力，具体而言，就是说是否能够选择性价比最好的供应商，是否能够开拓出优秀且稳定的客户，独立承担风险并且获得收益。因此，在实践中客户和供应商重叠问题并非绝对的红线，即使发行人存在少量客户和供应商重叠问题，若该等客户、供应商并非发行人的重要客户、供应商，出现这种情况的原因具有合理性，不存在利益输送，且不存在影响发行人独立性的情况，也可以得到监管机构的认可。

例如，根据公开资料的披露，XDXC 报告期内存在客户和供应商重叠问题的企业共计 2 家，销售和采购的过程中均独立履行了公司内部的销售和采购程序。既是客户又是供应商的交易额在报告期内交易额中的占比较低，且销售和采购的产品或服务种类不同。交易基于公司真实的销售或采购需求，其交易具备商业合理性。YNW 项目年销售和年采购金额均超过 20 万元，既是客户又是供应商的单位共有 19 家。YNW 主要向其销售和采购一抗、二抗、检测试剂盒、重组蛋白/多肽等生命科学试剂以及生命科学仪器及耗材。YNW 与上述单位的销售、采购交易的标的产品不同，为 YNW 与交易对方各自代理的品牌产品，非同一品牌线，或同一品牌下不同产品线的产品。YNW

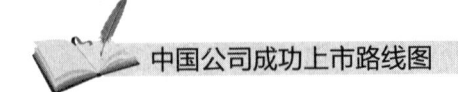

与上述单位的销售、采购行为均基于双方的真实业务需求，交易具有必要性、合理性，不存在利益输送的情形。

四、特殊经营模式的审核要点

经营模式主要分为采购模式、生产模式、销售模式、研发模式等，而与IPO最核心指标"利润"直接挂钩的模式就是销售模式。销售模式，通俗来说，就是企业怎么把自己的产品卖出去，怎么能够卖得多、卖出利润。不论销售模式如何变化创新，在IPO审核中，核心还是关注利润的真实性及可持续性，即销售的价格是否公允，合作模式是否合理，是否具有可持续经营能力。围绕这个核心，监管机构针对一些特殊的经营模式出台了审核中关注的核心要点，相当于给中介机构的核查提供了一个最低的标准，而通过对全面实行注册制前后规定的比对，我们可以发现，在注册制下，核查的要求更明确，也更细致。

1. 经销模式核查

IPO中比较常见的经销模式为代理式经销模式和买断式经销模式。例如发行人和商超之间的合作，根据商超的实际销售进行结算，商超不承担商品卖不出去的风险，这就是代理式经销模式；而买断式经销模式，顾名思义，就是经销商向发行人购买产品后自行承担产品卖不出去的风险，用专业化的语言来说就是产品销售给经销商后风险转移并确认收入。

根据注册制最新的核查要求，如果发行人报告期内任意一期的经销收入或毛利占比超过30%，中介机构就应当通过内部控制测试、实地走访、分析性复核（核查发行人、经销商相关合同、台账、销售发票、发货单、验收单/报关单/代销清单、回款记录等，核查发行人经销收入与经销商采购成本的匹配性，销货量与物流成本的匹配性，相互印证销售实现过程及结果真实性；核查发行人与经销商相关的信息管理系统可靠性，经销商信息管理系统进销存情况，与发行人其他业务管理系统、财务系统、资金流水等数据是否匹配）、函证（函证发行人主要经销商，函证内容包括各期销售给经销商的产品数量、金额、期末库存和对应应收款等）、抽查监盘（对经销商的期末库存进行抽查监盘，核实经销商期末库存真实性）、资金流水核查（核查发行人及其控股股东、实际控制人、董事、监事、高管、关键岗位人员及其他关联方与经销商之间的资金往来。发现异常情况还应扩大资金流水核查范围）等方式进行经销商模式的专项核查并出具专项核查报告。核查内容主要有如下几点。

（1）关于经销商模式商业合理性。结合发行人行业特点、产品特性、发展历程、下游客户分布、同行业可比公司情况，分析发行人经销商模式的分类和定义，不同类别、不同层级经销商划分标准，以及采用经销商模式的必要性和商业合理性。

（2）关于经销商模式内控制度合理性及运行有效性。经销商模式内控制度包括但不限于：经销商选取标准和批准程序，对不同类别经销商、多层级经销商管理制度，终端销售管理、新增及退出管理方法，定价考核机制（包括营销、运输费用承担和补贴、折扣和返利等），退换货机制，物流管理模式（是否直接发货给终端客户），信用及收款管理，结算机制，库存管理机制，对账制度，信息管理系统设计与执行情况，说明相关内控制度设计的合理性及运行的有效性。

（3）关于经销收入确认、计量原则。经销收入确认、计量原则，对销售补贴或返利、费用承担、经销商保证金的会计处理，对附有退货条件、给予购销信用、前期铺货借贷、经销商作为居间人参与销售等特别方式下经销收入确认、计量原则，是否符合《企业会计准则》规定，是否与同行业可比公司存在显著差异。

（4）关于经销商构成及稳定性。

①不同类别、不同层级经销商数量、销售收入及毛利占比变动原因及合理性。

②新增、退出经销商数量，销售收入及毛利占比，新增、退出经销商销售收入及毛利占比合理性，新设即成为发行人主要经销商的原因及合理性。

③主要经销商销售收入及毛利占比，变动原因及合理性，经销商向发行人采购规模是否与其自身业务规模不匹配。

④经销商是否存在个人等非法人实体，该类经销商数量、销售收入及毛利占比，与同行业可比公司是否存在显著差异。

（5）关于经销商与发行人关联关系及其他业务合作。

①主要经销商基本情况，包括但不限于：注册资本、注册地址、成立时

间、经营范围、股东、核心管理人员、员工人数、与发行人合作历史等。

②发行人及其控股股东、实际控制人、董事、监事、高管、关键岗位人员及其他关联方与经销商、经销商的终端客户是否存在关联关系或其他利益安排，是否存在其他特殊关系或业务合作（如是否存在前员工、近亲属设立的经销商，是否存在经销商使用发行人名称或商标），是否存在非经营性资金往来，包括对经销商或客户提供的借款、担保等资金支持等。

③经销商持股的原因，入股价格是否公允，资金来源，发行人及其关联方是否提供资助。

④经销商是否专门销售发行人产品。

⑤关联经销商销售收入、毛利及占比，销售价格和毛利率与非关联经销商是否存在显著差异。

（6）关于经销商模式经营情况分析。

①经销商模式销售收入及占比、毛利率，与同行业可比公司是否存在显著差异。

②不同销售模式（直销、经销等）、不同区域（境内、境外等）和不同类别经销商销售的产品数量、销售价格、销售收入及占比、毛利及占比、毛利率情况；不同模式、不同区域、不同类别经销商销售价格、毛利率存在显著差异的原因及合理性。

③经销商返利政策及其变化情况，返利占经销收入比例，返利计提是否充分，是否通过调整返利政策调节经营业绩。

④经销商采购频率及单次采购量分布是否合理，与期后销售周期是否匹配。

⑤经销商一般备货周期，经销商进销存、退换货情况，备货周期是否与经销商进销存情况匹配，是否存在经销商压货，退换货率是否合理。

⑥经销商信用政策及变化，给予经销商的信用政策是否显著宽松于其他销售模式或对部分经销商信用政策显著宽松于其他经销商，是否通过放宽信用政策调节收入。

⑦经销商回款方式、应收账款规模合理性，是否存在大量现金回款或第三方回款情况。

⑧终端客户构成情况，各层级经销商定价政策，期末库存及期后销售情

况，各层级经销商是否压货以及大额异常退换货，各层级经销商回款情况；直销客户与经销商终端客户重合的，同时对终端客户采用两种销售模式的原因及合理性。

下面我们通过审核中的一些问询案例，直观了解一下经销商核查中审核的重点关注问题，如表6-3所示。

表6-3 经销商核查问询案例

公司名称代码	问询内容	问询关注要点
NWKJ	（1）说明中介服务商对应收入是否归集为经销收入，说明发行人与经销商（或中介服务商）及下游客户的商业模式（如业务开拓、定价、订单下达、物流、结算、售后政策等），是否可区分为提佣模式与买断模式；发行人是否与经销商（或中介服务商）及下游客户形成了较为稳定的合作关系及其依据。 （2）说明部分境内终端客户采取经销模式的原因及合理性、发行人报告期内境内经销收入变动的原因。 （3）说明经销模式与直销模式的主要差异，经销模式的管理方法、退换货机制、物流管理模式、信用及收款管理、结算机制、库存管理机制、对账制度等；经销收入确认、计量原则（对销售补贴或返利、费用承担、经销商保证金的会计处理，对附有退货条件、给予购销信用、前期铺货借货、经销商作为居间人参与销售等特别方式下经销收入确认、计量原则）；经销商构成及稳定性（是否存在新设即成为发行人主要经销商的情况，是否存在经销商向发行人采购规模与其自身业务规模不匹配的情况）；经销商与发行人关联关系及其他业务合作；经销商模式经营情况分析（经销商采购频率及单次采购量分布是否合理，与期后销售周期是否匹配；经销商一般备货周期，经销商进销存、退换货情况，备货周期是否与经销商进销存情况相匹配，是否存在经销商压货情形，退换货率是否合理；信用政策及变化；经销商回款方式、应收账款规模合理性；期末库存及期后销售情况，是否存在压货以及大额异常退换货情况、回款情况）	（1）经销模式的具体模式（管理方法、退换货机制、物流管理模式、信用及收款管理、结算机制、库存管理机制、对账制度等；经销收入确认、计量原则）及经营情况分析； （2）采用经销模式的合理性； （3）经销模式与直销模式的差异； （4）经销商构成及稳定性； （5）经销商与发行人关联关系及其他业务合作

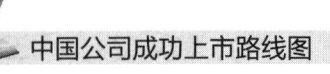

续表

公司名称代码	问询内容	问询关注要点
SNDH	（1）发行人经销商模式内控制度，包括但不限于选取经销商的具体标准和批准程序，定价及考核机制，对账制度，终端销售管理制度，货物及资金流转方式。 （2）报告期内数据采集设备、农机自动驾驶系统业务按收入规模分层的客户数量、收入及毛利金额、毛利率，客户结构是否符合行业惯例，结合客户结构及收入变动情况说明主要客户的稳定性。 （3）经销商客均收入结构、不同收入规模分层的经销商数量、收入金额、毛利占比及变动原因，重要经销商报告期内采购额增减变化的原因及毛利率对比情况。 （4）报告期各期，经销商新增、退出数量较多的原因，退出经销商客户名称、停止合作原因、款项支付情况、退换货情况、是否存在纠纷，发行人经销商的稳定性。 （5）经销商备货周期与进销存匹配情况，期末库存及期后销售情况，是否存在经销商配合囤货压货情形。 （6）报告期内，发行人分别与实缴资本为0、成立当年或次年即开始合作、仅经销发行人产品的客户发生的交易金额及占比，上述客户是否满足发行人的经销商政策，发行人与其发生大额交易的合理性。 （7）注销经销商、前员工设立经销商的股权结构，历史沿革，注销的原因，成立至今的经营情况及合规性，与发行人开展业务合作的背景，仅销售发行人产品的原因；主要经销客户及终端客户，经销商通过其采购发行人产品的原因，与发行人经销及终端客户是否存在重合，发行人向其销售单价、毛利率与其他客户对比情况，定价的公允性，回款情况，是否存在利益输送或其他利益安排。	（1）经销商模式的内控制度； （2）经销商构成及稳定性； （3）采用经销模式的合理性； （4）特殊情形经销商，包括但不限于新增经销商、只经营发行人产品经销商、有关联关系经销商； （5）经销商进销存情况，是否存在囤货等虚构利润的行为

综上，我们可以看出，经销商核查的一切核查手段及异常情况细节核查的原点即为说明收入的真实性，咬定这个原则不放松，能充分解释清楚，就是解决这个问题的制胜法宝。

2. 主要通过互联网开展业务

随着电子商务的日趋成熟以及大众消费方式的转变，越来越多的企业为适应市场的发展，利用互联网进行线上销售并作为其主要的销售模式，而借助互联网进行销售存在复杂性，企业可能存在不易核查的财务舞弊风险，例如刷单、充值、篡改经营数据、产品毁损未入账等情况。因此，围绕业绩真实性这一核心，对报告期任意一期通过互联网取得的营业收入占比或毛利占比超过30%的发行人，中介机构需要对其通过互联网开展业务的信息系统可靠性进行专项核查，核查内容主要如下。

（1）对于直接向用户收取费用的此类企业，如互联网线上销售、互联网信息服务、互联网游戏等，核查应包括但不限于以下方面：①经营数据的完整性和准确性，是否存在被篡改的风险，与财务数据是否一致；②用户真实性与变动合理性，包括新增用户的地域分布与数量、留存用户的数量、活跃用户数量、月活用户数量、单次访问时长与访问时间段等，系统数据与第三方统计平台数据是否一致；③用户行为核查，包括但不限于登录IP或MAC地址信息、充值与消费的情况、重点产品消费或销售情况、僵尸用户情况等，用户充值、消耗或消费的时间分布是否合理，重点用户充值或消费是否合理；④系统收款或交易金额与第三方支付渠道交易金额是否一致，是否存在自充值或刷单情况；⑤平均用户收入、平均付费用户收入等数值的变动趋势是否合理；⑥业务系统记录与计算虚拟钱包（如有）的充值、消费数据是否准确；⑦互联网数据中心（IDC）或带宽费用的核查情况，与访问量是否匹配；⑧获客成本、获客渠道是否合理，变动是否存在异常。

（2）对用户消费占整体收入比较低，主要通过展示或用户点击转化收入的此类企业，如用户点击广告后向广告主或广告代理商收取费用的企业，核查应包括但不限于以下方面：①经营数据的完整性和准确性，是否存在被篡改的风险，与财务数据是否一致；②不同平台用户占比是否符合商业逻辑与产品定位；③推广投入效果情况，获客成本是否合理；④用户行为真实性核查，应用软件的下载或激活的用户数量、新增和活跃的用户是否真实，是否存在购买虚假用户流量或虚构流量情况；⑤广告投放的真实性，是否存在与广告商串通进行虚假交易；⑥用户的广告浏览行为是否存在明显异常。

（3）如因核查范围受限、历史数据丢失、信息系统缺陷、涉及商业秘密等原因，导致无法获取全部或部分运营数据，无法进行充分核查的，保荐人、会计师应考虑该等情况是否存在异常并就信息系统可靠性审慎发表核查意见，

同时，对该等事项是否构成本次发行上市的实质性障碍发表核查意见。

（4）发行人主要经营活动并非直接通过互联网开展，但其客户主要通过互联网销售发行人产品或服务，如发行人该类业务营业收入占比或毛利占比超过30%，保荐人和申报会计师应核查该类客户向发行人传输交易信息、相关数据的方式、内容，并以可靠方式从发行人获取该等数据，核查该等数据与发行人销售、物流等数据是否存在差异，互联网终端客户情况（如消费者数量、集中度、地域分布、消费频率、单次消费金额分布等）是否存在异常。对无法取得客户相关交易数据的，保荐人和申报会计师应充分核查原因并谨慎评估该情况对发表核查意见的影响。

3. 信息系统专项核查

该核查主要针对日常经营活动高度依赖信息系统的公司，例如业务运营、终端销售环节通过信息系统线上管理，相关业务运营数据由信息系统记录并存储，等等。如果相关业务收入或者成本占比、毛利占比或者相关费用占期间费用的比例超过30%，则中介机构应当结合发行人的业务运营特点、信息系统支撑业务开展程度、用户数量及交易量级等进行判断，对开展相关业务的信息系统可靠性进行专项核查。考虑到该项核查的专业度，监管机构也要求中介机构选派或聘请具备相应专业能力的团队和机构执行该等信息系统的核查工作，具体核查工作应当包括IT系统控制情况核查、基础数据质量探查、业务财务数据一致性核查、多指标分析性复核、反舞弊场景分析、疑似异常数据跟进等。该等核查的最终目的，即为说明发行人的信息系统真实、准确、完整地记录了发行人的经营活动，业务数据与财务数据具有一致性。

4. 数字经济、互联网平台企业

随着《中华人民共和国数据安全法》《中华人民共和国个人信息保护法》等逐步落地，数据安全和个人信息保护问题的重要性逐步凸显出来，沪深两市交易所在核查要点细则中均提出了核查要求："发行人属于数字经济、互联网平台企业，或发行人涉及数据开发利用等数据处理活动的，保荐人、发行人律师应当对公司相关经营是否符合《个人信息保护法》《数据安全法》《网络安全法》等法律法规进行核查，并发表明确意见。"数据安全和信息保护问询案例如表6-4所示。

表6-4 数据安全和信息保护问询案例

公司名称代码	问询内容	核查方式
HBXN	发行人在开展业务过程中是否可以获取用户相关个人信息和商业秘密等用户数据,报告期内是否存在因数据泄露造成发行人及客户损失的情形,是否已建立完善防泄密和保障网络安全的内部管理制度,是否存在发行人利用相关个人消费者或企业客户信息进行牟利等违法违规行为,是否符合国家数据保护和网络安全等法律法规的规定	(1)访谈发行人IT信息中心负责人及相关业务人员,查阅发行人制定的《信息安全管理办法》《信息系统账号管理制度》《IT项目采购管理系统》《公司机房管理制度》《电商销售与运营业务管理办法》《文件和资料密级管理规定》; (2)查阅发行人及子公司销售产品的主要电商平台店铺及品牌官网的隐私政策
SNDH	公司产品取得的位置信息、图像信息、数据信息等是否传输至发行人,相关信息数据的获取、使用、存储、管理、归属等情况,向第三方提供或销售相关信息数据的情况,发行人是否符合数据安全相关的法律法规,保障数据安全的相关措施	(1)产品或服务取得的位置信息、图像信息、数据信息等均储存在使用该产品的用户本地端,从未传输至发行人。由终端用户使用该产品获取信息数据并存储,信息数据归属于终端用户并由其负责管理。发行人不存在向第三方提供或销售相关信息数据的情况。 (2)查阅了数据安全相关的主要法律法规,并针对发行人的业务情况进行了相应的梳理。 (3)经公开网络核查,发行人未因违反数据安全等相关规定而受到过处罚
YFRJ	(1)发行人产品研发、销售及使用过程中涉及的数据采集、处理、使用等情况及其合规性,数据内容是否涉及个人隐私或涉密信息,是否获得相关数据主体或主管部门的明确授权许可,是否存在使用范围、主体或期限等方面的限制,发行人是否存在超出上述限制使用数据的情形; (2)发行人业务开展及资质、许可取得情况是否符合《数据安全法》《网络安全法》《个人信息保护法》等数据安全及信息保护相关法律法规的规定,发行人采取的保护措施,是否发生过泄密行为或存在纠纷、潜在纠纷,相关风险是否充分揭示	(1)查阅了发行人出具的相关说明并访谈了发行人的相关负责人; (2)查阅了《现场服务行为规范》等内控文件; (3)查阅了发行人的业务资质证书及认证文件; (4)通过中国裁判文书网(https://wenshu.court.gov.cn/)、中国执行信息公开网(http://zxgk.court.gov.cn/)、信用中国(https://www.creditchina.gov.cn/)、工信部门网站等各相关部门网站进行检索,核查发行人是否存在相关纠纷或处罚的情形; (5)查阅了发行人主管部门出具的合规证明

第六节　出资与资产

一、出资

（一）监管规则

在中国证监会及上交所、深交所对拟上市企业的审核、问询过程中，发行人股东的出资问题一直是其关注的重点之一，而出资瑕疵也是发行人及各中介机构关注的重点之一。根据出资瑕疵类型的不同，该问题引发的后果可大可小，例如，在上市过程中，若发行人股东被发现存在抽逃出资行为，不但企业上市或折戟沉沙，发行人股东甚至可能需要承担法律责任。因此，针对该问题的法律审查须慎之又慎。

注册制新规发布后，笔者梳理了IPO审核中关于股东出资方面的适用规则，具体如表6-5所示。

表6-5　IPO审核中关于股东出资方面的适用规则

法规名称	具体内容
《首次公开发行股票注册管理办法》（2023年2月17日生效）	第十二条　发行人业务完整，具有直接面向市场独立持续经营的能力：……（二）……发行人的股份权属清晰，不存在导致控制权可能变更的重大权属纠纷……
《监管规则适用指引——发行类第4号》（2023年2月17日生效）	4-5 出资瑕疵 发行人的注册资本应依法足额缴纳。发起人或者股东用作出资的资产的财产权转移手续已办理完毕。保荐机构和发行人律师应关注发行人是否存在股东未全面履行出资义务、抽逃出资、出资方式等存在瑕疵，或者发行人历史上涉及国有企业、集体企业改制存在瑕疵的情形。 （1）历史上存在出资瑕疵的，应当在申报前依法采取补救措施。保荐机构和发行人律师应当对出资瑕疵事项的影响及发行人或相关股东是否因出资瑕疵受到过行政处罚、是否构成重大违法行为及本次发行的法律障碍，是否存在纠纷或潜在纠纷进行核查并发表明确意见。发行人应当充分披露存在的出资瑕疵事项、采取的补救措施，以及中介机构的核查意见。

续表

法规名称	具体内容
《监管规则适用指引——发行类第4号》（2023年2月17日生效）	（2）对于发行人是国有或集体企业改制而来，或发行人主要资产来自于国有或集体企业，或历史上存在挂靠集体组织经营的企业，若改制或取得资产过程中法律依据不明确、相关程序存在瑕疵或与有关法律法规存在明显冲突，原则上发行人应在招股说明书中披露有权部门关于改制或取得资产程序的合法性、是否造成国有或集体资产流失的意见。国有企业、集体企业改制过程不存在上述情况的，保荐机构、发行人律师应结合当时有效的法律法规等，分析说明有关改制行为是否经有权机关批准、法律依据是否充分、履行的程序是否合法以及对发行人的影响等。发行人应在招股说明书中披露相关中介机构的核查意见

笔者通过梳理在IPO过程中审核机构对于拟上市主体出资问题的关注要点，整理出常见的出资瑕疵情形及发行人采取的整改措施，具体如下所述。

（二）常见的出资瑕疵情形

1. 出资不实

《公司法》第四十九条规定："股东应当按期足额缴纳公司章程规定的各自所认缴的出资额。"

《公司法》第五十条规定："有限责任公司设立时，股东未按照公司章程规定实际缴纳出资，或者实际出资的非货币财产的实际价额显著低于所认缴的出资额的，设立时的其他股东与该股东在出资不足的范围内承担连带责任。"

按照《公司法》的要求，股东应当按期足额缴纳公司章程中规定的各自所认缴的出资额，但部分发行人历史上存在出资未实际缴纳的情况，因而构成出资瑕疵并对是否符合发行条件的判断产生影响，IPO企业通常在申报前采取补救措施。

例如，QYGF公司于2002年设立时股东的实际出资额比注册资本少18.12万元；2004年增资时，各股东实际增资额比新增注册资本少484.84万元。针对前述出资不实情形，发行人采取了以下措施：由相应股东或实际控制人以货币资金进行足额补缴，由会计师对补缴资金进行验资并出具验资报告，取得政府主管部门出具的合规证明并由公司控股股东及实际控制人出具兜底承诺。

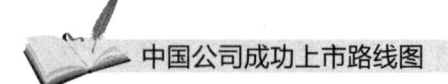

2. 出资未及时到位

《公司法》第四十九条规定："股东应当按期足额缴纳公司章程规定的各自所认缴的出资额。……股东未按期足额缴纳出资的，除应当向公司足额缴纳外，还应当对给公司造成的损失承担赔偿责任。"

例如，NSG 公司于 2008 年 8 月 22 日设立，其注册资本实缴到位时间不符合当时有效适用的《公司法》（2005 年修正）中自公司成立之日起两年的规定，即"公司全体股东的首次出资额不得低于注册资本的百分之二十，也不得低于法定的注册资本最低限额，其余部分由股东自公司成立之日起两年内缴足；其中，投资公司可以在五年内缴足"，构成出资瑕疵。但鉴于发行人已完成补救且程序完备，并且取得了当地主管政府部门出具的证明，所以前述情形不构成公司 IPO 的障碍。

3. 虚假出资或抽逃出资

《公司法》第二百五十二条规定，公司的发起人、股东虚假出资，未交付或者未按期交付作为出资的货币或者非货币财产的，由公司登记机关责令改正，同时加重了对于虚假出资行为人的惩罚力度。

《公司法》第二百五十三条规定，抽逃其出资的，由公司登记机关责令改正，处以所抽逃出资金额百分之五以上百分之十五以下的罚款，对直接负责的主管人员和其他直接责任人员处以三万元以上三十万元以下的罚款。

对于涉嫌虚假出资、抽逃出资的行为，监管机构在上市审核过程中会重点关注。其关注要点如下：①发生的背景和原因是什么；②出资瑕疵是否会对发行人的生产经营产生重大影响；③出资瑕疵是否会损害其他股东的利益以及债权人的利益；④是否属于出资不实、虚假出资和抽逃出资，是否可能受到行政或刑事处罚；⑤公司的董事和高管是否会受到处罚，是否符合《公司法》的规定。

4. 非货币资产出资

《公司法》第四十八条规定："股东可以用货币出资，也可以用实物、知识产权、土地使用权、股权、债权等可以用货币估价并可以依法转让的非货币财产作价出资；但是，法律、行政法规规定不得作为出资的财产除外。对作为出资的非货币财产应当评估作价，核实财产，不得高估或者低估作价。法律、行政法规对评估作价有规定的，从其规定。"

由上述规定可见,股东除了以货币资金出资外,还可以以其他实物资产出资。在IPO申报企业的股权演变过程中以非货币财产出资也属常见情形,但非货币出资程序相较货币出资较烦琐,易产生如下问题。

(1)未履行评估手续。IPO要求发行人的注册资本足额缴纳,对作为出资的非货币财产应当评估作价,核实财产,不得高估或者低估作价。由于拟上市主体历史上作为出资的实物资产未履行评估手续会存在出资不实的可能,因此,通常拟上市主体需委托具有证券从业资质的评估机构对实物出资情况进行追溯评估,以论证评估值高于出资作价金额,不存在出资不实的情形,如评估值低于出资作价金额,须由当时实物出资股东以货币资金补足。

(2)非货币财产未办理产权转移手续。《公司法》第四十九条规定:"以非货币财产出资的,应当依法办理其财产权的转移手续。"如拟上市主体股东历史上以非货币财产出资未及时办理产权转移手续,则构成出资不实。

针对上述瑕疵,首先应对相应的非货币财产及时办理产权转移手续,如因历史遗留问题或其他事由办理产权转移手续已无可能,发行人股东须用货币资金置换,完成整改。

(3)非货币财产出资比例较高。《公司法》(1999年修正)规定,以工业产权、非专利技术作价出资的金额不得超过有限责任公司注册资本的百分之二十。在《公司法》(2005年修正)中要求货币出资金额不得低于有限责任公司注册资本的百分之三十。《公司法》(2013年修正)中已无此类要求,但拟上市主体如在《公司法》(2013年修正)实施之前存在非货币财产出资比例不符合当时《公司法》要求的情况,通常可采取如下补救措施:①论证非货币财产出资真实有效,不存在出资不实的情形;②解释现行有效的《公司法》已对出资比例无要求,且取得当地工商行政主管部门的证明,说明未因出资瑕疵受到行政处罚等。

(4)专有技术出资。拟上市主体历史上存在以专有技术出资的,除应关注上述及时履行评估手续、及时办理产权转移手续及满足非货币财产出资比例的要求外,还须关注是否涉及职务发明,如涉及职务发明则存在权属瑕疵。

例如,在SWTD的案例中,其股东以专利技术向公司增资,该技术是该股东担任公司董事长及总经理期间研发产生的,无法完全排除用以出资的技术属于职务发明的可能性。鉴于此,该股东以等额货币置换出资专利,彻底解决

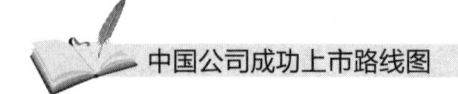

出资瑕疵问题，而用以出资、办理完毕权属变更手续的专利仍归公司所有。

5. 国有企业、集体企业改制瑕疵

《监管规则适用指引——发行类第 4 号》"4-5 出资瑕疵"中提出："对于发行人是国有或集体企业改制而来，或发行人主要资产来自于国有或集体企业，或历史上存在挂靠集体组织经营的企业，若改制或取得资产过程中法律依据不明确、相关程序存在瑕疵或与有关法律法规存在明显冲突，原则上发行人应在招股说明书中披露有权部门关于改制或取得资产程序的合法性、是否造成国有或集体资产流失的意见。国有企业、集体企业改制过程不存在上述情况的，保荐机构、发行人律师应结合当时有效的法律法规等，分析说明有关改制行为是否经有权机关批准、法律依据是否充分、履行的程序是否合法以及对发行人的影响等。发行人应在招股说明书中披露相关中介机构的核查意见。"

因此，若发行人历史上是国有或集体企业改制而来，中介机构须结合当时有效的法律法规等，分析说明有关改制行为是否经有权机关批准、法律依据是否充分、履行的程序是否合法，若法律依据不明确或改制程序存在瑕疵，发行人须对瑕疵问题进行详细说明，并取得有权部门关于改制合法性，以及是否造成国有资产、集体资产流失的意见。

例如，ZHXC 公司是原股东与其他若干名自然人于 2004 年共同发起设立的股份有限公司，属于国有企业改制，但设立时未制定完整的改制方案并报批，未取得国有股权管理方案批复。审核机构关注该公司设立时是否履行了必要的审批或备案程序，是否取得有权部门关于改制程序、历次国有股权变动及是否造成国有资产流失的书面意见。该公司针对前述程序瑕疵，以国有实际控制人出具确认文件、地方国资委出具确认函及国务院国资委出具批复的方式对发起设立的合规性进行了确认，以论证前述瑕疵不影响公司设立的合法有效性，未造成国有资产流失，不构成 IPO 的实质性法律障碍。

二、资产

（一）监管规则

在企业上市申报过程中，对资产的核查是必要的一环，拟上市企业的资产应具有完整性和独立性，特别是对拟上市企业生产经营及盈利能力等具有

第二部分 境内上市

重要影响的资产，应权属清晰并具有稳定性。笔者通过检索相关法律法规，梳理了 IPO 审核中关于资产的适用规则，具体如表 6-6 所示。

表 6-6　IPO 审核中关于资产的适用规则

法规名称	具体内容
《首次公开发行股票注册管理办法》（2023 年 2 月 17 日生效）	第十二条　发行人业务完整，具有直接面向市场独立持续经营的能力：（一）资产完整，业务及人员、财务、机构独立，与控股股东、实际控制人及其控制的其他企业间不存在对发行人构成重大不利影响的同业竞争，不存在严重影响独立性或者显失公平的关联交易；……（三）不存在涉及主要资产、核心技术、商标等的重大权属纠纷，重大偿债风险，重大担保、诉讼、仲裁等或有事项，经营环境已经或者将要发生重大变化等对持续经营有重大不利影响的事项
《监管规则适用指引——发行类第 4 号》（2023 年 2 月 17 日生效）	4-6 发行人资产来自于上市公司 境内上市公司在境内分拆子公司上市，保荐机构和发行人律师应核查是否符合境内分拆上市的相关规定并发表意见；境外上市公司在境内分拆子公司上市，保荐机构和发行人律师应核查是否符合境外监管的相关规定并发表意见。 除上述情形外的发行人部分资产来自于上市公司，保荐机构和发行人律师应当针对以下事项进行核查并发表意见： （1）发行人取得上市公司资产的背景、所履行的决策程序、审批程序与信息披露情况，是否符合法律法规、交易双方公司章程以及证监会和证券交易所有关上市公司监管和信息披露要求，资产转让是否存在诉讼、争议或潜在纠纷。 （2）发行人及其关联方的董事、监事和高级管理人员在上市公司及其关联方的历史任职情况及合法合规性，是否存在违反竞业禁止义务的情形，与上市公司及其董事、监事和高级管理人员是否存在亲属及其他密切关系，如存在，在相关决策程序履行过程中，相关人员是否回避表决或采取保护非关联股东利益的有效措施；资产转让过程中是否存在损害上市公司及其中小投资者合法利益的情形。 （3）发行人来自于上市公司的资产置入发行人的时间，在发行人资产中的占比情况，对发行人生产经营的作用。 4-10 资产完整性 发行人租赁控股股东、实际控制人房产或者商标、专利来自于控股股东、实际控制人授权使用的，保荐机构和发行人律师通常应关注并核查以下方面：相关资产的具体用途、对发行人的重要程度、未投入发行人的原因、租赁或授权使用费用的公允性、是否能确保发行人长期使用、今后的处置方案等，并就该等情况是否对发行人资产完整性和独立性构成重大不利影响发表明确意见。

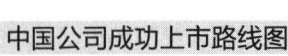

续表

法规名称	具体内容
《监管规则适用指引——发行类第4号》（2023年2月17日生效）	如发行人存在以下情形之一的，保荐机构及发行人律师应当重点关注、充分核查论证并发表意见：一是生产型企业的发行人，其生产经营所必需的主要厂房、机器设备等固定资产系向控股股东、实际控制人租赁使用；二是发行人的核心商标、专利、主要技术等无形资产是由控股股东、实际控制人授权使用。 4-13 土地使用权 发行人存在使用或租赁使用集体建设用地、划拨地、农用地、耕地、基本农田及其上建造的房产等情形的，保荐机构和发行人律师应对其取得和使用是否符合《土地管理法》等法律法规的规定、是否依法办理了必要的审批或租赁备案手续、有关房产是否为合法建筑、是否可能被行政处罚、是否构成重大违法行为出具明确意见，说明具体理由和依据。 上述土地为发行人自有或虽为租赁但房产为自建的，如存在不规范情形且短期内无法整改，保荐机构和发行人律师应结合该土地或房产的面积占发行人全部土地或房产面积的比例，使用上述土地或房产产生的营业收入、毛利、利润情况，评估其对于发行人的重要性。如面积占比较低、对生产经营影响不大，应披露将来如因土地问题被处罚的责任承担主体、搬迁的费用及承担主体、有无下一步解决措施等，并对该等事项做重大风险提示。 发行人生产经营用的主要房产系租赁上述土地上所建房产的，如存在不规范情形，原则上不构成发行上市障碍。保荐机构和发行人律师应就其是否对发行人持续经营构成重大影响发表明确意见。发行人应披露因土地问题被处罚的责任承担主体、搬迁的费用及承担主体、有无下一步解决措施等，并对该等事项做重大风险提示。 发行人募投用地尚未取得的，需披露募投用地的计划、取得土地的具体安排、进度等。保荐机构、发行人律师需对募投用地是否符合土地政策、城市规划、募投用地落实的风险等进行核查并发表明确意见
《监管规则适用指引——法律类第2号：律师事务所从事首次公开发行股票并上市法律业务执业细则》（2022年2月27日生效）	第三十六条　律师应当查验发行人拥有或者使用的土地使用权、房屋建筑物、在建工程、机器设备、商标、专利、著作权、特许经营权等主要财产情况，发行人主要财产的取得方式和使用情况，是否实际由发行人使用，是否存在生产经营所必需的主要财产为关联方或者其他主体控制、占有、使用的情形，是否存在抵押、质押、查封等权利受到限制的情况，是否存在纠纷或者潜在纠纷

（二）关注要点

1. 土地使用权

土地使用权是企业生产发展的物质基础，对于生产性企业来说尤为重要。相对于国有土地，集体土地具有特殊性，在企业 IPO 过程中，审核机构对于发行人拥有或租赁使用集体土地较为关注。

如 HSGF 公司，其子公司拥有的土地使用权性质为集体建设用地使用权，审核机构要求就有关集体土地使用权的取得或使用是否符合《土地管理法》等法律法规的规定出具明确意见，说明具体理由和依据。

如 MMMY 公司，其子公司存在租赁农村集体用地的情形，审核机构要求说明租赁农村集体用地履行的程序是否合法完备，租金确定依据是否公允，是否存在法律纠纷，租赁土地的具体用途，并说明有关部门是否有法定权限出具确认函，出具的确认函是否具备法律效力，是否违反国家有关土地管理的法律法规的规定，土地租赁合同是否符合《合同法》（当时有效）有关规定，是否合法有效。

笔者综合《监管规则适用指引——发行类第 4 号》的规定及 IPO 实务中针对集体用地的反馈问题，梳理了对于集体建设用地、划拨地、农用地、耕地、基本农田及其上建造的房产的关注要点，具体如下：

（1）取得程序的合法合规性，是否办理了必要的审批或租赁备案手续；

（2）相关房产如非合法建筑，是否存在受到行政处罚的风险，是否构成重大违法行为；

（3）如发行人集体土地系自有，或虽为租赁但房产系自建，需充分说明不规范情形是否能够完成整改，如无法整改，瑕疵事宜对于发行人持续经营的影响，是否构成发行上市的实质性障碍。

2. 房屋所有权

（1）自有房产瑕疵。新建房屋时，申请人应在竣工后向登记机关申请房屋所有权初始登记，提交用地证明文件或土地使用权证、施工三证（建设用地规划许可证、建设工程规划许可证、建设工程施工许可证）、房屋竣工验收资料等。但在实践中，发行人并不是都能集齐前述资料并申请房屋所有权登记。

①违章建筑。实践中，违章建筑包括未取得施工三证即自行建设的建筑

物和构筑物及未按照施工三证的要求建设的建筑物和构筑物。

对于上述自有房屋瑕疵，在IPO审核中主要关注是否属于发行人的主要生产经营场所、造成权属瑕疵的原因的解释、是否为违法建筑物、是否会造成行政处罚或强制拆除、是否会对发行人的生产经营产生重大不利影响。

②未取得权属证书的建筑（此处针对无权属证书，不包括违章建筑）。未办理房屋竣工验收或者无法办理房屋竣工验收（如跟施工方存在纠纷，拿不到房屋竣工验收资料）或房屋跨界（现在实行房地合一，如土地跨宗，也没有办法办理权属证书），也是在拟上市主体中较为常见的情形之一。对于前述不合规情形，审核关注问题主要包括以下方面：

第一，是否履行了相应的建设规划手续，是否存在相应的消防、环保手续，是否存在被责令停产停业的风险；

第二，未取得权属证书的原因，是否属于违章建筑，是否构成重大违法行为，是否存在被行政处罚的风险，若拆除是否会影响发行人的生产经营活动；

第三，未取得权属证书的建筑面积占比和用途，是否产生收入及利润（如有说明其占比），是否为生产经营场所。

③租赁土地上自建房产。实践中，在租赁土地上自建房产的，由于土地和房屋权利人不一致，一般都无法办理权属证书。此类房产因系发行人自建，搬迁成本较大，所以在IPO审核中属于重点关注问题之一。根据《监管规则适用指引——发行类4号》的规定，发行人律师应当关注该房产的面积占发行人全部房产面积的比例，使用该房产产生的营业收入、毛利、利润情况，评估该房产对于发行人的重要性。

（2）租赁房产瑕疵。

①出租方不享有合法的出租权。如发行人承租房产属于出租方未取得产权证书的情形，在审核中关注租赁房产是否为违法建筑（即未办理施工三证），出租方是否为合法的出租权利人，并核查发行人租赁无证房产的原因、背景、必要性及合理性，关注租赁无证房产是否对发行人的持续经营构成重大影响。

如与发行人签署租赁合同的系未经房屋所有权人同意转租的承租方，审核机构关注转租方与原出租方签署的租赁合同中是否规定了同意转租事项，如未明确约定同意转租或者明确限制转租，发行人需取得原出租方关于同意转租的书面文件。如发行人未能取得原出租方的同意，发行人应视该租赁房屋的重要性程度决定是否继续承租。

②租赁用途与规划用途不一致。租赁用途原则上应当与房屋产权证书记载的用途以及房屋租赁合同约定的用途保持一致。如发行人租赁房产存在产权证书记载用途与实际用途不一致的情形，将被关注租赁用途与规划用途不一致形成的背景与原因，发行人继续承租使用是否存在风险及障碍，是否存在不确定性风险及行政处罚风险。

③租赁房产未办理租赁备案。根据《商品房屋租赁管理办法》第十四条的规定，房屋租赁合同订立后三十日内，房屋租赁当事人应当到租赁房屋所在地直辖市、市、县人民政府建设（房地产）主管部门办理房屋租赁登记备案。

因此，如发行人存在租赁房产的情形，在 IPO 审核中较为关注发行人租赁房产是否符合国家有关房产等法律法规的规定，房产租赁是否签订合同，租赁合同是否备案，如未备案，是否构成重大违法违规行为，是否存在行政处罚风险。

3. 发行人租赁、被授权使用控股股东或实际控制人资产

发行人租赁、被授权使用控股股东或实际控制人资产的情况在 IPO 案例中屡见不鲜。租赁、被授权使用控股股东或实际控制人资产会影响发行人的资产完整性及持续经营能力，且构成关联交易，因此在 IPO 审核中会被重点关注。笔者结合现行监管规则及相关案例，总结了已上市公司在 IPO 过程中被关注的问题，具体如表 6-7 所示。

表 6-7 发行人租赁、被授权使用控股股东或实际控制人资产问询案例

公司名称代码	审核问询
XMGF	发行人租赁了实际控制人的房产，说明相关资产的具体用途、对发行人的重要程度、未投入发行人的原因、租赁费用的公允性、是否能确保长期使用、今后的处置方案等，以及是否对发行人的资产完整性和独立性构成重大不利影响

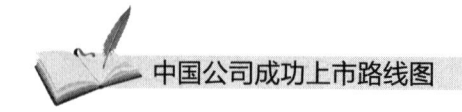

续表

公司名称代码	审核问询
RSZN	发行人向实际控制人控制的公司租赁厂房。发行人主要使用租赁房产从事生产经营，发行人从该公司处租赁的房产为发行人全部租赁房产中的面积最大者。 （1）进一步论证上述关联交易价格的公允性，不能以"参照市场同类型产品价格"等模糊陈述代替论证过程，特别要说明与该公司租赁厂房合同定价的方法及其公允性、合同租赁金额6年保持不变的原因及合理性； （2）2014年，发行人为解决同业竞争及关联交易问题，与该公司进行股权转让及资产收购的一揽子交易，但并未将该公司持有的房产纳入发行人体系，说明其原因及合理性，租赁房产是否影响发行人的资产完整性； （3）说明2020年10月租赁合同到期后是否有继续租赁的计划或其他安排； （4）说明租赁房屋及土地的原值，结合每年折旧、租金、周边房屋租赁价格等，量化分析该租赁事项对发行人业绩的影响
SMSH	ACMR向发行人授权使用的技术是否为发行人核心技术或构成发行人核心技术的底层技术，是否为独家授权。在ACMR没有实际业务的情况下，采取技术授权而非转让的原因及合理性，对发行人的资产完整性和独立性是否构成不利影响
HMGF	（1）HKJT（系发行人控股股东）授权发行人无偿使用商标的具体内容，授权公司无偿使用的背景及原因，相关商标是否为发行人生产经营的关键性资产，报告期内相关商标对应实现的销售收入及占比，相关知识产权权属是否存在纠纷或潜在争议； （2）结合前述回复情况，说明公司是否资产完整，是否合法拥有与生产经营有关的主要土地、厂房、机器设备以及商标、专利、非专利技术的所有权或者使用权，对关联方是否存在重大依赖，是否符合《首次公开发行股票注册管理办法》第十二条第（一）项的相关规定。请发行人律师核查并发表明确意见

结合上述案例，针对发行人租赁、被授权使用控股股东或实际控制人资产事宜，笔者总结了审核机构重点关注的问题，具体如下：

（1）相关资产不纳入发行人体系的必要性及合理性；

（2）相关资产对于发行人财务指标的影响，该等资产对于发行人持续经营是否构成重大不利影响；

（3）为保障发行人持续使用，发行人是否采取了有效措施，是否存在对于该部分资产的安排或处置方案；

（4）发行人租赁、被授权使用控股股东或实际控制人资产构成关联交易的，需核查相关资产的租赁费用是否公允，并且是否履行有关关联交易的决策程序。

4. 知识产权

知识产权的权属相关情况是衡量发行人的业务完整性及持续经营能力的重要指标之一，知识产权的取得和使用情况、权利状态、具体用途等是必须全面核查、予以披露并明确发表意见的重要事项。笔者通过检索，发现已申报企业的审核问询函所涉及的知识产权法律问题主要涵盖以下方面。

（1）核心技术人员。《上海证券交易所科创板股票发行上市审核问答》规定，申请在科创板上市的企业，应当根据企业生产经营需要和相关人员对企业生产经营发挥的实际作用，确定核心技术人员范围，并在招股说明书中披露认定情况和认定依据。原则上，核心技术人员通常包括公司技术负责人、研发负责人、研发部门主要成员、主要知识产权和非专利技术的发明人或设计人、主要技术标准的起草者等。

笔者通过检索相关IPO案例，发现审核机构对于申报企业核心技术人员重点关注的问题主要包括以下几方面：

①结合核心技术的主要发明人、主要研发项目参与人，判断核心技术人员的认定是否全面、恰当；

②核心技术人员的学习工作履历、竞业限制情况、保密协议情况等；

③核心技术人员在本单位研发的知识产权是否涉及或构成其在原单位的职务发明创造；

④核心技术人员是否涉及高校、科研院所兼职或离岗创业，如涉及，是否符合相关规定并取得批准；

⑤核心技术人员是否在发行人体系外持股、任职等；

⑥对于科创板企业，最近两年内核心技术人员是否发生重大不利变化。

如DMKJ公司的申请文件中，发行人披露了目前已取得的发明专利情况以及正在申请的发明专利情况，公司认定的核心技术人员并非上述专利或专利申请的主要发明人。审核机构要求发行人说明对核心技术人员的认定是否准确，发行人未将发明专利的主要发明人认定为核心技术人员的原因及合理性。

如 PRGF 公司，审核机构对发行人的核心技术人员是否存在违反竞业禁止、保密协议的情形进行了多轮问询。发行人梳理了核心技术人员原任职单位职务、是否签署竞业禁止和保密协议，取得了核心技术人员自身的确认函，且论述了上述人员从原任职单位离职后未收到原任职单位支付的竞业补偿金，从而确认不存在违反竞业禁止和保密协议的情形。

（2）核心技术。企业是否拥有核心技术、核心技术是否得到妥善保护、核心团队是否稳固、是否具有持续创新能力，是目前创业板及科创板上市企业深受关注的问题。

核心技术的来源包括自主研发、合作研发、第三方转让或许可、专利出资/成果转化等。在核心技术方面，重点关注和核查的问题如下。

①核心技术的来源、形成过程。一般而言，技术来源包括自主研发、受让取得及合作研发三种情形。

若发行人核心技术来源于自主研发，审核机构通常要求发行人论证核心技术来源于自主研发的合理性，在核心技术方面不存在影响经营状况的纠纷或潜在纠纷。关注点主要包括：技术形成过程；核心技术在主营业务及产品中的应用情况；核心技术是否与核心团队成员的原单位相关；核心技术对应知识产权与专利存在纠纷或潜在纠纷的情况。

若发行人核心技术来源于受让取得，审核机构通常要求发行人论证核心技术不存在外部依赖，发行人具有独立自主的研发能力，受让取得的知识产权的应用不存在法律风险。关注点主要包括：发行人的自主研发能力；对于受让取得的技术，发行人进一步研发的情况；受让取得的技术在发行人主要业务或产品中的应用；对于从关联方处受让取得的技术，定价的公允性；受让取得的专利是否存在纠纷。

若发行人核心技术来源于合作研发，审核机构通常要求发行人论证核心技术不存在外部依赖，合作研发技术成果不存在纠纷。具体关注点包括：在合作研发过程中合作各方承担的工作内容、权利和义务、风险责任的承担方式；合作研发项目的主要技术负责人及其任职情况；合作研发的技术成果及其对应的知识产权情况，成果分配和收益分成约定；与合作研发单位的相关知识产权纠纷或潜在争议情况。

②知识产权保护。根据《首次公开发行股票注册管理办法》的规定，IPO

发行条件之一是发行人不存在涉及核心技术、商标等的重大权属纠纷。企业在 IPO 期间最担心的问题之一就是被提起知识产权诉讼，尤其是专利侵权诉讼，一旦遇到竞争对手的专利狙击，如不及时妥善解决，将会对 IPO 的进程造成致命影响，企业前期所有的准备工作和投入都会付诸东流。

拟上市公司在审期间因存在知识产权纠纷而折戟的案例并不少见，但审核机构对于专利侵权诉讼并非"一刀切"，如 ZHGF 公司在 IPO 期间共涉及被起诉专利侵权的案件五件和专利被提起无效宣告的案件五件，该公司采取了一系列有针对性的措施避免企业的 IPO 受到实质性影响，最终审核机构并未否决其 IPO 申请。由此可以看出，只有当知识产权诉讼影响到发行人的持续经营，给发行人的持续盈利能力造成较大影响时，审核机构才会认为其不符合发行条件。

因此，企业在持续开展技术研发的过程中，应注重知识产权保护。一般来说，企业的知识产权保护路径可以包括商标权申请、专利权申请、著作权申请等，分别保护其品牌、技术及软件作品。针对集成电路，还可以申请一项特殊的知识产权——布图设计专有权。此外，在 IPO 审核中，还需要重点关注拟上市主体是否侵犯了他人的知识产权，实践中不乏因侵犯他人知识产权而导致 IPO 受阻的案例。所以，笔者建议企业建立必要的内控制度，防止侵犯他人的知识产权，切莫存侥幸心理。

第七节　规范运作

根据《首次公开发行股票注册管理办法》关于发行条件的规定，目前审核机构对于企业 IPO 的规范运作要求，主要体现在公司治理规范、内部控制规范、经营运作规范三方面。笔者详细介绍如下。

一、公司治理规范

根据《首次公开发行股票注册管理办法》的规定，在公司治理方面，发行人应具备健全且运行良好的组织机构，相关机构和人员能够依法履行职责，且董事、高级管理人员不得发生重大不利变化（首次公开发行股票并在主板上市的，最近三年内董事、高级管理人员均没有发生重大不利变化；首次公开发行股票并在科创板、创业板上市的，最近二年内董事、高级管理人员均没有发生重大不利变化；首次公开发行股票并在科创板上市的，核心技术人员应当稳定且最近二年内没有发生重大不利变化）。所谓具备健全且运行良好的组织机构，即要求发行人按照《公司法》的要求建立公司治理结构，包括建立股东大会、董事会、监事会和经营管理层在内的"三会一层"治理结构，并且设置与"三会一层"运营相关的制度。

笔者通过分析上述规定及检索相关案例，发现审核机构对于公司治理的关注要点主要包括以下两方面：一是发行人是否已建立相应的组织机构；二是发行人建立的组织机构是否健全且运行良好。

（一）公司建立组织机构

上市公司治理相关准则对于董事会、监事会及经营管理层人员的要求如下。

（1）董事会中兼任高级管理人员的董事人数不得超过董事总数的二分之一，从治理角度，笔者建议董事会中实际控制人（及其一致行动人）、亲属（不限于配偶、直系亲属，下同）担任的董事人数不超过董事总数的二分之一，独立董事人数不少于董事总数的三分之一且独立董事中应当至少有一名会计专业人士。

（2）监事会中职工代表监事不少于监事总数的三分之一，董事、高级管理人员的亲属不宜担任监事，本人也不得兼任监事。

（3）财务负责人及其他财务人员应独立于实际控制人及其控制的关联公司，不得在关联公司兼职，不宜与公司实际控制人、董事、监事、高级管理人员存在亲属关系。

（4）董事会秘书可由公司董事、副总经理、财务负责人兼任。

笔者通过检索 IPO 审核案例，发现审核机构关注的问题主要如下。

如在 ZTQ 公司的审核问询函中，审核机构要求发行人说明 2020 年 5 月前，公司没有配备财务总监和董事会秘书的背景、原因和合理性，公司治理是否健全有效。

如在 YSCX 公司的上市委审核中，其问询的第一大问题为：发行人董事会由十二名董事组成，其中包括独立董事四名，说明对可能存在的董事会僵局的解决方案,发行人是否存在公司治理方面的重大风险。

(二)公司组织机构健全且有效运行

除上述关于建立组织机构的问题外,公司组织机构是否健全且有效运行的问题也备受关注。在拟上市公司的申报文件中披露出的公司治理不健全的情况并不少见。例如,MXKJ公司报告期内存在部分"三会"文件签章不规范、会议文件归档不规范、会议记录内容较简单等问题,董事会和监事会运作存在不规范或效果不够理想的情形,审核机构要求公司说明公司治理存在的主要问题及整改情况,是否存在其他公司治理缺陷和不足,如何确保公司治理结构健全有效。

因此,作为拟上市公司,特别是已经完成股改工作的公司,其可能已经按照《公司法》的要求建立了公司治理结构,包括建立了"三会一层"治理结构,并且设置了包括但不限于公司章程及股东大会议事规则、董事会议事规则、监事会议事规则、总经理工作细则等与"三会一层"的运营相关的制度。但公司搭建的治理结构只是规范公司治理的"骨架",更重要的是赋予生硬的"骨架"以"生命力",让其能够运行起来,且须有效地运行,这就需要参与公司治理的各个机构和人员充分理解公司治理的重要性,依法履行职责,这样才能相互配合,推动公司治理的规范工作更上一个台阶。

二、内部控制规范

根据《首次公开发行股票注册管理办法》的规定,在内部控制方面,要求发行人会计基础工作规范,财务数据真实,内控制度健全且有效运行。

在《监管规则适用指引——发行类第4号》《监管规则适用指引——发行类第5号》中亦列示了部分内部控制规范,例如针对财务内控不规范情形,有现金交易核查、第三方回款核查、资金流水核查的要求。

因此,内部控制规范可细分为会计基础工作规范、资金管理规范及内控制度健全且有效运行。

(一)会计基础工作规范

IPO会计基础工作主要包括会计机构设置、会计核算和监督、内部会计管理等内容。

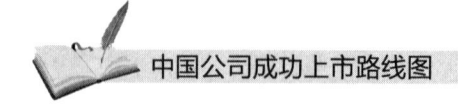

如 BND 公司报告期内存在财务人员混同、岗位分离失效的情形，如会计凭证制单人与审核人为同一人，记账人与审核人为同一人，出纳与会计岗位混同。此外，还存在销售订单与物流单不能匹配，个别员工用个人银行账户从客户收款、归集并取现，部分原材料出库单及产成品入库单缺少审批人签名或签章等不规范情形。审核机构要求该公司说明会计基础工作是否规范、收入确认的真实性及内部控制的有效性。

如经审核机构现场检查发现，JZFS 公司部分记账凭证缺乏附件、财务电子账套数据未按经审计数据进行审计调整和差错更正、报告期内部分差错更正存在错误，要求该公司说明会计基础工作的规范性，相关内控缺陷发生的原因等。

（二）资金管理规范

《监管规则适用指引——发行类第 4 号》《监管规则适用指引——发行类第 5 号》中明确列举了资金管理中常见的规范性问题，主要涉及转贷、进行无真实交易背景的票据融资、资金拆借、第三方代收款、使用个人账户、出借账户等财务内部控制不规范行为，以及不必要、不合理的第三方回款、现金交易等内部控制不规范行为。

上述常见的资金管理不规范事项，按照不规范程度可分为两类：第一类是违反国家法律法规的不规范行为，如转贷、进行无真实交易背景的票据融资等；第二类是违反内部资金管理规范的不规范行为，如第三方代收款、第三方回款等。

如 MBR 公司的 IPO 申报文件显示，报告期内，发行人与其关联方存在上亿元的转贷及协助转贷情况，且存在大额资金拆入情况，监管机构要求发行人说明大额转贷的原因，内控制度是否健全有效。

如 JYKJ 公司报告期内存在现金销售收款及现金支出情况。现金收入主要为个别废料销售收入，现金支出主要为生产经营过程中少量原材料、零星辅料采购与公司员工的部分费用报销。2017 年大额现金支出主要为通过现金支付员工工资。审核机构要求公司说明是否建立现金交易相关的内控制度及执行的有效性。

（三）内控制度健全且有效运行

企业内部控制制度可以分为企业层面的内部控制制度和业务层面的内部

控制制度。企业层面的内部控制制度的内容主要涉及治理结构和组织架构、公司文化和人力资源政策、风险识别及应对等；业务层面的内部控制制度是企业针对主要业务循环，通过一系列重要的内部控制活动所建立的一整套业务内部控制机制。

如交易所在对WTO公司（世界贸易组织国际服务中心有限公司）进行现场检查的过程中提出，公司存在的非财务报告内部控制缺陷主要包括：未对内部控制制度进行全面、系统的梳理汇编；未按照内部审计制度的要求设置专门的内审部并配备专职人员，审计委员会、内审部未严格按制度要求每季度报告工作，内审部日常工作开展不到位；董事会办公室未配备内审专职人员。

如ZCDQ公司的申报文件显示，公司建立了一套完整、有效的销售内部控制体系，制定了《销售业务和应收账款管理办法》《销售回款奖惩管理办法》《销售合同评审与签订管理流程》《客户信用额度管理流程》等制度及流程文件，以规范销售业务的开展，明确相关部门和岗位的职责、权限，确保不相容岗位相互分离、制约和监督。

因此，内部控制基础薄弱或不规范会影响财务报表的真实性、规范运作、经营合规等，从而对IPO进程造成实质性影响。

三、经营运作规范

根据《首次公开发行股票注册管理办法》的规定，在经营运作方面，要求发行人及其控股股东、实际控制人、董事、监事及高级管理人员不得存在影响公司持续经营及其任职资格的重大违法行为或诉讼、仲裁。

因发行人或其相关主体的违法违规行为导致发行人IPO折戟的案例并非少数，如WXKJ公司在审核问询中被重点关注如下事项：发行人实际控制人、时任高管、核心技术人员存在多次行贿事项，报告期内仍有发生，发行人能否合理保证公司合法合规。

另外，在QZKP公司的IPO过程中经历了四轮问询，由于发行人报告期内及在审期间发生多起安全事故和环保违法事项，暴露出该公司长期存在内控缺陷，因而最终被否。

虽有上述因合法合规问题被否的案例，但并非拟上市公司及其相关人员

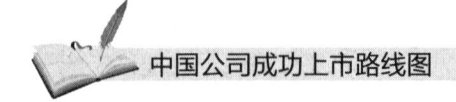

存在违法违规行为或诉讼、仲裁即构成公司IPO的实质性法律障碍。

根据《〈首次公开发行股票注册管理办法〉第十二条、第十三条、第三十一条、第四十四条、第四十五条和〈公开发行证券的公司信息披露内容与格式准则第57号——招股说明书〉第七条有关规定的适用意见——证券期货法律适用意见第17号》的规定，有以下情形之一且中介机构出具明确核查结论的，可以不认定为重大违法行为：①违法行为轻微、罚款数额较小；②相关处罚依据未认定该行为属于情节严重的情形；③有权机关证明该行为不属于重大违法行为。违法行为导致严重环境污染、重大人员伤亡或者社会影响恶劣等并被处罚的，不适用上述规定。

从上述规定看，发行人报告期内如受到行政处罚，一方面可以通过合理解释证明自身的违法行为不属于重大违法行为，也可以通过有权机构的证明来确认是否属于重大违法行为，还可以通过法律专家意见书、相关案例法规等进行论证。如发行人经过论证证明其违法行为不属于重大违法行为，则大多可以通过监管部门的审查；如最终被定性属于重大违法行为，则将会被认为不符合发行条件而导致IPO之路中断。

因此，拟上市主体在生产经营过程中应加强内部控制，合法合规运营，避免受到行政处罚。

第八节　劳动人事

合规经营是企业IPO的基本要求，而劳动用工合规是拟上市主体合规经营的重要组成部分，审核机构对于企业劳动用工事项往往也会重点关注。笔者归纳总结了IPO审核中发行人劳动人事方面的共性问题及审核机构的核心关注要点，希望为拟上市主体的劳动用工规范工作提供思路。

一、IPO主要审核规则

注册制新规发布后，笔者梳理了IPO审核中关于劳动人事方面的适用规则，具体如表6-8所示。

表 6-8　IPO 审核中关于劳动人事方面的适用规则

法规名称	具体内容
《首次公开发行股票注册管理办法》（2023 年 2 月 17 日生效）	第十三条　发行人生产经营符合法律、行政法规的规定，符合国家产业政策。 最近三年内，发行人及其控股股东、实际控制人不存在贪污、贿赂、侵占财产、挪用财产或者破坏社会主义市场经济秩序的刑事犯罪，不存在欺诈发行、重大信息披露违法或者其他涉及国家安全、公共安全、生态安全、生产安全、公众健康安全等领域的重大违法行为
《公开发行证券的公司信息披露内容与格式准则第 57 号——招股说明书》（2023 年 2 月 17 日生效）	第四十二条　发行人应简要披露员工情况，包括员工人数及报告期内变化情况，员工专业结构，报告期内社会保险和住房公积金缴纳情况
《监管规则适用指引——发行类第 4 号》（2023 年 2 月 17 日生效）	4-16 社保、公积金缴纳 发行人报告期内存在应缴未缴社会保险和住房公积金情形的，应当在招股说明书中披露应缴未缴的具体情况及形成原因，如补缴对发行人的持续经营可能造成的影响，揭示相关风险，并披露应对方案
《监管规则适用指引——法律类第 2 号：律师事务所从事首次公开发行股票并上市法律业务执业细则》（2022 年 2 月 27 日生效）	第五十八条　律师应当查验报告期内发行人的劳动保护情况，是否与员工签订劳动合同，是否依法为员工缴纳社会保险和住房公积金，是否因违反有关劳动保护的法律法规而受到有关部门的行政处罚，是否构成重大违法行为

二、IPO 审核重点关注事项

根据表 6-8 中的相关规则，IPO 审核中对于劳动人事的关注要点主要包括三方面：一是发行人报告期内是否存在劳动用工不合规行为，不合规是否具有正当理由；二是发行人报告期内的劳动用工不合规行为是否构成重大违法行为；三是发行人劳动人事的不合规对发行人持续经营的影响。笔者通过梳理注册制新规发布后 IPO 审核中针对拟上市主体劳动人事方面的反馈问题，发现关注要点具体包括以下几个方面。

（一）社会保险和公积金的缴纳

1. 相关法律法规

针对社会保险和住房公积金缴纳事项，我国相关法律法规及规范性文件的具体规定如表 6-9 所示。

表 6-9　社会保险和住房公积金缴纳相关法律法规

法律法规名称	具体要求
《社会保险法》	第十条　职工应当参加基本养老保险，由用人单位和职工共同缴纳基本养老保险费。 第二十三条　职工应当参加职工基本医疗保险，由用人单位和职工按照国家规定共同缴纳基本医疗保险费。 第三十三条　职工应当参加工伤保险，由用人单位缴纳工伤保险费，职工不缴纳工伤保险费。 第四十四条　职工应当参加失业保险，由用人单位和职工按照国家规定共同缴纳失业保险费。 第五十三条　职工应当参加生育保险，由用人单位按国家规定缴纳生育保险费，职工不缴纳生育保险费。 第八十四条　用人单位不办理社会保险登记的，由社会保险行政部门责令限期改正；逾期不改正的，对用人单位处应缴社会保险费数额一倍以上三倍以下的罚款，对其直接负责的主管人员和其他直接责任人员处五百元以上三千元以下的罚款。 第八十六条　用人单位未按时足额缴纳社会保险费的，由社会保险费征收机构责令限期缴纳或者补足，并自欠缴之日起，按日加收万分之五的滞纳金；逾期仍不缴纳的，由有关行政部门处欠缴数额一倍以上三倍以下的罚款
《住房公积金管理条例》	第二十条　单位应当按时、足额缴存住房公积金，不得逾期缴存或者少缴。 第三十七条　违反本条例的规定，单位不办理住房公积金缴存登记或者不为本单位职工办理住房公积金账户设立手续的，由住房公积金管理中心责令限期办理；逾期不办理的，处 1 万元以上 5 万元以下的罚款。 第三十八条　违反本条例的规定，单位逾期不缴或者少缴住房公积金的，由住房公积金管理中心责令限期缴存；逾期仍不缴存的，可以申请人民法院强制执行
《关于对社会保险领域严重失信企业及其有关人员实施联合惩戒的合作备忘录》	加快推进社会信用体系建设，健全跨部门失信联合惩戒机制，打击社会保险领域违法失信行为。 严重失信、失范行为主要包括以下情形： （一）用人单位未按相关规定参加社会保险且拒不整改的； （二）用人单位未如实申报社会保险缴费基数且拒不整改的； （三）应缴纳社会保险费却拒不缴纳的； （四）隐匿、转移、侵占、挪用社会保险费款、基金或者违规投资运营的；

续表

法律法规名称	具体要求
《关于对社会保险领域严重失信企业及其有关人员实施联合惩戒的合作备忘录》	（五）以欺诈、伪造证明材料或者其他手段参加、申报社会保险和骗取社会保险基金支出或社会保险待遇的； （六）非法获取、出售或变相交易社会保险个人权益数据的； （七）社会保险服务机构违反服务协议或相关规定的； （八）拒绝协助社会保险行政部门、经办机构对事故和问题进行调查核实的；拒绝接受或协助税务部门对社会保险实施监督检查，不如实提供与社会保险相关各项资料的； （九）其他违反法律法规规定的

2. 关注要点

从上述规定来看，对于社会保险和住房公积金缴纳事宜，包含三方面要求：一是缴纳主体应为用人单位（为避免歧义，此处未包含职工个人缴纳部分）；二是缴纳对象应为全体职工；三是缴纳金额应为足额。因此，拟上市主体在社会保险和住房公积金缴纳方面存在的问题不外乎以下三个方面。

（1）第三方代缴问题。根据《社会保险法》和《住房公积金管理条例》的规定，用人单位应为员工缴纳社会保险和住房公积金。但在实践中存在以下情形：用人单位有为员工异地缴纳社会保险和住房公积金的需求，而该用人单位在异地并未设立子公司/分公司，便由第三方代缴机构代该用人单位为员工缴纳社会保险和住房公积金。

2022年，人力资源和社会保障部发布实施的《社会保险基金行政监督办法》第三十二条规定："用人单位、个人有下列行为之一，以欺诈、伪造证明材料或者其他手段骗取社会保险待遇的，按照《中华人民共和国社会保险法》第八十八条[①]的规定处理：（一）通过虚构个人信息、劳动关系，使用伪造、变造或者盗用他人可用于证明身份的证件，提供虚假证明材料等手段虚构社会保险参保条件、违规补缴，骗取社会保险待遇的……"第三方代缴社保通常涉及虚构劳动关系，由此可见，第三方代缴社保构成前述规定的骗取社会保险待遇的行为。若拟上市主体存在第三方代缴问题，则存在法律合规风险。

---

① 《社会保险法》第八十八条规定："以欺诈、伪造证明材料或者其他手段骗取社会保险待遇的，由社会保险行政部门责令退回骗取的社会保险金，处骗取金额二倍以上五倍以下的罚款。"

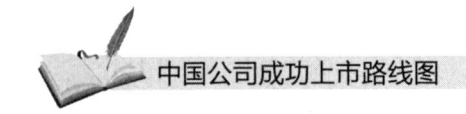

在 IPO 审核中，监管机构对第三方代缴问题越来越关注，可见如表 6-10 所示的案例。

表6-10　第三方代缴问询案例

公司名称代码	第三方代缴情况	IPO 审核关注问题
DMSJ	报告期各期末，发行人委托第三方代缴社保、公积金的员工人数分别为 109 人、120 人、152 人，分别占应缴人数的 15.64%、13.11%、14.35%	上述第三方代缴社保、公积金的情况是否违反《社会保险法》《住房公积金管理条例》的相关规定，发行人拟采取/已采取的整改措施及其具体安排、进展
KTGF	发行人存在委托第三方人力资源公司代缴员工社会保险和住房公积金的情形，报告期各期代缴人数分别为 368 人、436 人和 435 人	说明第三方代缴社保及公积金的员工的具体地域分布情况，第三方代缴行为是否符合相关法律法规的规定，是否存在因此被处罚的（潜在）风险；测算若补缴、处罚所涉及的金额，分析对发行人经营业绩的影响
XJWZ	报告期各期末，发行人委托第三方代缴社保、公积金的员工人数分别为 15 人、12 人、14 人，分别占应缴人数的 15.79%、10.08%、7.82%	发行人员工社保及公积金由第三方机构代缴的具体情况，相关代缴情形是否合法合规，是否可能被社保、公积金主管机关予以行政处罚

结合上述案例，拟上市主体存在第三方代缴社保、公积金情形的，常见的审核问题如下：

①公司报告期内由第三方代缴的合理性；

②第三方代缴行为是否符合相关法律法规的规定，是否存在因此被处罚的风险；

③发行人拟采取/已采取的整改措施及其具体安排、进展。

（2）应缴未缴情形。根据《社会保险法》和《住房公积金管理条例》的规定，用人单位应为所有符合条件的员工缴纳社保和公积金。笔者通过梳理拟上市主体的公开披露文件，发现报告期内能够做到全员覆盖缴纳的用人单位并不多见，审核机构重点关注未缴纳原因、合理性，未缴纳是否构成重大违法行为及公司拟采取的整改措施，以及如补缴对发行人财务指标的影响。

（3）未足额缴纳情况。根据《社会保险法》和《住房公积金管理条例》的规定，社保和公积金缴费种类、基数要求如表 6-11 所示。

表6-11 社保和公积金缴费种类、基数要求

项目		单位缴纳基数
社会保险	养老保险	本单位职工工资总额
	医疗保险	本单位职工工资总额
	工伤保险	本单位职工工资总额
	失业保险	本单位职工工资总额
	生育保险	本单位职工工资总额
住房公积金		职工上一年度月平均工资

如表6-11所示，用人单位原则上应以员工实发工资作为基数为员工缴纳社保和公积金。但出于各地政策差异、用人单位经营情况及员工个人意愿等原因，存在用人单位仅依照当地政策要求的最低基数缴纳，并未以员工实发工资作为缴费基数的情形。

如在DMXC公司IPO被否案例中，该公司报告期内社保和公积金缴费基数低于员工工资总额，上市委问及该公司社会保险费和住房公积金缴纳情况是否符合《社会保险法》《社会保险费征缴暂行条例》《住房公积金管理条例》等法律法规的规定，与社会保险费和住房公积金相关的内控制度是否健全且被有效执行。

在YSCX公司IPO首轮审议被暂缓审议案例中，该公司报告期内员工社保费用缴纳基数显著低于工资总额，上市委问及是否违反国家相关政策的规定，是否存在被处罚的风险。

在IPO审核中，发行人的合规经营及持续经营能力是硬性指标，如拟上市主体存在未足额缴纳社保和公积金的情形，则一方面存在受到相关主管部门行政处罚的风险，另一方面存在变相抬高经营业绩的嫌疑。

（二）劳动纠纷

由于用人单位与劳动者天然利益不对等，所以针对劳动报酬、劳动合同、劳动关系确认、社保和公积金、经济补偿等方面产生的劳动纠纷是企业经营过程中较易发生的事件。产生劳动纠纷也在一定程度上反映了用人单位劳动用工的不规范。针对存在劳动争议的拟IPO企业，审核时通常会关注劳动争议产生的原因、劳动用工的合规性、劳动争议对企业的影响，以及是否构成

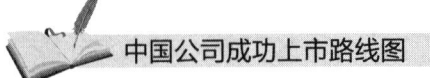

对 IPO 的障碍。

如在 DMXC 公司 IPO 被否案例中，根据申报文件，报告期内有员工针对违法解除劳动合同等事宜陆续提起劳动仲裁，审核机构要求发行人说明违法解除劳动合同的背景、原因，纠纷的最新进展，公司是否存在其他劳动纠纷情形，是否建立完善的劳动用工制度和职工权益保障制度，劳动争议事项对发行人生产经营稳定性的影响及应对措施。

在 SFWY 公司的案例中，申报文件显示，公司报告期内存在的劳动争议共有 14 起，产生劳动争议的主要原因系员工与单位之间在工资差额、报销费用、加班薪酬方面存在计算差异。审核机构重点关注前述事项对发行人生产经营、员工稳定性等方面的影响及应对措施。

除上述方面的劳动争议外，还有因核心技术人员产生的纠纷，包括但不限于核心技术人员违反与前任职单位的竞业限制约定，前任职单位起诉发行人侵犯专利或商业秘密等。技术人员负有竞业限制义务的，监管机构必然会关注公司核心技术的来源，是否涉及技术人员原单位的技术成果、职务发明，是否存在纠纷或潜在纠纷。例如 YJX、YFKJ、XSYL 公司等，均因其技术人员或核心技术人员对前任职单位负有竞业限制义务而被要求说明以下事项：①该等人员竞业限制的期限、地域、范围，保密义务及原单位支付补偿金的情况；②工作履历（包含竞业限制期内的就业情况）、入职发行人的时间、在发行人的职务和工作内容、参与的研发项目及分工；③该等人员在发行人的工作与其在原单位承担的本职工作或者原单位分配的任务的关系，是否存在违反竞业限制义务或保密义务的情形及违反后果。此外，XSYL 公司还被要求核查有关员工在竞业限制期内的银行流水记录，以确认有关员工是否确实违反其所负竞业限制义务。

根据 IPO 审核规则，企业申请首发上市的条件之一为核心技术不得存在重大权属纠纷，不得影响发行人的持续经营能力，因此，笔者建议拟上市主体在聘用技术人员时，务必重视该等人员与前任职单位是否存在竞业限制、知识产权归属等约定，以避免发行人的核心技术来源存在争议，对公司 IPO 构成实质性障碍。

（三）用工形式

实践中，除一般的劳动合同用工外，很多企业还存在外部采购劳务服务的用工形式，如劳务派遣、劳务外包、劳务分包等。

笔者将在本部分重点解析拟 IPO 企业涉及劳务派遣和普通劳务外包（劳务分包为建设工程领域特有的劳务外包方式，本部分不赘述）时审核的重点关注事项。

1. 劳务派遣与劳务外包的区别

表 6-12　劳务派遣与劳务外包的区别

项目	劳务派遣	劳务外包
定义	根据江苏、上海、浙江及安徽四省市人力资源和社会保障主管部门于 2022 年 7 月发布的《长三角地区劳务派遣合规用工指引》的规定，劳务派遣是指劳务派遣单位以经营方式将招用的劳动者派遣至用工单位，由用工单位直接对劳动者的劳动过程进行管理的一种用工形式	根据《长三角地区劳务派遣合规用工指引》的规定，劳务外包是指用人单位（发包单位）将业务发包给承包单位，由承包单位自行安排人员按照用人单位（发包单位）要求完成相应的业务或工作内容的用工形式
适用法律法规	《劳动合同法》《劳动合同法实施条例》《劳务派遣暂行规定》《劳动争议调解仲裁法》《劳动保障监察条例》《劳务派遣行政许可实施办法》	《民法典》
合同签署形式	用工单位与派遣单位签署劳务派遣合同	用工单位与劳务外包单位签署劳务外包合同
资质要求	劳务派遣单位需具备相应的劳务派遣资质	根据劳务外包的具体内容确定是否须取得相应针对该劳务外包具体事项的资质许可
适用范围	只能在临时性、辅助性或者是替代性的工作岗位上实施	一般是将整个生产过程中的一个环节或一个部分进行外包
比例限制	使用的被派遣劳动者数量不得超过用工总量的 10%	无法律法规限制，但相关外包的环节或部分在 IPO 审核过程中会被关注是否为发行人业务中的主要、核心环节或部分
管理主体不同	由用工单位直接对劳务派遣人员进行管理	外包的劳务人员由劳务外包单位进行管理

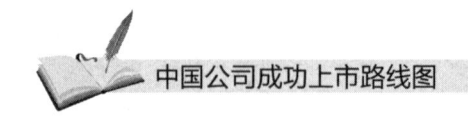

续表

项目	劳务派遣	劳务外包
报酬的承担主体	用工单位向劳务派遣单位按照协议的约定支付相应的劳务派遣报酬	发包方向劳务外包单位支付劳务费，劳务人员的薪酬由劳务外包单位向其支付和发放
费用的计算方式	按照所派遣人员的人数、工作时间结算	按照劳务外包事项的具体工作量结算
责任承担	劳务派遣人员的权益受到损害的情况下，劳务派遣单位与用工单位承担连带赔偿责任	发包单位仅按照合同承担相应责任，在劳动人员的权益受到侵害的情况下，责任由外包单位承担

2. 劳务派遣的重点关注事项

从目前的上市项目审核情况来看，对于发行人劳务派遣用工情况较多的情形，监管机构在反馈中往往要求发行人披露报告期内劳务派遣用工的人数、占发行人员工总数的比例、岗位分布、薪酬情况、劳务派遣单位情况、是否拥有相应的业务资质、劳务派遣单位的股权结构及实际控制人、劳务派遣单位与发行人及其关联方是否存在关联关系，发行人劳务派遣用工是否合法合规等。

从上述反馈问题可以看出，监管机构在劳务派遣方面的关注要点主要集中在以下方面：①发行人劳务派遣用工的比例、岗位等是否符合规定，发行人劳务派遣用工是否合法合规；②劳务派遣单位是否具备相应的业务资质；③劳务派遣单位与发行人及其关联方是否存在关联关系，是否存在通过劳务派遣用工降低成本、转移利润的情况。

3. 劳务外包的重点关注事项

因为《劳动合同法》《劳务派遣暂行规定》及相关法律法规对劳务派遣用工存在诸多限制，实践中部分企业往往名义上与劳务外包机构签订劳务外包合同，约定劳务外包事项，但实际上劳动者的选定、工作时间、工作地点均由用工单位确定，劳动者长期在该用工单位工作，服从用工单位的各项管理规定，按照用工单位确定的工作内容进行工作，薪酬福利以及社会保险和住房公积金虽由外包机构支付，但实际结算后由用工单位以外包服务费的名义支付给外包机构，这样的用工方式不符合劳务外包的基本特征，存在被认定为"假外包，真派遣"的风险。

《劳务派遣暂行规定》第二十七条规定："用人单位以承揽、外包等名义，按劳务派遣用工形式使用劳动者的，按照本规定处理。"

《最高人民法院关于审理劳动争议案件适用法律若干问题的解释（五）》（征求意见稿）第118条规定："用人单位将部分业务或职能工作发包给其他用人单位，如果存在以下情形，可以认定双方为劳务派遣关系：（一）工作时间、工作场所由发包方决定或控制；（二）生产工具、原材料由发包方提供；（三）承包方的生产经营范围与承包的业务没有关系；（四）其他符合劳务派遣的特征的情形。"虽然该司法解释仅为征求意见稿，并未生效，但反映了人民法院在审理相关劳动争议案件时的倾向性意见。

笔者通过检索市场案例，发现审核机构对于劳务外包用工的关注要点主要如下。①合规性要求：劳务外包的必要性及合理性，是否存在应认定为劳务派遣却认定为劳务外包的情况；劳务公司的合法合规性，比如是否具备必要的专业资质，是否遵守国家环保、税务、劳动保障等法律法规的相关规定；劳务公司是否专门或主要为发行人服务，如存在主要为发行人服务的情形，其关联关系的认定及披露是否真实、准确、完整。②财务性要求：劳务公司的构成及变动情况，劳务外包合同的主要内容，劳务数量及费用变动是否与发行人经营业绩相匹配，劳务采购价格是否公允，是否存在跨期核算情形。

第三部分

境外上市

第七章

境外证券市场

第一节 境外证券市场简介

一、境外证券市场概述

近年来，随着全球经济的不断发展及中国经济的持续稳定增长，越来越多的企业开始将目光投向境外资本市场，以寻求更多的投资机会和更广阔的发展空间。企业通过重组到境外资本市场上市，不仅筹集了发展所需要的资金，优化了企业资本结构，找到了与世界一流企业在技术、管理方面的差距，更重要的是为加快建立现代企业制度，实现企业的制度创新、技术创新和管理创新增加了外在的压力和内在的活力。

境外上市，是指股份有限公司向境外投资人发行的股票在境外公开的证券交易场所流通转让。在境外上市时，可以采取境外存托凭证形式或股票的其他派生形式。广义上来说，国内企业以任何证券形式在境外筹资，并且该证券在境外公开的证券交易所可以流通转让的，都可以称为境外上市。也就是说，国内企业在国外筹资不仅可以用股票或者其他派生形式，而且可以用债券或者其他形式。

总的来说，企业境外上市的目的有融资和开辟国际化道路两个。

其一，通过境外上市到国际市场上融资。目前国内银行业入口瓶颈大（存款踊跃），出口瓶颈小（贷款紧缩），而资本市场恰恰相反，入口瓶颈小（股市激发不了大众投资者的欲望），出口瓶颈大（企业融资踊跃），这自然造

成了银行和资本市场的运转不畅。就全球范围来讲，由于发展中国家的经济发展，吸引外资的风险在逐渐降低，为国际资本提供的安全性、流动性在逐年提高，发展中国家较快的经济增长带来的投资高回报率将吸引大量国际资本的流入，在国际资本市场上能够解决企业发展的巨大资金需求。1993年7月，青岛啤酒成功发行H股，实现在香港联合交易所挂牌上市，就此拉开了境内企业境外上市的大幕，此后非常多优质的企业纷纷选择在中国香港、美国、新加坡等成熟的国际资本市场或地区上市，以获得更多的资金来改进技术，扩大生产规模，提高企业的整体竞争能力。

其二，通过境外上市为我国企业的国际化开辟道路。到境外上市是一件很不容易的事，涉及建立现代企业制度中的一系列难点问题。企业到境外上市要符合国际资本市场的规则和要求，使境外投资者能够接受并产生购买欲望。而要本企业的股票在市场上有良好的表现，企业就需要做大量的工作，比如，按照境外资本市场对上市公司的要求，规范行为，健全制度，完善法人治理结构，形成既有外在压力又有内在动力、充满生机和活力的企业经营机制。当然，企业通过境外上市还可以学习国外公司先进的管理经验，这对于我国企业提高自身素质、增加其在世界上的竞争力都是很有意义的。

证券市场被称为经济发展的"晴雨表"，可见其对经济发展的重要作用。我国众多企业把走向世界证券市场的资本舞台视为企业发展历程中一件具有标志性意义的大事。因为境外上市不但可以募集到境外的资金，增强发展后劲，更重要的是能够显示企业的实力，为其参与世界竞争提供通行证。

全球股票市场主要集中在几个发达的资本主义国家。美国纽约证券交易所、英国伦敦证券交易所和美国纳斯达克证券交易所，都是比较有影响力的证券交易所，其中美国纽约证券交易所和美国纳斯达克证券交易所已成为目前全球最大的两个股票交易所。

在亚洲，比较大的证券市场有香港联合交易所、上海证券交易所、日本东京证券交易所、深圳证券交易所等。其中，上海证券交易所和深圳证券交易所经过三十多年的发展壮大，已经迈入了国际大型证券交易所的行列，为中国改革开放和企业发展做出了重大贡献。但国内的资本市场已经不能满足企业发展的需要，更多的企业将资本运营的目光投向了境外的资本市场。

另外，世界各主要国家和地区为了扶持高科技企业，为创业型企业提供更便利的融资途径和更广阔的成长空间,均在主板市场外设有二板证券市场。如欧洲证券经纪商协会自动报价系统(EASDAQ)、香港联合交易所创业板市场(GEM)、新加坡证券交易及自报价系统市场(SSEDAQ)、马来西亚证券交易及自动报价场外证券市场(MESDAQ)和加拿大温哥华证券交易所(VSE)等。其中,温哥华证券市场的上市条件最为宽松,不要求业绩表现,注重的是企业的管理层质量以及发展潜力。它针对新兴企业的发展需要,特别设计了"创业资本融资库(VCP)",只要有一个好的主意和10万加元或20万加元的种子资本,就可以在温哥华寻求上市。在这一大背景下,我国创业板也于2009年10月30日正式落成上市。

世界上主要发达国家如美国、英国等,其证券市场在创立之初即具备了一定的开放性和兼容性,后经过长期发展,在经济增长和金融创新过程中得到了进一步的完善和调整,各项规章制度都比较健全,有其一套成熟的运行机制,值得我们下大力气研究学习。只有熟悉了国际通行的运营规则,才能在国际资本市场上寻求发展的机遇,避免处处碰壁,减少资源浪费。

二、境外上市的好处与面临的风险

(一)境外上市的好处

企业在做出决策之前,必须弄清楚境外上市有什么好处,明白自己为什么要境外上市。目前境外资本市场,尤其是中国香港特区和新加坡资本市场,对境内企业均持开放态度。在境内资本市场监管力度加大、二级市场持续低迷以及新股审核、发行时间跨度长的情况下,众多境内企业特别是民营企业纷纷将目光转向了境外资本市场。在境外上市无疑是有好处的,否则不会让众多企业摩拳擦掌,跃跃欲试。相对于境内上市,在境外上市的优势主要表现在以下五个方面。

一是可以建立长期在股市融资的条件,持续融资更加便利。与境内资本市场相比,境外资本市场对上市公司两次融资之间的时间间隔并无特殊要求,而且对再融资公司的资格条件审核也相对宽松。因此,一般的民营企业在境外上市后进行持续融资将非常便利,而国内A股市场虽然对再融资政策一再改革和调整,但目前再融资至少有6个月的时间间隔。

二是有利于管理现代化、规范企业管理,有利于社会监督,保证企业稳

定发展，增强企业的凝聚力和向心力。企业在上市过程中需要严格遵守目标市场的法律法规、政策要求，这能在很大程度上提升一个企业的内部合规性，加之企业在选择目标市场的过程中，一般会看准一些证券市场相对活跃、发展前景良好的国家，这也会在潜移默化中提高企业自身的整体质量。例如，企业在完成境外上市后，仍需要接受相关部门及社会公众的监督，接受所在市场的考验，外资股股东将会依照公司章程来保护他们的出资人权利，要求上市公司切实履行公司章程规定的义务，及时、准确地进行信息披露，从而有效地防止"内部人控制"现象的发生，有利于提高企业的经营管理效率。

三是可以在国际化的技术、市场、管理和人才等方面得到更多的合作机会，为企业走向国际市场创造条件，并将迅速打响国际知名度。而较高的国际知名度对增强企业的凝聚力、吸引力、兼容性及扩张力都将产生不可估量的作用。通过在境外上市，企业无形之中提高了自己的国际声誉，从而有利于企业开拓国际市场以及在对外贸易中争取到信贷和服务优惠，为企业的全面发展创造有利条件。简言之，境外上市是企业进入国际市场的一个有效途径，甚至可以说是实现企业扩张策略的一条捷径。

四是上市时间较短。对于一般的民营企业而言，如在境内资本市场上市，则先要经历证监局辅导，此后尚需经过培训、辅导验收、申报材料制作及申报、材料审核、发行上市等阶段，且由于申报企业多，排队等待的时间无法预测。按照目前境内资本市场的审核和发行速度计算，最终完成发行上市所需的时间一般为12~18个月。而如以红筹股的形式在境外资本市场上市，则所需时间不超过12个月。

五是监管政策相对宽松。在上市制度上，境外几个规模较大的股市多数实行注册制，以信息披露为核心，上市门槛较为灵活。而境内资本市场虽已开始全面实行注册制，但在实际操作过程中存在不少隐性要求，如研发水平不足、商业前景不够明朗、行业增值性不足等都有可能被认为不适合上市而被否决。特别是一些企业正处于新兴的监管体系尚不成熟的行业，商业发展的不确定性较大，我国监管机关对其往往会持有谨慎态度。而一些赴境外上市的企业，特别是近些年风头正盛的互联网企业，就有不少成功上市的例子。事实也证明对于此类企业而言，初期的不确定性往往伴随着后期巨大的增长潜力。简言之，相较于A股明显的"鼓励企业在成熟期上市"的导向，境外资本市场对上市企业的营运记录门槛相对较低，且面向全球投资者，对于中国的产业互联网、信息消费、科技创新类企业的认可度较高。

常言道，选择更多，机会更多。我国证券市场发展至今已经取得了令人瞩目的成就，规模位列全球第二，但是企业选择境外上市时仍需结合自身管理经营模式及未来发展方向进行规划，否则只会投鼠忌器。

（二）境外上市面临的主要风险

1. 信息披露的压力

从根本上来说，信息披露的目的是确保管理层如实地履行受托义务，切实追求股东利益的最大化。私人企业的资本风险是由所有者个人承担的，而上市公司的资本来源于社会公众，其风险也相应地分散在社会公众身上。一旦上市公司出现经营失败，其涉及面将相当广泛，容易引起群体诉讼，这也是监管当局要求披露年度报告和季度报告的原因——目前没有比信息披露更好的选择了。一家上市公司必须依法披露重要的财务状况，如销售情况、利润率、竞争地位以及管理人员的薪酬水平等。在境外市场上，由于长期观念未形成，我国企业的信息披露很长时间存在透明度低、可信度低等特点，很多企业的信息披露无法满足相关信息披露制度的要求，且我国企业相较于境外规范成熟的大型上市公司，在内部控制制度等方面亦相对薄弱，这使得企业经营者往往承受较大的经营及信息披露压力，容易出现水土不服的问题。

2. 融资成本及维护费用较高

企业境外上市的费用是相对高的，这不但表现在争取上市的过程中，也表现在公司成功上市之后的持续经营上，比如发行费用和交易所年费、聘请中介机构的费用（证券承销费用、资产评估费用、财务顾问及保荐费用、会计师费用、律师费用）等，不管在上市前还是上市后都是一笔不小的开支。相较于境内上市的发行费用，境外发行的费用是很高的，持续交易费方面亦是如此。但无论从争取境外上市的短期效应，还是从帮助公司规范经营的长期需要看，这都是十分必要的，因为实力雄厚、专业水平高的中介机构可以帮助公司少走很多弯路，所以企业经营者需要在权衡评估风险后谨慎做出决策。

3. 境外上市企业的市盈率与换手率相对较低

境内股市不论从市盈率还是换手率来看，都要比境外证券市场高，股票的流通性相对较好，投资者的购买意愿较高。早些年投资者对打新的热情高

涨，因为新股发行稳赚不赔，近两年由于不少企业上市后存在破发，散户的热情有所回落。而境外市场市盈率、换手率低与开放程度高有关，例如在港股市场和美股市场，高度市场化造成新股上市破发的概率较高，同时一定程度上也因为境内企业的基本情况、运营情况等很难得到境外投资者的充分认识与关注。

4. 大量企业的市值在境外市场被严重低估

我国企业在境外证券市场上市还存在一个普遍的问题，就是没有获得合理的估值，即中国企业的公允价值与真实企业价值发生偏离，难以得到投资者的认同。这对企业在资本市场上的融资规模以及未来的价值维护都将产生严重的影响，可能会使企业陷入价值低、交易量低，从而使投资者失去兴趣的恶性循环。

三、境外上市地点的选择

境外上市地点可以选择美国、中国香港、新加坡等地（具体对比见表7-1）。目前全球交易所中中国企业上市数量最多的市场主要有香港联合交易所、美国纽约证券交易所和美国纳斯达克证券交易所，这三个交易所中中国企业的数量占海外上市企业总数量的比重超过九成，少数中资海外上市公司也选择新加坡、多伦多、伦敦、澳大利亚、东京等地。

表7-1 不同境外上市地点的对比

项目	中国香港	美国	新加坡
基金量	多	多	一般
当地证监会监管力度	强	极强	强
变现能力	强	较强	强
媒体推介力度	强	一般	一般
对策略基金的吸引	有力	有力	较有力
对境内企业的欢迎程度	好	较好	好
中国政策的影响力	强	一般	一般
上市费用	一般	较高	一般
市场规模	一般	大	较小
市盈率	较低	高	较低
市场流动性	一般	强	强
地域差异	较弱	显著	一般

香港是中国企业境外上市最优先考虑的地方，也是中国企业境外上市最集中的地方，这得益于香港得天独厚的地理位置和金融地位，以及其属于中国的特别行政区的特殊关系。根据香港联交所的统计数据，截至2023年3月，通过H股和红筹股的方式在香港主板和创业板上市的中国企业达到了1235家（H股320家，红筹177家，中资民营738家）。

美国拥有目前世界上最大、最成熟的资本市场，这里聚集了世界上绝大部分的游资和风险基金，股票总市值约占全世界的40%。美国的证券市场体现了立体多层次、为不同融资需求服务的鲜明特征。除了纽约证券交易所（New York Stock Exchange，NYSE）和美国证券交易所（American Stock Exchange，AMEX）两个证券交易所外，还有纳斯达克自动报价与交易系统（National Association of Securities Dealers Automated Quotations，NASDAQ）这个世界最大的电子交易市场，此外还有美国场外柜台交易系统（Over the Counter Bulletin Board，OTCBB）和OTC Markets两个交易平台。不同的市场为不同的企业提供筹融资服务，只要企业符合其中某一个市场的上市条件，就可以向美国证券交易委员会申请"登记"挂牌上市。

新加坡是近年来中国企业选择的又一个境外资本市场，但在新加坡上市的中国企业的数量远远比不上中国香港和美国，这与新加坡证券市场自身的特点有很大关系，其目前的规模、融资额度以及交易程度都远远不及中国香港和美国。

与中国境内资本市场比较，四个资本市场各有优势和劣势：中国境内资本市场的上市费用比较低，但是审核难度较高、排队时间长；美国资本市场虽然费用相对较高，但上市的途径和方式多种多样，适合不同需求的企业，并且融资的资金也相对较多；中国香港资本市场的优势主要是地域和语言与中国内地接近，但资本规模难以与美国资本市场相比；新加坡资本市场的劣势主要就是市场规模太小，融资额有限，但贵在其政府大力支持境外企业在新加坡上市。

因此，企业在确定最适合自己的上市方式和资本市场时，通常需要从内外因素两个维度进行通盘考虑，并在风险可控的基础上保持审慎的态度。内部因素主要包括以下方面：首先是企业的融资规模及现实需求，企业如对融资较为迫切，则相较于审核流程烦琐的境内市场，开放度较高的境外市场更为有利；其次是市场拓展的需求，企业通过境外上市可以打开国际市场，提

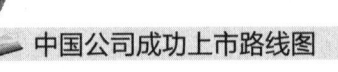

升国际知名度及竞争力；最后是流动性需求，企业在境外上市，特别是在多地上市，能够在快速获得融资的同时提升股票的流动性。外部因素则主要考虑以下方面：首先是文化差异，当地市场是否对中国内地企业有着高度的认同，企业是否会产生水土不服等情形；其次是上市地的经济形势，如一级市场的筹资能力、二级市场的流动性、后续融资能力以及该市场对相同行业的估值水平；最后也需要考虑中国与该境外上市地的政治关系。

四、境外上市面临的主要问题

（一）公司信息披露问题

1. 上市公司信息披露的管理体制比较

上市公司信息披露的管理体制是一国或地区对上市公司信息披露行为所采取的管理体系、管理结构和管理手段的总称，是上市公司监管体制的重要组成部分。负责上市公司信息披露监管的管理机构主要包括证券主管机关和证券交易所。对于上市公司在发行上市以后所进行的持续性信息披露，主要由证券交易所进行监管，证券主管机关一般仅就重大事项或违规行为进行监管，证券交易所处于日常监管的第一线，发挥最主要的作用。而对于上市公司初次信息披露，证券主管机关与证券交易所在监管职责方面的划分主要取决于一国或地区的证券发行上市审核制度。在核准制下，上市公司初次信息披露的监管机构主要为证券主管机关，信息披露的主要规定均由其做出，对违反信息披露制度行为的处罚也主要由其执行，证券交易所的作用仅在于根据其制定的上市标准确定上市公司是否具备上市资格。在注册制下，审批机构转变为证券交易所，对上市公司初次信息披露进行监管的职责同步变更为由证券交易所承担，但通常证券主管机关也保留对上市公司有关违规行为进行问询和调查处理的权力。下面我们将上市公司信息披露监管机构的职责划分以表格的形式予以表示（见表7-2）。

表7-2 上市公司信息披露监管机构的职责划分

制度类型	审批机构	初次信息披露监管	持续信息披露监管
注册制	审批机构为证券交易所	以证券交易所为主	以证券交易所为主
核准制	审批机构为证券主管机关	以证券主管机关为主	以证券交易所为主

从制度体系来看，规范上市公司信息披露的规定主要有四个层次：一是最高立法机关制定的证券基本法律；二是政府制定的有关证券市场的法规；三是证券监管部门制定的各类规章；四是自律规范，主要包括证券交易所制定的市场规则及有关自律组织制定的行业守则等，其中证券交易所制定的市场规则最为全面、具体。

2. 上市公司信息披露违规的法律责任比较

法律责任是上市公司信息披露制度体系的有机组成部分，境外主要证券市场都十分重视信息披露违规的法律责任，力求使违规者受罚，利益受损者得偿，以维护市场的公平与公正。但对于不同性质的信息披露违规，上市公司应负的法律责任并不等同。

概括起来，上市公司信息披露违规的法律责任主要有三种：行政责任、刑事责任和民事责任。确定法律责任的依据在不同的国家和地区各有不同。上市公司信息披露违规的法律责任，在美国主要由联邦证券法规范，在英国由金融服务法、证券公开发行规章及公司法规范，在日本主要由证券交易法、公司法和有限公司法规范，在德国由有价证券交易法、证券发行说明书法和证券交易所法规范，在法国主要由民法典规范，在中国香港主要由保障投资者条例、证券条例、公司条例、失实陈述条例、盗窃罪条例等规范。

除法律法规和行政规章外，证券交易所的市场规则及（或）其与上市公司签订的上市协议也规定了上市公司违反信息披露规定应负的责任以及证券交易所可采取的处罚措施。从境外主要市场来看，证券交易所是上市公司信息披露违规特别是持续性信息披露违规的处罚主体，证券交易所对上市公司在信息披露中违反上市规则或上市协议的处罚包括警告、罚款、行业内通报批评、变更证券交易方式、认定上市公司有关责任人不具备某些执业资格、停市、取消上市资格、报送上级主管机关处理等，对上市公司具有相当的威慑力和约束力。

（二）中国会计制度及审计问题

发达的市场经济、成熟的证券市场离不开完善的会计准则，从世界不少国家尤其是发达国家来看，会计准则具有相当的法律效力，它实际上是各国的一种"准法律"，在会计主体的会计核算和报告方面具有强制约束力。由于国际经济对我国的影响越来越大，为便于外国资本进入我国，同时也便于我国企业走向世界，必然要求我国在会计上向国际靠拢。其实，我国在会计准则制定方面已取得了不小的成绩，我国于1990年就开始起草有关会计准则方面的草案，迄今为止已正式发布了多项具体会计准则，2006年发布的《企业会计准则》构建了与国际会计准则接轨的新核算体系，可以说，会计准则的国际趋同是国际经济形势与国内资本市场两方面共同要求的必然结果。

中国企业赴境外上市，首先需要关注的问题就是财务报表必须按照上市地的会计准则进行编制。但我国的会计准则与国际会计准则（ISA）相比，还存在着数量不足、信息披露广度不足、企业之间的会计信息缺乏可比性等主要问题。因此，企业在上市过程中，需要关注会计准则适用不同带来的信息披露的差异，由此引申出另一重要问题，即跨境审计在不同上市地主权政治影响下的内在矛盾。

美国监管机构要求对四大会计师事务所提交的有关中概股的审计工作底稿进行检查，以确认中概股是否存在财务造假问题，甚至于2014年暂停了安永的中国分所对在美上市公司的审计业务。2020年底，美国出台《外国公司问责法案》，规定在美上市的中概股如果连续三年未能提交美国公众公司会计监督委员会（PCAOB）所要求的报告，美国证券交易委员会有权将其从美国的交易所摘牌。而我国法律亦规定禁止会计师事务所在未经批准的情况下擅自将审计工作底稿提供给境外机构。2022年8月，经过长达10年的对峙，中美两国监管机构最终达成协议，中国证监会安排在美上市的中国公司及其会计师事务所将其审计工作底稿和其他数据从内地转移到香港，在9月中旬接受美方检查。自2022年9月到2022年11月，PCAOB的30多名工作人员在中国香港进行了为期九周的现场检查和调查，PCAOB董事会投票撤销了2021年根据《外国公司问责法案》所做的决定，意味着此前被列入退市清单的中概股未来或将不用采取退市的方式。

美国此举在一定程度上有利于大量积压的中国公司进入美国市场，同时也因美国在资本市场上不断向中国企业施压，致使不少中概股退市或回归香港上市或境内上市。

（三）外汇问题

讲到境外上市，中国的外汇制度是必须考虑的问题。改革开放以前，中国由于外汇资源短缺，在计划经济体制下实行高度集中的外汇管理体制，外汇收入全部强制结汇，用汇由国家计划分配，国家依靠指令性计划和行政办法保持外汇收支平衡。

1979年以来，中国进行外汇管理体制改革，打破了外汇的统收统支，实行外汇留成与上缴制度，并在此基础上培育和发展外汇调剂市场，在外汇分配领域引入市场机制，形成并不断完善了官方汇率与市场汇率并存的双重汇率制度。1994年初，中国对外汇管理体制进行改革，出台了一系列重大举措：人民币汇率并轨，建立全国统一的银行间外汇市场，实行以市场供求为基础的、单一的、有管理的浮动汇率制度，取消外汇留成与上缴，对中资企业实行银行结售汇制，取消用汇的计划审批，将外汇供求关系基本纳入市场轨道，实现人民币经常项目有条件可兑换。

1996年下半年，将外商投资企业外汇买卖纳入银行结售汇体系，提高了个人因私用汇供汇标准，取消尚存的非贸易非经营汇兑限制，并于同年12月1日正式接受《国际货币基金协定》第八条款，取消所有人民币经常项目的汇兑限制，实现了人民币经常项目的完全可兑换。至此，中国在市场汇率基础上，正式确立了"人民币经常项目可兑换，资本项目外汇实行管制"的现行外汇管理框架。

长期以来，通过在境外注册壳公司的方式进行境外上市一直是民营企业孜孜以求、百折不回的目标，其具体操作多是通过在开曼群岛、维尔京、百慕大等离岸中心设立壳公司，再通过换股或并购的方式把境内公司资产装进境外的壳公司，然后再在境外进行上市融资，即下文我们将提到的境外间接上市。这种方式在H股"全流通"改革推开前因可以保证企业的股权在境外交易市场正常流通、便于风险投资的退出和企业有效进行股权激励等而备受欢迎，是一种多年来行之有效的融资方式。

2005年10月21日，国家外汇管理局发布了《关于境内居民通过境外特殊目的公司融资及返程投资外汇管理有关问题的通知》（汇发〔2005〕75号，俗称75号文），为境内居民通过设立特殊目的公司的形式设立境外融资平台，并通过特殊目的公司对境内开展并购或股权置换等直接投资活动提供了依据。

2014年7月4日，国家外汇管理局发布了《关于境内居民通过特殊目的公司境外投融资及返程投资外汇管理有关问题的通知》（汇发〔2014〕37号，俗称37号文），对75号文进行了进一步的迭代。相较75号文，37号文在监

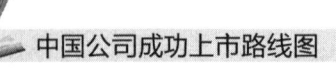

管范围、特殊目的公司范围、境内居民境外投融资以及返程投资、处罚依据与措施等方面均进行了较大调整，更加强调市场的资源配置作用，以服务实体经济。

2023年3月31日，《境内企业境外发行证券和上市管理试行办法》正式施行，其中第十一条规定："境内企业境外发行上市相关资金的汇兑及跨境流动，应当符合国家跨境投融资、外汇管理和跨境人民币管理等规定。"在此之前，通过红筹及VIE方式实现上市的企业通常通过在离岸地设立持股平台等方式逃脱外汇监管，而《境内企业境外发行证券和上市管理试行办法》的实施意味着境外间接上市，无论是红筹架构或VIE的外汇登记、股权重组，还是跨境投融资，将全流程贯穿外汇监管，境外间接上市外汇合规成为企业无法规避的环节。

但在实际操作过程中，仍然存在诸如资金滞留海外，无法对国内经济起到支撑作用等问题。因此，从目前的情况来看，外汇问题仍将是今后以红筹方式运作境外上市时的一大难题。在实际工作中，相信外汇监管政策也将逐步完善。

第二节　境外直接上市

境外直接上市，是指境内的股份有限公司直接以国内公司的名义向境外证券主管部门申请发行登记注册，并发行股票（或其他衍生金融工具），向当地证券交易所申请挂牌上市交易，即我们通常所说的在H股、N股、S股等上市。H股上市是指中国企业在香港联交所发行股票并上市，取Hong Kong第一个字母"H"为名；N股上市是指中国企业在纽约证券交易所发行股票并上市，取New York第一个字母"N"为名；S股上市是指中国企业在新加坡证券交易所上市，取Singapore第一个字母"S"为名。

通常，境外直接上市都是采用首次公开募集（IPO）的方式进行，程序比较复杂，因为需经过境内、境外监管机构备案或审批，成本较高，所聘请的中介机构也较多，花费的时间较长。但从公司长远的发展来看，境外直接上市应该是国内企业境外上市的主要方式。进行境外直接上市的公司需通过与中介机构密切配合，探讨出符合境内、境外法规及交易所要求的上市方案。境外直接上市的工作主要包括两大部分：国内重组、备案及境外申请上市。

《境内企业境外发行证券和上市管理试行办法》将直接上市由原来的"审批"统一调整为"备案"，即在符合境外上市条件的情况下，除部分特殊行业类别的企业需要行业监管部门出具监管意见以及安全审查评估意见外，一般企业境外首次公开发行或者上市的，应当在境外提交发行上市申请文件后3个工作日内向中国证监会履行备案手续。该备案新规将境内企业直接境外发行上市、境内企业间接境外发行上市、境外首次公开发行或者上市、境外发行上市后在同一境外市场发行证券的情形均囊括在内，即包括了我们常见的境外上市方式，如在中国香港发行H股、在境外发行红筹股、在瑞士等地区发行全球存托凭证（GDR）等。因此，在境内审批方面，境外间接上市相较于境外直接上市的优势将不再明显。

针对直接上市，中国香港目前只接受中国香港、百慕大、开曼、中国内地四地公司上市，即通常我们所说的H股。而美国只接受美国本土或者开曼群岛注册的上市公司。新加坡接受注册在中国境内的股份公司于新交所增发外资股并上市，类似于港交所的H股。因此，中国境内企业境外直接上市的主要选择地为中国香港和新加坡，其中更以中国香港为主。

2018年4月20日，中国证券登记结算有限责任公司及深圳证券交易所联合发布《H股"全流通"试点业务实施细则（试行）》。2018年5月22日，中国证券登记结算有限责任公司发布《H股"全流通"试点业务指南（试行）》。2019年6月13日，时任中国证监会主席易会满出席第十一届陆家嘴论坛时表示，将全面推开H股"全流通"改革。2019年12月31日，中国证券登记结算有限责任公司及深圳证券交易所发布《H股"全流通"业务实施细则》，确认获中国证监会批准参加H股"全流通"业务的H股上市公司完成相应信息披露后，将无质押、冻结、限制转让等限制性状态的H股"全流通"股份转登记至香港股份登记机构，成为可在香港联合交易所上市流通的股份。自此，境内企业境外直接在H股上市更有利于企业进行资本运作、股权激励及做大做强。

境外直接上市的条件及具体流程根据不同上市地的法规要求有所不同，具体详见本书的其他章节。

第三节 境外间接上市

一、红筹与VIE

《境内企业境外发行证券和上市管理试行办法》实施前，由于境外直接上市程序烦琐、成本高、时间长，所以许多企业，尤其是民营企业，为了避开国内复杂的审批程序，以间接的方式在境外上市，即国内企业在境外注册公司，境外公司以收购、股权置换等方式取得国内资产的控制权，然后将境外公司拿到境外交易所上市。《境内企业境外发行证券和上市管理试行办法》实施后，企业选择以红筹方式实现上市时，主要考虑税收优惠及各主要上市地对于发行人所在地的限制等因素。

境外间接上市主要有两种形式：买壳上市和造壳上市。其本质都是通过将内地资产和业务注入壳公司的方式，达到内地公司境外上市的目的，壳公司可以是境外已上市的公司，也可以是拟上市公司。

谈及境外间接上市，不能不谈红筹股。红筹股的概念诞生于20世纪90年代初期的香港股票市场。由于红色是中国的代表色，因此，香港和国际投资者把在境外注册、在香港上市的带有中国内地概念的股票称为红筹股。具体有两类公司的股票被投资者称为红筹股：第一种，如果某家上市公司的主要业务在中国内地，其业绩的大部分也来自该业务，但是在中国境外注册、在香港上市，其发行的股票就是红筹股；第二种，按照权益多少来划分，即如果一家上市公司的股东大部分直接来自中国内地或具有内地背景，也就是中资所控股，那么这家在中国境外注册、在香港上市的公司发行的股票就属于红筹股。

除境内上市外资股（B股）、境外上市外资股（H股）外，红筹股已经成为内地企业进入国际资本市场筹资的一条重要渠道。红筹股模式主要适用于国有企业境外上市。境内权益模式的法律结构基本等同于红筹股模式，但主要适用于外资企业或民营企业境外间接上市。红筹股模式适用的主要法规有中国证监会《关于落实国务院〈关于进一步加强在境外发行股票和上市管理的通知〉若干问题的通知》(即《红筹指引补充》)和《境内企业境外发行证券和上市管理试行办法》。

与红筹架构类似,另一种大家在企业境外上市过程中常听到的概念为 VIE 架构。VIE 架构(Variable Interest Equity,直译为"可变利益实体"),国内通常称为"协议控制",算是红筹架构的一种变形,属于红筹架构的一种,是指将上市主体和经营主体从股权上分离开,不通过股权控制而通过签订各种协议的方式实现对实际运营公司的控制,并将境内经营实体的会计报表并入境外上市主体。截至目前,我国法律并未对 VIE 架构做出定性。

企业选择采用 VIE 模式的原因,主要是国务院颁布的《外商投资产业指导目录》对外商投资的产业划分了不同的类型,分别进行鼓励、限制及禁止。对于鼓励外商投资的产业,政策上没有对外资持股比例进行限制,允许外商独资或控股,可以直接通过股权控制模式搭建红筹架构,进而将境内公司的权益纳入合并报表。而对于限制/禁止外商投资的产业,外资企业无法直接通过股权层层控制的模式搭建红筹架构,此时则需要一系列协议安排,将境内实际运营主体的权益合并到境外上市公司的报表体系内,实现对境内企业的间接控制。目前通过 VIE 方式实现在境外上市的公司主要涉及互联网、传媒、教育等外资限制相对较为严格的行业。

二、境外间接上市架构搭建

无论是红筹模式还是 VIE 模式,企业搭建的境外上市架构一般由境外上市主体、外商独资企业(WOFE)和境内经营实体三部分组成。

1. 架构的第一层——一个或多个 BVI 公司

在英属维尔京群岛(BVI)注册成立 BVI 公司作为第一层权益主体主要是因为 BVI 对公司注册的要求相对简单,当地有关部门监管力度小,外汇管制宽松,保密性高,后期维护成本低。BVI 公司可以成立一个,也可以成立多个,作为创始股东的持股主体。由于其免税且保密性高,能有效减轻股东退出时的税费负担。这一层的 BVI 公司通常由境内实际控制人、境外 PE 投资者及员工持股平台构成。

2. 架构的第二层——开曼公司

境外上市时,绝大多数红筹或 VIE 企业将上市主体设立在开曼群岛。目

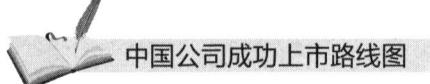

前各大国际知名交易所如纽交所、香港联交所等都接受注册在开曼群岛、英属维尔京群岛（BVI）的公司上市发行，但因为BVI注册公司透明度相对较低，同时开曼公司注册和注销程序简单，维续成本低，税率低，所以实务中上市主体多设立在开曼群岛。

3. 架构的第三层——香港壳公司

根据《内地与香港关于建立更紧密经贸关系的安排》和《企业所得税法》等，在满足一定条件的情况下，未来境内企业向股东分红时，投资者可享受分红税仅为股息总额的5%的税收优惠。当然这层壳公司也可以选择设立在其他享受境内税收优惠的国家或地区。

4. 架构的第四层——WOFE

由第三层香港壳公司在境内设立外商独资企业，即WOFE，由该WOFE收购境内实际运营主体100%的股权（红筹模式），或与境内运营实体签订一系列协议达到控制或利润转移的目的（VIE模式）。

《关于外国投资者并购境内企业的规定》（以下简称10号文）第11条规定："境内公司、企业或自然人以其在境外合法设立或控制的公司名义并购与其有关联关系的境内的公司，应报商务部审批。"红筹模式下，该WOFE以分两步走的方式收购境内经营实体能有效规避10号文规定的对于外资关联收购的审核。第一步，以无关联外国投资者收购境内实体的股权，这不属于10号文第11条规定的情形。第二步，待境内实体变更为中外合资企业后，再由WOFE收购境内实体的股权，这属于外商投资企业股权变更的行为，在不涉及外资限制或禁止类产业的情形下，只需在市场监督管理局办理工商变更登记即可。

如前文所述，广义上的境外上市是指境内企业以任何证券形式在境外筹资且该证券在境外公开的证券交易所可以流通转让。当境内企业在境外已上市、再融资时，往往会采用存托凭证和可转换债券进行境外上市。

存托凭证（Depository Receipt，DR），通常又称为存股证、DR证，是指在一国证券市场流通的代表外国公司有价证券的可转让凭证。随着近年来融资方式的不断健全，企业发行全球存托凭证成为一种新型的融资模式。中国证监会于2023年5月16日发布《监管规则适用指引——境外发行上市类第6号：境内上市公司境外发行全球存托凭证指引》，进一步规范境内上市公司境外发行全球存托凭证的行为，明确了申请程序、规则适用、材料要求、实施安排等。

可转换债券（Convertible Bond），又称为可转换公司债券，是指公司发行的，投资者在一定时期内可依据一定条件转换成公司股票的公司债券。这种债券具有债权性和股权性的双重属性。可转换债券具有以下三个特点：第一，与其他债券一样，可转换债券也有规定的利率和期限，投资者可以选择持有债券到期，收回本金和利息；第二，可转换债券在转换成股票之前是纯粹的债券，但在转换成股票之后，原债券持有人就由债权人变成了公司的股东，可参与企业的经营决策和红利分配；第三，可转换性是可转换债券的重要标志，债券持有者可以按照约定的条件将债券转换成股票。转股权是投资者享有的、一般债券所没有的选择权。可转换债券在发行时就明确约定，债券持有者可按照发行时约定的价格将债券转换成公司的普通股票。如果债券持有者不想转换，则可继续持有债券，直到期满时收回本金和利息，或者在流通市场出售变现。由于可转换债券附有一般债券所没有的选择权，因此，可转换债券利率低于普通债券利率，企业发行可转换债券有助于降低筹资成本。但可转换债券在一定条件下可转换成公司股票，因而会影响到公司的所有权。可转换债券兼具债券和股票的特点，较受投资者欢迎。

第四节　境外上市备案新规

一、境外上市备案新规概述

2023年2月17日，经国务院批准，中国证监会共发布了六项关于境外上市备案管理的制度规则，包括《境内企业境外发行证券和上市管理试行办法》（以下简称《管理试行办法》）及五项配套监管规则适用指引（《境外发行上市类第1号》《境外发行上市类第2号：备案材料内容和格式指引》《境外发行上市类第3号：报告内容指引》《境外发行上市类第4号：备案沟通指引》《境外发行上市类第5号：境外证券公司备案指引》。《管理试行办法》与五项配套监管规则适用指引合称境外上市备案新规，并自2023年3月31日起正式实施。

随着上述境外上市备案新规的实施,《到境外上市公司章程必备条款》、《国务院关于股份有限公司境外募集股份及上市的特别规定》(境内企业直接境外上市规定)和《国务院关于进一步加强在境外发行股票和上市管理的通知》(即"97红筹指引")均被废止。境外上市备案新规的实施打破了原先对境外发行上市活动的监管差异,H股、大红筹、小红筹等境外发行上市模式均被统一纳入新的备案管理之中,境外上市的监管更加规范化、透明化、便利化。

下面笔者将围绕境外上市备案的几大要素简要地展开介绍。

(一)备案主体

根据《管理试行办法》的规定,中国境内企业直接或者间接在境外发行股票、存托凭证、可转换为股票的公司债券或者其他具有股权性质的证券,或将其证券在境外上市交易的,应当履行境外上市备案程序。其中:境内企业直接境外发行上市,是指在境内登记设立的股份有限公司境外发行上市;境内企业间接境外发行上市,是指主要经营活动在境内的企业,以在境外注册的企业的名义,基于境内企业的股权、资产、收益或其他类似权益境外发行上市。

境内企业直接境外发行上市较为容易理解,其主要是以境内企业直接作为上市主体从事境外发行等活动,如H股上市等模式。

相比而言,境内企业间接境外发行上市在实践过程中的认定可能会存在争议,故本次《管理试行办法》对此做出了进一步的规定,即发行人同时符合下列情形的,认定为境内企业间接境外发行上市:

(1)境内企业最近一个会计年度的营业收入、利润总额、总资产或者净资产,任一指标占发行人同期经审计合并财务报表相关数据的比例超过50%;

(2)经营活动的主要环节在境内开展或者主要场所位于境内,或者负责经营管理的高级管理人员多数为中国公民或者经常居住地位于境内。

同时,《管理试行办法》也强调了境内企业间接境外发行上市的认定应当遵循实质重于形式的原则,并在《境外发行上市类第1号》中明确要求:"发行人不属于《管理试行办法》第十五条第一款规定情形,但在境外市场按照非本国(或地区)发行人有关规定要求提交发行上市申请,且依规定披露的风险因素主要和境内相关的，证券公司及发行人境内律师应当按照《管理试行办法》第十五条第二款规定，遵循实质重于形式的原则，对发行人是否属于备案范围进行综合论证与识别。"

鉴于法规对于境外上市存在原则性的认定条款，若发行人及中介机构对其境外上市方案无法判断是否实质属于境外上市备案范围，建议发行人在综合论证本身的发行方案及境外上市备案新规的前提下，充分利用中国证监会推出的《境外发行上市类第4号：备案沟通指引》项下的备案沟通制度，与中国证监会进行事前沟通，以确认是否属于备案范围，防止因理解差异而延缓发行人境外上市进程。

（二）备案时限要求

1. 存量企业

根据《关于境内企业境外发行上市备案管理安排的通知》的规定，已在境外发行上市或符合以下情形的，为存量企业：《管理试行办法》施行之日前，间接境外发行上市申请已获境外监管机构或者境外证券交易所同意（如香港市场已通过聆讯、美国市场已同意注册生效等），且无需重新履行境外监管机构或者境外证券交易所发行上市监管程序（如香港市场重新聆讯等），并在2023年9月30日前完成境外发行上市。

存量企业不要求立即备案，已在境外提交有效的境外发行上市申请但尚未获得同意的，在境外发行上市前完成备案即可，后续如涉及再融资等备案事项时应按要求进行备案；对于已获中国证监会核准批文的，在核准批文有效期内可继续推进境外发行上市，核准批文有效期满未完成的，应按要求备案。

2. 其他企业

除存量企业外，其他企业均应严格按照《管理试行办法》的规定进行备案，即：发行人境外首次公开发行或者上市的，或境外发行上市后又在其他境外市场发行上市的，应当在境外提交发行上市申请文件后3个工作日内向中国证监会备案；发行人境外发行上市后，在同一境外市场发行证券的，应当在发行完成后3个工作日内向中国证监会备案。

（三）备案流程

1. 备案前沟通

如发行人准备提交境外上市备案申请，可提前就公司各备案事项是否已

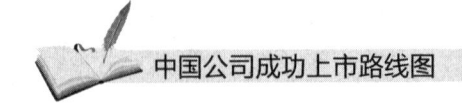

达到境外上市备案新规的要求进行自查，若自查过程中对行业监管政策、控制架构及是否属于备案范围等备案要求事项存疑，可通过境内企业境外发行上市备案管理信息系统（以下简称备案系统）提交沟通申请及相关材料，沟通方式包括书面沟通、电话沟通、视频沟通和现场沟通等。

须注意的是，备案材料接收之日起至首次补充备案材料要求发出前为静默期，该期间不接受沟通申请。沟通时应有具体问题，且应当一次性提出，若仅是打听具体进度或内部安排，备案管理部门不接受相关沟通申请。

备案前的沟通流程不是必经流程，若发行人对备案事项无实质问题，可直接提交申请，无须提前进行沟通。

2. 提交备案申请材料

在法定的备案时限内，根据《境外发行上市类第2号：备案材料内容和格式指引》的规定准备好备案材料即可提交备案申请。备案材料主要包括备案报告及相关承诺、行业监管意见及安全审查意见（如适用）、境外发行上市的法律意见书及专项法律意见书（附承诺），以及招股说明书等上市相关文件。

需要注意的是，如果是直接境外发行上市的，则备案主体为发行人；如果属于间接境外发行上市的，则备案主体为发行人指定的境内运营实体。其中，笔者在经办间接境外发行上市项目时，将备案报告签字主体涵盖了发行人及其指定的境内运营实体，这是为防止备案材料不合格被退回而耽误审核时间。

准备好备案材料后即可按照《关于上线境内企业境外发行上市备案管理信息系统的通知》的要求，向中国证监会备案系统提交备案申请。

3. 补正材料

中国证监会收到备案材料后将于5个工作日内通过备案系统反馈补充资料情况。发行人需要在30个工作日内补充材料。在备案过程中，中国证监会可以就可能涉及的负面清单问题征求国务院有关主管部门的意见，补充材料和征求意见的时间均不计算在备案时限内。

根据目前笔者承办备案申请案件的经验，通常5个工作日内主要是针对提交的申请材料进行形式审核，形式审核通过后将在备案系统中显示"已接收"，后续约1~2周的时间内，中国证监会会通过备案系统出具具体的补充问题。补充问题以补充回复及补充法律意见书的形式回复，并与中国证监会沟通后再次上传至备案系统。

4. 办结备案

备案材料完备、符合规定的，中国证监会自收到备案材料之日起20个工作日内办结备案，并通过网站公示备案信息。其中，中国证监会向国务院有关主管部门征求意见的时间不计算在内。

中国证监会不单独发纸质版的备案通知书，发行人可通过网站自行下载。

若上市申请文件是以秘密或非公开等方式提交的，可以在备案时提交说明并申请延后公示备案信息，申请延后的，应当在发行上市申请文件在境外公开后的3个工作日内向中国证监会报告。

5. 更新备案材料

在中国证监会办结备案后，若发行人在境外发行上市前发生主营业务或者业务牌照资质重大变更、控制权变更或者股权结构重大变更、上市方案重大调整等重大事项变更，发行人应当自相关事项发生之日起3个工作日内向中国证监会报告并更新备案材料。其中，发行上市方案重大调整包括变更上市地以及方案调整后控制权可能发生变更、调增发行股份比例。若属于调减发行股份比例、变更上市方式、变更上市板块但未变更上市地等情形的，无需履行更新备案材料的相关程序。

6. 上市后的重大事项报告

发行人完成境外发行上市后，若发生控制权变更、被有权部门采取调查或处罚等措施、转换上市地位或者上市板块、主动终止上市或者强制终止上市等重大事项，应当自相关事项发生并公告之日起3个工作日内向中国证监会报告具体情况。

发行人境外发行上市后主营业务发生重大变化，导致发行人不再属于备案范围的，应当自情况发生之日起3个工作日内提交专项报告及境内律师事务所出具的法律意见书，向中国证监会说明有关情况。

二、境外上市备案重点问题解读

境外上市备案新规规定了较多的审查细节，但发行人及中介机构在准备备案材料时具体应当如何把握亦存在着较多的争议。现笔者将结合在办理境外上市备案项目时所遇到的较为重要的问题及解决思路而展开讨论，以供参考。

（一）负面清单

《管理试行办法》第八条规定了境外发行上市的负面清单，在备案时需要同步提交的专项法律意见书中，应就是否属于负面清单发表专项意见。具体包括以下几种情形，若存在则不得境外发行上市。

1. 法律、行政法规或者国家有关规定明确禁止上市融资的

根据《境外发行上市类第1号》的规定，本条规定的情形主要包括以下方面。

（1）国家发展改革委、商务部印发的《市场准入负面清单》禁止上市融资的。

对于本条，可根据《国民经济行业分类》（GB/T 4754—2017）及国家统计局《战略性新兴产业分类（2018）》等相关规定确定发行人的主营业务及所处行业，然后与《市场准入负面清单》比对核查，判断是否属于禁止上市融资的情形。

（2）境内企业属于《国务院关于建立完善守信联合激励和失信联合惩戒制度加快推进社会诚信建设的指导意见》（国发〔2016〕33号）规定的严重失信主体的。

根据该法规的规定，严重失信行为重点包括：一是严重危害人民群众身体健康和生命安全的行为；二是严重破坏市场公平竞争秩序和社会正常秩序的行为；三是拒不履行法定义务，严重影响司法机关、行政机关公信力的行为；四是拒不履行国防义务等行为。

核查上述情形时可查阅发行人/发行人境内运营实体的《信用报告》，检索相关部门网站的公开信息，取得主管部门开具的《合规证明》，以判断发行人/发行人境内运营实体是否存在严重失信情况，是否属于《国务院关于建立完善守信联合激励和失信联合惩戒制度加快推进社会诚信建设的指导意见》（国发〔2016〕33号）规定的严重失信主体。

（3）在产业政策、安全生产、行业监管等领域存在法律、行政法规和国家有关规定限制或禁止上市融资的。

鉴于上述内容涉及的范围较为宽泛，建议结合发行人所处行业在产业政

策、安全生产、行业监管等领域所面临的法律法规的情况，参考境内A股上市的手段来核查论述。

2. 经国务院有关主管部门依法审查认定，境外发行上市可能危害国家安全的

对于本条规定，相关法规未做进一步释义，故笔者认为仅作字面解释即可，直接就国务院有关部门未对发行人做出可能危害国家安全的决定或调查的事实情况做出描述。

3. 境内企业或者其控股股东、实际控制人最近3年内存在贪污、贿赂、侵占财产、挪用财产或者破坏社会主义市场经济秩序的刑事犯罪的

本条规定与境内A股上市的要求类似，故可参考境内A股上市的通行做法，通过开具政府合规证明及自然人无犯罪记录证明，以及通过检索网站公开信息等方式进行核查。

4. 境内企业因涉嫌犯罪或者重大违法违规行为正在被依法立案调查，尚未有明确结论意见的

本条与上述第3条类似，同样可参考境内A股上市的通行做法进行核查。

5. 控股股东或者受控股股东、实际控制人支配的股东持有的股权存在重大权属纠纷的

若发行人系境内主体，则可通过在公开网站检索相关的诉讼信息及控股股东或相关主体的承诺等方式核查；若发行人系境外主体，则建议由当地律师事务所出具法律意见书，对股权权属纠纷情况发表明确意见。

上述负面清单事项是境外上市专项法律意见书的第一点核查事项，需要律师发表明确意见，这也是境外发行上市的重要前提条件。

（二）安全审查

备案材料清单中明确列举了两份文件：一份为行业主管部门等出具的监管意见、备案或核准等文件；另一份为国务院有关部门出具的安全评估审查意见。同时均注明如不适用，应当提交书面说明。除此之外，专项法律意见书亦需要对此发表明确的法律意见。

从目前的法律法规规定来看，境外上市中仅金融行业被明确规定为需要审批的行业，其他行业暂时没有类似明确的审批规定。因此，根据境外上市备案新规，重点关注的应当要属安全审查的相关内容。

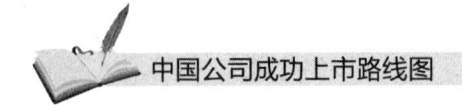

安全审查主要涉及外商投资安全审查、网络安全审查、数据安全审查等方面的内容，如涉及相关内容，企业应当依法履行相关安全审查程序。

1. 外商投资安全审查

《中华人民共和国外商投资法》第三十五条明确规定："国家建立外商投资安全审查制度，对影响或者可能影响国家安全的外商投资进行安全审查。依法作出的安全审查决定为最终决定。"《外商投资安全审查办法》则在《中华人民共和国外商投资法》的基础上，对外商投资的审查情形、申报材料及审查流程做了具体的规定。

根据《外商投资安全审查办法》第四条的规定，属于以下范围的外商投资，外国投资者或者境内相关当事人应当在实施投资前主动进行申报：

（1）投资军工、军工配套等关系国防安全的领域，以及在军事设施和军工设施周边地域投资；

（2）投资关系国家安全的重要农产品、重要能源和资源、重大装备制造、重要基础设施、重要运输服务、重要文化产品与服务、重要信息技术和互联网产品与服务、重要金融服务、关键技术以及其他重要领域，并取得所投资企业的实际控制权。

属于上述第二种情形的，强调了外国投资者要取得所投资企业的实际控制权才会触发申报要求。

《外商投资安全审查办法》对涉及安全审查的情形以及安全审查的流程均做出了明确规定，故若存在外商主体通过股权等方式参与投资的境内企业赴境外上市的情形，可依据前述规定对境内运营主体是否属于外商投资安全审查范围、是否涉及外商投资限制或禁止领域进行核查。

2. 网络安全审查

《网络安全审查办法》是判断企业境外上市是否涉及网络安全部门审查的主要依据。《网络安全审查办法》第七条明确规定："掌握超过100万用户个人信息的网络平台运营者赴国外上市，必须向网络安全审查办公室申报网络安全审查。"其中涉及的"国外"上市与《管理试行办法》提及的"境外"上市在范围上有所不同，前者不包括中国香港在内，而后者则涵盖了中国香港以及美国、新加坡等国家和地区。

根据国家互联网信息办公室发布的《网络数据安全管理条例（征求意见

稿)》，判断是否需要网络安全审查时，"香港上市"与"国外上市"适用不同的判断依据："香港上市"要满足"数据处理者赴香港上市，影响或者可能影响国家安全"的条件，才需要申报网络安全审查；而"国外上市"则在满足"处理一百万人以上个人信息的数据处理者赴国外上市"的条件时，应当依法申报网络安全审查。但鉴于《网络数据安全管理条例（征求意见稿）》尚未正式实施，故对于香港上市的网络安全审查，仍需慎重对待。

根据《管理试行办法》的相关规定，网络安全审查意见是境外上市备案材料之一，这意味着完成网络安全审查属于提交境外上市备案申请的前置程序。而根据《网络安全审查办法》的规定，若是属于网络安全审查办公室认为需要开展网络安全审查的范围的，理论上最短的法定审查期限为自向当事人发出书面通知之日起55个工作日（即：10个工作日内确定是否需要审查+30个工作日内完成初步审查+网络安全审查工作机制成员单位15个工作日内回复书面意见），涉及复杂情形的还需要不断延长。由此可见，若发行人涉及网络安全审查，则应当尽早做出准备，否则将会对境外上市进程造成重大影响。

对于如何判断发行人是否属于网络安全审查范围，笔者根据《网络安全审查办法》总结出以下几种情形。

（1）关键信息基础设施运营者采购网络产品和服务，影响或者可能影响国家安全的。本条的关键点在于论证发行人是否属于关键信息基础设施运营者。根据《关键信息基础设施安全保护条例》，关键信息基础设施是指公共通信和信息服务、能源、交通、水利、金融、公共服务、电子政务、国防科技工业等重要行业和领域的，以及其他一旦遭到破坏、丧失功能或者数据泄露，可能严重危害国家安全、国计民生、公共利益的重要网络设施、信息系统等。由此判断发行人属于关键信息基础设施运营者的，则需要进一步判断发行人采购网络产品和服务是否存在影响或者可能影响国家安全的情形。

（2）网络平台运营者开展数据处理活动，影响或者可能影响国家安全的。本条的关键点同样在于论证发行人是否属于网络平台运营者。《网络安全审查办法》对此并无明确定义，但《国务院反垄断委员会关于平台经济领域的反垄断指南》中对"互联网平台"做出了定义，互联网平台是指通过网络信息技术，使相互依赖的双边或者多边主体在特定载体提供的规则下交互，以此

共同创造价值的商业组织形态。此外,《网络数据安全管理条例(征求意见稿)》中将"互联网平台运营者"解释为"为用户提供信息发布、社交、交易、支付、视听等互联网平台服务的数据处理者"。虽然《网络数据安全管理条例(征求意见稿)》仍处于征求意见的阶段,但结合《国务院反垄断委员会关于平台经济领域的反垄断指南》,亦可以作为理解"互联网平台运营者"含义的参考。在判断发行人属于网络平台运营者以后,同样需要进一步判断发行人开展数据处理活动是否存在影响或者可能影响国家安全的情形。

(3)掌握超过100万用户个人信息的网络平台运营者赴国外上市的。对该情形的认定主要考虑两个要素,一个为"掌握超过100万用户个人信息",一个为"网络平台运营者"。后者已在前文中进行了介绍,而对于"掌握超过100万用户个人信息"的理解,则主要在于:首先,关于100万,我们理解一般是指注册用户人数,而非信息条数;其次,关于用户个人信息的含义,参考《中华人民共和国网络安全法》的规定,个人信息是指以电子或者其他方式记录的能够单独或者与其他信息结合识别自然人个人身份的各种信息,包括但不限于自然人的姓名、出生日期、身份证件号码、个人生物识别信息、住址、电话号码等。此外,我们理解本条所述的用户应当既包括C端用户也包括B端用户,既包括境外用户也包括境内用户。

3. 数据安全审查

《中华人民共和国数据安全法》首次从国家立法层面明确了数据安全审查制度,而《数据出境安全评估办法》则明确规定,存在下列情形之一的,应当通过所在地省级网信部门向国家网信部门申报数据出境安全评估:

(1)数据处理者向境外提供重要数据;

(2)关键信息基础设施运营者和处理100万人以上个人信息的数据处理者向境外提供个人信息;

(3)自上年1月1日起累计向境外提供10万人个人信息或者1万人敏感个人信息的数据处理者向境外提供个人信息;

(4)国家网信部门规定的其他需要申报数据出境安全评估的情形。

这里又出现了新的名词——"数据处理者",参考《网络数据安全管理条例(征求意见稿)》的定义,数据处理者是指在数据处理活动中自主决定处理目的和处理方式的个人和组织。"数据安全审查"与"网络安全审查"并不完全相同，但部分审查内容确实存在着交叉点。虽然两者对审查的内容、对象均各有侧重点，但两者均归属于网信部门审查，因此若对具体审查要求存疑，可与当地网信部门提前进行沟通。

除前述安全审查外，发行人在境外上市过程中还需要注意的是保密和档案管理工作。境外上市备案的申请材料中，备案报告及专项法律意见书均设立了专门的章节就发行人保密和档案管理制度建设及运行情况以及是否按照《关于加强境内企业境外发行证券和上市相关保密和档案管理工作的规定》有关要求执行的情况发表明确意见。

此外，根据境外上市备案的要求，若发行人不属于安全审查的范围，则需要出具不适用的书面说明，撰写此类书面说明时亦可参考上述几种情形分类进行阐述，最终得出不适用的结论。

（三）受益所有人披露

根据《境外发行上市类第2号：备案材料内容和格式指引》的规定，发行人需要在备案材料中列表说明发行人（直接境外上市适用）或主要境内运营实体（间接境外上市适用）的受益所有人情况，受益所有人按照中国人民银行、国家市场监督管理总局相关规定确定。

"受益所有人"在金融监管领域是一个比较常见的概念，而在其他领域并不多见，它与公司法治理层面更为关注的"实际控制人"或"控股股东"的概念及外延也并不相同。目前对"受益所有人"做出明确规定的法规主要是中国人民银行发布的《中国人民银行关于加强反洗钱客户身份识别有关工作的通知》《中国人民银行关于进一步做好受益所有人身份识别工作有关问题的通知》等文件，以及中国人民银行和国家市场监督管理总局联合发布的《市场主体受益所有人信息管理暂行办法（草案公开征求意见稿）》（尚未正式生效）。根据前述法律法规的规定，每个非自然人客户至少有一名受益所有人，而受益所有人的判断标准主要如下。

（1）若非自然人客户为公司类型时：

①基本判断方法：直接或者间接拥有超过25%公司股权或者表决权的自然人。涉及计算间接股权或表决权的，按股权和表决权孰高原则穿透计算。

②人事、财务等方式：通过股权或表决权未能识别受益所有人或对识别结果存疑的，可综合人事、财务等控制权来重新识别受益所有人，包括但不

限于：直接或者间接决定董事会多数成员的任免；决定公司重大经营、管理决策的制定或者执行；决定公司的财务预算、人事任免、投融资、担保、兼并重组；长期实际支配使用公司重大资产或者巨额资金；等等。

③高级管理人员方式：通过前述方式仍不能识别受益所有人的，则以高级管理人员作为受益所有人。

④其他：对根据《公司法》《证券法》等的规定将高级管理人员认定为受益所有人仍存疑的，则将高级管理人员之外的对公司形成有效控制或者实际影响的其他自然人判定为受益所有人。

（2）若非自然人客户为合伙企业类型时：应当将拥有超过25%合伙权益的自然人认定为受益所有人；若不存在拥有超过25%合伙权益的自然人，可参照公司类型的判断标准进行识别；若通过前述方式仍无法识别，则应当将合伙企业的普通合伙人或者合伙事务执行人判定为受益所有人。

（3）若非自然人客户为信托类型时：应当将对信托实施最终有效控制、最终享有信托权益的自然人判定为受益所有人，包括但不限于信托的委托人、受托人、受益人；若信托的委托人、受托人、受益人为非自然人，则应当追溯到对信托实施最终有效控制、最终享有信托权益的自然人并将其认定为受益所有人。设立信托时或者信托存续期间，受益人为符合一定条件的不特定自然人的，可以在受益人确定后，再将受益人判定为受益所有人。

（4）若非自然人客户为基金类型时：应当将拥有超过25%权益份额的自然人认定为受益所有人；若不存在拥有超过25%权益份额的自然人，可以将基金经理或者直接操作管理基金的自然人判定为受益所有人。基金尚未完成募集，暂时无法确定权益份额的，可暂时将基金经理或者直接操作管理基金的自然人判定为受益所有人；基金完成募集后，应及时按照规定标准判定受益所有人。

（5）其他：对上述情形以外的其他类型主体，可以参照公司类型的受益所有人判定标准执行，或根据实际情况参考基金类型的判断标准进行认定。均无法参照执行的，可将该主体的主要负责人、主要管理人或者主要发起人等判定为受益所有人。

判定受益所有人时应当遵循实质重于形式的原则，对非自然人客户的股权/表决权、控制权以及实际经营管理情况等各方面进行综合判断、识别，而通过前述方式识别出的受益所有人可能不止一名,且互相之间不必然存在联系。所以,在境外上市备案监管体系中纳入受益所有人的概念,其含义值得探讨。

(四)控股股东、实际控制人认定

根据《境外发行上市类第2号:备案材料内容和格式指引》的规定,发行人需要在备案材料中列明控股股东、实际控制人的认定依据。然而,关于控股股东、实际控制人的认定,境外各个国家和地区的相关法律规则与境内《公司法》及上市规则并不完全一致,甚至可能存在明显差异。通常若招股说明书或其他境外上市申请文件中对控股股东及实际控制人已有表述或定义,则应当按照招股说明书或其他境外上市申请文件的披露进行认定,境外上市申请文件应当与境内备案申请文件的口径保持一致;若招股说明书或其他境外上市申请文件未对控股股东及实际控制人做出披露,则应当在尊重所属地法律的基础上,按照当地法律规定对控股股东及实际控制人进行认定。

基于此,笔者将目前较为主流的上市地及发行人注册地的认定依据整理如下。

1. 中国内地

根据《中华人民共和国公司法》《上市公司收购管理办法》等法律法规的相关规定,控股股东是指持股50%以上,或可实际支配公司股份表决权超过30%,或依其可实际支配的公司股份表决权能够对公司董事会、股东大会决议产生重大影响的股东,其中该股东的一致行动人在公司拥有的权益应当合并计算。实际控制人是指虽不是公司的股东,但通过投资关系、协议或者其他安排,能够实际支配公司行为的人。

2. 中国香港

根据香港联合交易所主板规则、创业板规则的规定,控股股东是指:①任何有权在发行人的股东大会上行使或控制行使30%(或《公司收购及合并守则》不时规定会触发强制性公开要约所需的其他百分比)或30%以上投票权的人士或一组人士;②有能力控制组成发行人董事会的大部分成员的人士或一组人士;③如果新申请人是中国发行人,控股股东指在新申请人的股东大会上有权行使或控制行使30%(或适用的中国法律不时规定的其他百分比,而该百分比是触发强制性公开要约,或确立对企业法律上或管理上的控制所需的）或30%以上投票权的股东或其他人士（一名或一组人士），或有能力控制组成新申请人董事会的大部分成员的股东或其他人士（一名或一组人士）。就本条规则而言，香港联合交易所一般不认为"中国政府机关"是中国发行人的控股股东。为清晰起见，在中国政府辖下从事商业经营或者营运另一商业实体的实体列为例外，因而不包括在上述"中国政府机关"的定义范围内。

根据香港《公司条例》的规定，实际控制人是指：①该人直接或间接持有该公司25%以上的已发行股份，若该公司没有股本，该人直接或间接持有分摊该公司25%以上的资本或分享该公司25%以上的利润（视情况所需而定）的权利；②该人直接或间接持有该公司25%以上的表决权；③该人直接或间接持有委任或罢免该公司董事局的过半数董事的权利；④该人有权利或实际上对该公司发挥或行使重大影响力或控制；⑤该人有权利或实际上对某信托或商号的活动发挥或行使重大影响力或控制，而该信托或商号不是法人，以及该信托的受托人或商号的成员符合前述四项中所指明的一个或以上的条件。

3. 美国

美国法律法规中并未对控股股东或实际控制人专门进行定义。但通常是将拥有公司50%以上的表决权的股东认定为控股股东；而在股东未拥有过半数表决权的情况下，则需要结合股东对其他股东或董事会的影响力判断其是否对公司决策享有控制权，如该股东是否能够实际控制董事会绝大部分的成员，或该股东是否能就特定事项主导、控制董事会的决策，若该股东能通过上述两种方式控制公司的经营决策，则会被认定为事实上的控股股东。

笔者曾经办一起美股境外上市备案项目，在备案报告中对控股股东的认定亦采用了招股说明书中拥有50%以上表决权的认定标准并得出无控股股东的结论，中国证监会在后续问询中亦并未就此标准展开进一步问询。

4. 开曼群岛

开曼群岛的法律法规中亦未对控股股东或实际控制人专门进行定义。

由上述标准可知，不同的上市地及注册地对控股股东及实际控制人的认定标准存在或多或少的差异，因此在具体办理境外上市备案相关事项时，建议提前征询境外律师或相关人员的意见,并注意境内与境外提交材料的一致性。

三、境外上市备案新规下中介机构的责任

境外上市备案新规对证券公司、证券服务机构和人员(以下简称中介机构)在境内企业境外发行上市中的职责和义务提出了明确的要求,并规定由中国证监会、国务院有关主管部门对相关中介机构实施监督管理。根据中国证监会关于新规的答记者问,中国证监会在境外上市备案管理方面将压实发行人、中介机构责任,强化境内外监管力度。因此,笔者将中介机构在境外上市备案新规下所应承担的义务和责任简要梳理如下。

(一)中介机构在境外上市备案新规下的义务

1. 中介机构核查中的勤勉尽责义务

《管理试行办法》第十二条规定,中介机构从事境内企业境外发行上市业务的,应当遵守法律、行政法规和国家有关规定,遵循行业公认的业务标准和道德规范,严格履行法定职责,保证所制作、出具文件的真实性、准确性和完整性,不得以对国家法律政策、营商环境、司法状况等进行歪曲、贬损的方式在所制作、出具的文件中发表意见。

《管理试行办法》第二十条规定,中介机构应当对备案材料进行充分核查验证,不得存在下列情形:①备案材料内容存在相互矛盾或者同一事实表述不一致且有实质性差异;②备案材料内容表述不清、逻辑混乱,严重影响理解;③未对企业是否符合境内企业境外间接上市的认定标准进行充分论证;④未及时报告或者说明重大事项。

2. 中介机构对备案材料的承诺

根据《境外发行上市类第2号:备案材料内容和格式指引》的规定,中介机构需要出具承诺书,承诺已对备案报告进行了审慎审阅和认真核查,确认备案报告内容真实、准确、完整,不存在虚假记载、误导性陈述及重大遗漏,并承担相应的法律责任。

3. 中介机构对拟上市企业的督促义务

中介机构应按照职责督促发行人:①避免境外上市负面清单中所列情形;②依法向中国证监会备案,报送备案报告、法律意见书等有关材料,真实、准

确、完整地说明股东信息等情况；③若发生境外上市负面清单所列情形，应暂缓或者终止境外发行上市，并及时向中国证监会、国务院有关主管部门报告。

4. 境外证券公司的备案义务

根据《管理试行办法》的规定，境外证券公司担任境内企业境外发行上市业务保荐人或者主承销商的，应当自首次签订业务协议之日起10个工作日内向中国证监会备案，并应当于每年1月31日前向中国证监会报送上年度从事境内企业境外发行上市业务情况的报告。境外证券公司在《管理试行办法》施行前已经签订业务协议，正在担任境内企业境外发行上市业务保荐人或者主承销商的，应当自本办法施行之日起30个工作日内进行备案。

（二）监管措施及法律责任

根据境外上市备案新规的规定，中介机构违反上述义务可能会面临以下后果。

1. 监管措施

中国证监会、国务院有关主管部门可以按照职责分工，对中介机构在境内开展的境内企业境外发行上市业务进行监督检查或调查，并视情节轻重，对违反相关规定的中介机构及其相关执业人员采取责令改正、监管谈话、出具警示函等措施。

2. 行政处罚

中介机构未按职责督促发行人遵守相关规定的，给予警告，并处以50万元以上500万元以下的罚款。对直接负责的主管人员和其他直接责任人员给予警告，并处以20万元以上200万元以下的罚款。

中介机构未履行上述勤勉尽责义务的，由中国证监会、国务院有关主管部门责令改正，给予警告，并处以业务收入1倍以上10倍以下的罚款；没有业务收入或者业务收入不足50万元的，处以50万元以上500万元以下的罚款。对直接负责的主管人员和其他直接责任人员给予警告，并处以20万元以上200万元以下的罚款。

综上所述，境外上市备案新规不仅对发行人提出了更高的要求，而且对中介机构的责任做出了进一步的明确。上述规定将会使未来境外上市过程中各个中介机构的分工合作发生巨大变化，也将对中介机构开展境外发行上市业务产生积极作用。

四、小结

总体而言，境外上市备案新规的颁布与实施，对中国的境外发行上市而言有着划时代的意义。在全面备案制的时代下，企业在进行境外上市的筹划时，需要将境外上市备案新规的内容提前纳入考虑范围内，尤其是涉及行业监管及安全审批等特殊关注事项的企业，需要尽早安排相关事项的论证，并提前与行业相关主管部门或中国证监会有关部门进行沟通，商讨解决方案，从而制定出最适合企业的境外上市方案和路径，顺利推进企业境外上市的进程。

第八章
香港上市

第一节 香港证券市场的发展与现状

一、香港证券市场的开端

香港在经济发展中经历了两次转型。1950年以前,香港经济主要以转口贸易为主。从20世纪50年代起香港开始工业化,到1970年,工业出口占到总出口的81%,标志着香港已从单纯的转口港转变为工业化城市,实现了香港经济的第一次转型。20世纪70年代初,香港推行经济多元化方针,香港金融、房地产、贸易、旅游业迅速发展,特别是从20世纪80年代开始,内地因素成为推动香港经济发展的最主要的外部因素,香港的制造业大部分转移到内地,各类服务业得到全面高速的发展,实现了从制造业转向服务业的第二次经济转型。

二、香港证券市场的现状

(一)香港证券市场监管机构及关系

随着香港证券市场的国际化、内地企业赴港上市、内地对香港金融市场的开放,香港已然成为亚太地区最重要的金融中心之一,吸引着全球投资者的目光。按照交易品种,香港证券市场包括了股票市场、衍生工具市场、基金市场、债券市场。

香港证监会是根据《证券及期货事务监察委员会条例》(香港法例第24

章)(以下简称《证监会条例》)于1989年成立的独立法定机构,是香港证券及期货市场的主要监管机构。《证监会条例》连同其他九个证券及期货相关条例一同并入《证券及期货条例》,《证券及期货条例》于2003年4月1日生效,是规管香港证券市场及期货市场以及行业的主要法例。

香港交易及结算所有限公司(又称为香港交易所,简称港交所)是《证券及期货条例》下的认可控制人(Recognised Exchange Controller)。香港交易所拥有多家全资附属公司,拥有并经营香港证券交易所及期货交易所以及相关的结算所。其主要的附属公司是香港联合交易所有限公司(简称香港联交所或联交所)和香港中央结算有限公司。

联交所是《证券及期货条例》下的认可交易所(Recognised Exchange Company)。它在香港经营一个股票市场,是以下各方的主要监管机构:

(1)有关交易事宜的交易所参与者(Exchange Participants);
(2)在联交所主板和创业板上市的公司。

香港中央结算有限公司(简称香港中央结算)是《证券及期货条例》下的认可结算所。香港中央结算为证券交易提供清算和交收服务,包括在联交所进行的或受联交所规则约束的贸易和交易。

港交所本身是一家在联交所上市的公司,即港交所在自己的股票市场上市(港交所于2000年6月以介绍方式上市)。为确保港交所与其他上市公司之间公平竞争,并避免任何实际或潜在的利益冲突,港交所在某些方面直接受香港证监会监管。

联交所与香港证监会签订了《规管上市事宜的谅解备忘录》。以下是关于联交所与香港证监会各自角色及关系的表述,摘自联交所网站:

香港联合交易所有限公司(联交所)在规管拟在香港市场上市的公司,以及在上述公司上市后,继续在对它们进行监察方面担当主导角色。根据法例,联交所负责在合理的切实可行的范围内,确保香港市场是公平、有秩序及信息灵通的(联交所的法定责任)。然而,联交所的上市规管角色并非其专有的。

香港的证券及期货事务监察委员会(以下简称香港证监会)在市场监管方面及上市规管的若干范畴扮演着领导的角色,并且在涉及企业失当行为的个案中,透过行使其法定调查及执法权力,肩负起相辅相成的角色。香港证

监会的法定责任之一是监督及监察联交所履行其与上市事宜有关的职能及职责。联交所与香港证监会的职员会定期开会讨论与上市有关的事宜。根据双重存档制度，联交所会将由上市申请人递交的资料的副本送交香港证监会。假如香港证监会认为有关的上市资料内所作的披露看来载有虚假或具误导性的资料，香港证监会可以否决有关的上市申请。香港证监会亦会定期稽核联交所在规管与上市有关的事宜方面的表现。

联交所涉及上市事宜的职能由上市科及上市委员会执行，并可分为两大类：（a）制定及发布规则（《上市规则》）以为上市申请人及上市发行人订明上市规定；及（b）公正无私地执行《上市规则》。所有就《上市规则》所作的修订及会强制执行或应用范围广泛的政策决定，均须获香港证监会批准。

近年来，这两个机构之间的关系一直备受关注，香港证监会采取了所谓的"前置式"监管方式，强调有针对性的早期干预。这种方法最初主要应用于IPO后的交易，而后延伸到IPO本身。

香港证监会于2017年首次使用"前置式"监管方式，这是基于《证券及期货（在证券市场上市）规则》（第571V章），特别是根据《证券及期货（在证券市场上市）规则》第6条和第8条，香港证监会具有反对上市和暂停证券交易的权力。2017年，香港证监会根据《证券及期货条例》行使职权的案件由往年的平均每年数起增加至约40起。香港证监会亦有广泛权力对上市公司事务进行调查。当上市公司以损害其任何股东权益的方式经营或处理公司业务或事务时，香港证监会可根据《证券及期货条例》第214条向原讼法庭呈请针对上市公司或其董事或经理发出多项命令。

香港证监会与联交所在2017年关于建议改善联交所的上市监管决策及管治架构的联合咨询总结中阐明：

（1）香港证监会作为法定监管机构，执行《证券及期货条例》和《证券及期货（在证券市场上市）规则》并监管、监察和规管联交所的活动；

（2）联交所作为监管机构，执行不具法定效力的《上市规则》。

联合咨询总结亦提及香港证监会当时采用新的"前置式"监管方式，使用其在《证券及期货条例》和《证券及期货（在证券市场上市）规则》下的权力，在早期阶段有针对性地干预、规管更严重的上市事宜，并表示会继续采用这种方式。联合咨询总结亦澄清，联交所是联交所所有上市公司的主要前线监管机构及所有上市申请者的联络方（除了香港证监会根据《证券及期货（在证券市场上市）规则》提出的关注事项外）。

（二）近期发展

近年来，香港联交所对《主板上市规则》进行了多项重大修订，旨在提高香港联交所相对于国际上其他交易所的竞争力。

《主板上市规则》于2018年4月发生重大变化，新上市规则允许高增长科技和其他创新公司【无论其是否具有不同投票权架构（Weighted Voting Rights）】以及无法通过主板财务测试的生物科技公司在联交所主板上市。

同时，联交所新增《上市规则》第19C章，允许在全球三个合资格交易所（即纽约证券交易所、纳斯达克证券交易所和伦敦证券交易所）作第一上市的创新产业公司（包括此前被禁止在香港联交所作第二上市的、以大中华区为业务重心的公司）在香港作第二上市。2018年4月修订的《上市规则》为联交所注入了活力。

2021年，联交所就改善海外发行人上市制度的建议发表咨询总结。根据2022年1月1日生效的《上市规则》修订版，多元化趋势将延续。这次修订具体如下。

（1）允许来自传统行业且市值低于当前要求的大中华区公司在香港联交所作第二上市，前提是其在合资格交易所已作第一上市。删除"创新产业公司"的条件，降低当前最低市值的要求，允许更多在纽约和伦敦上市的中国公司在香港联交所以二次上市的方式"回家"上市。

（2）允许公司在联交所进行双重主要上市，无须修改其不同投票权架构（Weighted Voting Rights）/可变利益实体（Variable Interest Entity）架构以满足《上市规则》对这些架构的要求。

（3）提高利润测试下的最低盈利要求，这有助于进一步划分联交所的主板和创业板。

2022年1月1日起生效的境外发行人上市制度修订版还简化了境外公司在联交所上市的要求，并要求所有上市公司遵循14项核心股东保障标准。此外，联交所还为特殊目的收购公司（Special Purpose Acquisition Company）——即上市后在规定期限内通过上市募集资金收购业务的空壳公司——制定了上市机制，该机制已于2022年1月1日生效。

另外，联交所于 2022 年 10 月 19 日发布了《特专科技公司上市制度》的咨询文件，并于 2023 年 3 月发布了《特专科技公司上市制度》的咨询总结（以下简称《咨询文件总结》），决定在《上市规则》中新增一个章节（即第 18C 章），降低特专科技公司的上市门槛，以便具备发展及投资潜力但尚未满足现行香港主板上市要求的新兴科技公司赴港上市。《咨询文件总结》附录四和附录五列示了拟采纳的《上市规则》第 18C 章以及相关的联交所指引信（合称"18C 章规则"），并已于 2023 年 3 月 31 日生效。

第二节　香港上市模式

2023 年 2 月 17 日，中国证监会发布了《境内企业境外发行证券和上市管理试行办法》（以下简称《管理试行办法》）和五项配套监管规则适用指引（以下与《管理试行办法》合称为境外上市备案新规）。境外上市备案新规明确了监管范围，既包括在境内登记设立的股份有限公司境外发行上市，即境内企业直接境外发行上市，在香港上市的语境下，也就是通常所说的 H 股上市，又包括主要经营活动在境内的企业，以在境外注册的企业的名义，基于境内企业的股权、资产、收益或其他类似权益境外发行上市，即境内企业间接境外发行上市。也就是说，无论境内企业直接还是间接在境外发行上市，都需要接受中国证监会的监管。

约半数在联交所上市的发行人为中国内地企业，即：在中国内地注册成立的公司和由中国内地个人或政府控制的在中国境外注册的公司（通常称为红筹公司）。这里，我们将在联交所上市的中国内地企业分类如下。

（1）H 股架构：上市发行人是在中国内地注册成立的股份制公司，其境内股权直接在联交所上市。"H"代表香港。H 股发行人须遵守《上市规则》第 19A 章的规定，并须取得中国证监会的批准方可在联交所上市。

（2）红筹架构：中国境内（不包含港澳台）的上市发行人在境外（通常在开曼群岛）注册成立离岸公司。红筹发行人有两种类型，即国有（企业控制人为内地政府）和私营（企业控制人为内地个人）。联交所和其他机构有时将私营红筹股单独归类为内地私营企业（有时称为 P 股）。

一、H 股模式

（一）H 股上市

H 股是指以中国境内注册公司为上市主体，在香港发行上市的股票。H 股上市属于直接上市的方式，需要经过中国证监会、香港联交所、香港证监会的审核、备案。

1. 联交所对 H 股上市公司的要求

《上市规则》第 19A 章专门针对 H 股发行人的第一上市进行了规定，H 股发行人在《上市规则》中被称为"中国发行人"。

由于中国内地的法律制度并非以普通法制度为基础，且中国发行人既有内资股也有在香港上市的外资股，因此联交所在《上市规则》第 19A 章列出了适用于中国发行人的各种附加、变通和豁免的规定。《上市规则》第 19A 章将"中国发行人"一词定义为在中国大陆（即不包括港澳台）正式注册为股份有限公司的发行人。

除非《上市规则》第 19A 章另有规定，《上市规则》适用于香港及海外发行人的规则也同样适用于中国发行人。《上市规则》第 19A.02 条明确规定，适用于在联交所作主要上市的海外发行人的《上市规则》第 19 章不适用于中国发行人。

在联交所上市的中国发行人一般拥有两种类型的股份：

（1）根据中国法律只允许中国公民和法人持有的内资股；

（2）境外上市外资股（如股份在联交所上市，称为 H 股），仅限外国投资者和港澳台地区投资者持有。

外资股（包括 H 股）根据中国法律发行，面值以人民币计价，但以人民币以外的货币认购。

只有符合《上市规则》第 19A.03 条的以下规定，联交所才会考虑根据第 19A 章提出的上市申请：

（1）发行人是在中国正式注册成立的股份有限公司；

（2）联交所信纳联交所与相关中国证券监管机构之间有充分的沟通和合作安排（对于有股本证券已在其他证券交易所上市或将在其他证券交易所上市的发行人而言，在联交所与该其他证券交易所当局之间有充分的沟通和合作安排）；

（3）联交所信纳中国法律及发行人组织章程细则为H股股东提供足够程度的保障。

与《上市规则》第19章对海外发行人的规定类似，第19A章要求中国发行人委任一名人士代表其在香港接受送达文件及通知书，并须将该人的联络资料、委任及终止通知香港联交所。同时，股东名册必须在香港保存，股份转让必须在香港登记。只有在香港股东名册上登记的股份才可在联交所买卖。此外，第19A章要求中国发行人提供的所有非英文文件或账目必须附有经核证的英文译本（而联交所可能要求由香港的特定人士准备额外的译本），并且中国发行人在上市文件或账目中提供的资料不得少于根据中国法律规定须提供的资料。

中国发行人须在香港委任收款代理人，代表H股股东向发行人收取并代为保管已宣布派发的股息及其他有关H股的应付款项。

第19A章还对中国发行人的保荐人和合规顾问提出了额外要求。

《上市规则》第8.19（1）条和8.20条的规定（即就任何类别的证券作出上市申请，以及再次发行某类已经上市的证券），仅适用于中国发行人的H股，不适用于内资股或其他外资股。

第19A章规定，就中国发行人而言，《上市规则》的某些条文（例如，第3.09A条、3.20条、13.67条、13.68条）对董事的规定也适用于监事。监事是选举产生的监事会成员，根据中国法律对发行人的董事会、经理和其他高级管理人员行使监督职能。但是，《上市规则》第19A.15条规定联交所可酌情允许发行人在香港有足够的管理层人员的情况下豁免遵守《上市规则》第8.12条。除其他因素外，联交所还会把申请人与联交所保持定期沟通的安排作为考虑因素。

《上市规则》第19A.18条要求中国发行人的独立非执行董事证明其具备可接受的能力以及足够的商业或专业经验，能充分代表广大股东的利益。监事必须具备适合担任监事职务的个性、经验和正直品格，并能够证明其具备与监事职位相匹配的能力。中国发行人至少须有一名独立非执行董事通常居住于香港。

中国发行人的上市文件须披露多项额外资料（包括股东权利保护及董事权力行使的章程文件摘要，以及相关中国法律摘要）。

因中国发行人公司章程或中国《公司法》及其他适用于发行人的内地法

律法规所规定的权利或义务而引起的涉及H股股东的争议，由争议方选择在香港特区或中国内地通过仲裁解决。中国发行人的所有上市文件都必须包含《上市规则》第19A.52条所规定的声明。中国发行人亦须敦促股票过户登记处（Share Registrars）拒绝以他人姓名登记发行人股份的认购、购买或转让，除非该人士向股票过户登记处提供经签署的表格，而表格须包括第19A.52条所规定的声明。

2. 中国证监会备案

根据中国法律法规，H股上市须经中国证监会备案。香港联交所《上市规则》第19A章要求申请人在预计聆讯日期至少四个完整营业日之前向联交所提交由中国证监会（或其他内地主管部门）出具的中国发行人在香港联交所上市的备案通知书文件副本。

自2023年3月31日起境外上市备案新规实施后，中国证监会对境内公司直接和间接境外上市统一进行备案管理，完善了境外上市监管制度，境内企业境外上市从此进入了全面备案制的新时代。

（1）审批制改为备案制。过去H股发行人在向香港联交所递交上市申请前，需要向中国证监会递交境外上市申请并取得受理函，在经过中国证监会的正式批准后才有机会通过香港联交所聆讯。

境外上市备案新规实施后，H股发行人在向香港联交所递交上市申请后3个工作日内按要求向中国证监会申请备案，无须事先获得中国证监会的批准。不过仍需关注香港联交所是否会就境外上市备案新规出台配套指引，要求发行人在聆讯或上市发行前办结中国证监会备案手续。

（2）H股"全流通"审批制改为备案制。境外上市备案新规将H股"全流通"由审批制改为备案制。根据境外上市备案新规的规定，持有发行人境内未上市股份的股东申请将其持有的境内未上市股份转换为境外上市股份并到境外交易场所上市流通的，需要委托发行人向中国证监会备案，"全流通"备案可以在向中国证监会申请境外上市备案时同步进行，也可以在发行人上市后单独申请。

（3）章程必备条款。境外上市备案新规施行后，《到境外上市公司章程必备条款》同时废止，届时H股发行人不必再受章程必备条款的约束。不过根据境外上市备案新规的要求，拟通过H股上市的境内企业仍应参照《上市公司章程指引》等中国证监会关于公司治理的规定制定公司章程，以完善公司

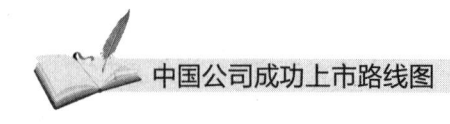

内部控制制度，规范公司治理。

根据境外上市备案新规的要求，我们初步梳理了新规落地后境内企业拟以 H 股模式在香港上市的申报流程，具体如表 8-1 所示。

表 8-1　在香港联交所发行 H 股上市的流程

	第一阶段：初步准备
1	做出关键的架构型决策（包括决定是否包含 144A 规制和 S 条例部分以及哪些业务将上市）并启动
2	委任各方专业机构
3	上市前的股权架构重组
4	财务设计 / 审查
5	内部管理审查
6	法律 / 财务尽职调查与验证
7	保荐人 PN21 尽职调查
8	考虑豁免申请
9	起草招股说明书
10	准备盈利预测和现金流预测
11	编制 A1 申请资料集
12	IPO 前配售（如需要）
13	向联交所提交 A1 申请
	第二阶段：监管审查
14	监管机构审查上市申请
15	回复监管部门的询问和意见
16	持续的尽职调查与验证
17	处理豁免申请
18	聆讯
	第三阶段：市场推介和发行
19	预路演安排
20	分发交易前研究报告和非正式招股说明书，并公布聆讯后资料集
21	路演、簿记建档以及国际发行部分的启动和结束
22	香港公开发行启动和结束
23	定价
24	分配及交收
25	上市开始和 IPO 结束

（二）H股"全流通"

为解决H股公司存量股份境外上市流通问题，中国内地相关主管部门积极促进并推动H股"全流通"。2017年，中国证监会开始以"成熟一家、推出一家"的方式进行H股"全流通"试点。2018年4月，《H股"全流通"试点业务实施细则（试行）》发布，2018年4月至7月间，联想控股（03396.HK）、中航科工（02357.HK）、威高股份（01066.HK）三家H股"全流通"试点公司27名股东持有的约71亿股存量股份获准转为H股，并在香港联交所上市流通。2019年6月，中国证监会表示H股"全流通"已经具备全面推行的条件。2019年12月31日，经中国证监会批准，中国证券登记结算有限责任公司和深圳证券交易所联合发布了《H股"全流通"业务实施细则》，标志着H股"全流通"全面推行工作正式开启。

H股"全流通"从制度上解决了困扰中国内地与香港两地资本市场多年的历史遗留问题。H股"全流通"后，H股公司的内资股价值将更加市场化，而股价与内资股股东利益密切相关，有利于促进H股公司各类股东利益一致和公司治理完善；有利于激励员工及激发员工的工作积极性；有利于提高H股公司中国有企业的股权价值及流通性，吸引海外资本，促进国企混合制改革；有利于H股公司更好地利用境内外两个市场、两种资源获得发展；有利于H股公司价值的提升和回归，促进H股公司的长远发展；另外，H股"全流通"将提升H股公司在各项全球指数中的权重，H股流动性的增强也会更加吸引海外投资者，激发H股整个板块的活力。

截至目前，有关H股"全流通"的主要法规具体如表8-2所示。

表8-2　目前有关H股"全流通"的主要法规

法规名称	制定机构	发布时间
《H股"全流通"试点业务实施细则（试行）》	中国结算、深交所	2018-04-20
《H股"全流通"试点业务指南（试行）》	中国结算	2018-05-22
《H股公司境内未上市股份申请"全流通"业务指引》	中国证监会	2019-11-15
《中国证监会新闻发言人就全面推开H股"全流通"改革答记者问》	中国证监会	2019-11-15
《H股"全流通"业务实施细则》	中国结算、深交所	2019-12-31

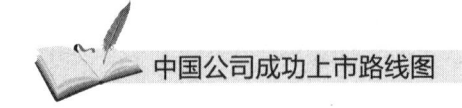

对于境外上市前境内股东持有的内资股、境外上市后在境内增发的内资股和外资股东持有的未上市流通的股份，均可以申请流通，具体流程如表8-3所示。

表8-3 H股"全流通"具体流程

项目	内容
关于申请	（1）申请H股上市时一并提出申请； （2）单独申请； （3）境外再融资时一并提出申请
关于程序	（1）履行必要的内部决策程序； （2）金融或者类金融行业公司，以及其他对股东资质设置准入要求行业的公司，申请H股"全流通"原则上应当事先取得行业监管部门同意； （3）中国证监会备案
关于股份登记	通过中国结算办理股份跨境转登记手续（跨境转登记后不得转回），以中国结算的名义托管在中国结算香港，以中国结算香港的名义存管于香港结算，以"香港中央结算（代理人）有限公司"作为最终名义持有人列示于H股公司的股东名册
关于交易	境内股东授权H股公司选择一家境内证券公司，境内股东通过该证券公司提交交易委托指令，经深圳证券通信有限公司指定的香港证券公司进行相应交易
"全流通"之后增发	向境内主体增发的股份仍为内资股（注意，"全流通"后增发的内资股股东将对未来需要内资股类别股东大会审议的事项做出决策），若需要流通仍需再次申请

二、红筹模式

红筹模式一般是指中国境内主体在境外设立公司，同时将在中国境内实际运营企业所持有的资产等权益注入境外公司，以该境外公司作为上市主体在境外上市募集资金的上市模式。

红筹结构又分为大红筹和小红筹，大红筹通常是指红筹结构中境内企业、资产或业务的实际控制人为境内政府机构的情形，而小红筹在实务中则多指境内企业、资产或业务的实际控制人为境内自然人的情形。

在境外上市备案新规中，以红筹架构在境外发行上市也被称作境内企业间接境外发行上市，并纳入备案监管范围。

1. 红筹架构纳入备案监管范围

境外上市备案新规实施前，传统小红筹架构通过"两步走"的方式完成跨境重组以降低境内监管要求的方法也为境外交易所普遍接纳。境外上市备案新规实施后，大、小红筹被统一纳入间接境外发行上市监管之下，需要在境外提交上市申请后向中国证监会履行备案手续。

尽管如此，境外上市备案新规实施后红筹架构仍然有其独特的优势，例如以开曼群岛、泽西群岛或英属维尔京群岛（BVI）作为海外注册地的公司，在小股东权益保护等方面获得境外主要交易所普遍认可，并且境外投资人也更偏好在海外注册地公司层面持股。不过根据境外上市备案新规的监管要求，有关境外控股股东及其他持有发行人5%以上股份或表决权的主要股东的背景和信息需要进行穿透申报。

2. 对间接境外发行上市的认定

根据境外上市备案新规，判断是否属于间接境外发行上市时应当遵循实质重于形式的原则。发行人同时符合两种情形的，应当被认定为境内企业间接境外发行上市，纳入备案监管范围，具体如表8-4所示。

表8-4 境内企业间接境外发行上市的认定

同时满足以下情形将被认定为境内企业间接境外发行上市	
（1）	境内企业最近一个会计年度的营业收入、利润总额、总资产或者净资产，任一指标占发行人同期经审计合并财务报表相关数据的比例超过50%
（2）	经营活动的主要环节在境内开展或者主要场所位于境内，或者负责经营管理的高级管理人员多数为中国公民或者经常居住地位于境内

如果发行人不符合上述规定的情形，在境外资本市场按照非本国（或地区）发行人的有关规定提交上市申请，且所披露的风险因素主要与境内相关，则证券公司与发行人的境内律师应当遵循实质重于形式的原则对发行人是否属于备案范围进行综合论证与识别。

3. 境外上市负面清单制度

境外上市备案新规确立了境外上市的负面清单制度。对于法律、行政法规或者国家有关规定明确禁止上市融资，可能危害国家安全，存在违法犯罪行为，涉嫌犯罪或者重大违法违规行为正在被依法调查且尚未有明确结论意

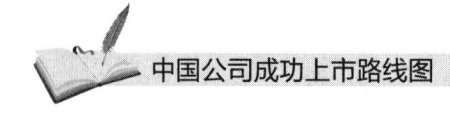

见，存在重大权属纠纷等的，不得赴境外发行上市。同时，指引中对几种禁止境外发行上市的情形进行了进一步列举、解释及阐述，具体规定如表8-5所示。

表8-5 禁止境外发行上市的情形

禁止境外发行上市的情形	指引中的进一步解释及补充
（1）法律、行政法规或者国家有关规定明确禁止上市融资的	国家发展改革委、商务部印发的《市场准入负面清单》禁止上市融资的
	境内企业属于《国务院关于建立完善守信联合激励和失信联合惩戒制度加快推进社会诚信建设的指导意见》（国发〔2016〕33号）规定的严重失信主体的
	在产业政策、安全生产、行业监管等领域存在法律、行政法规和国家有关规定限制或禁止上市融资的
（2）经国务院有关主管部门依法审查认定，境外发行上市可能危害国家安全的	—
（3）境内企业或者其控股股东、实际控制人最近3年内存在贪污、贿赂、侵占财产、挪用财产或者破坏社会主义市场经济秩序的刑事犯罪的	如刑事犯罪主体为发行人收购而来，且相关刑事犯罪行为发生于发行人收购完成之前，原则上不视为发行人存在相关情形。但发行人主营业务收入和净利润主要来源于相关主体的除外
	最近3年的起算时点，从刑罚执行完毕之日起计算
（4）境内企业因涉嫌犯罪或者重大违法违规行为正在被依法立案调查，尚未有明确结论意见的	违法违规行为导致严重环境污染、重大人员伤亡、国家经济利益重大损失或其他社会影响恶劣的情况，原则上应认定为重大违法违规行为
（5）控股股东或者受控股股东、实际控制人支配的股东持有的股权存在重大权属纠纷的	应当关注控股股东或者受控股股东、实际控制人支配的股东持有的发行人股权是否存在质押、冻结或诉讼仲裁，可能导致重大权属纠纷的情形

针对第一种情形即法律、行政法规或国家有关规定明确禁止上市融资的，《市场准入负面清单》中目前规定禁止义务教育阶段学科类培训机构及营利性

幼儿园上市融资，后续仍需要结合国家产业政策动向，密切关注可能存在禁止上市风险的行业。

4. 红筹上市备案流程

根据境外上市备案新规的要求，可以梳理出新规落地后境内企业拟通过红筹架构在境外上市的申报流程，主要步骤与H股大致相同，具体可参照H股备案申报流程（见表8-1），不同点在于向境外监管机构递交上市申请前需要完成红筹架构的搭建。

三、VIE模式

1. 联交所对VIE模式上市公司的要求

中国法律限制或禁止外国投资进入中国部分领域，例如教育、信息传输、软件和IT服务以及科学研究和技术服务。如果中国业务面临外国投资限制或禁令，这将成为在联交所上市的障碍，因为联交所投资者将被限制或禁止投资该业务。因此，中国企业采用替代结构来规避外国投资限制/禁令。一种常用的结构是可变利益实体（VIE）结构，也称为合约安排或结构性合同，即通过一系列合同间接控制并享受中国业务的经济利益。

在离岸（通常在开曼群岛）成立特殊目的实体（Special Purpose Vehicle）作为上市发行人。该离岸特殊目的实体由面临外商投资限制/禁止的中国业务的中国股东（国内经营实体或VIE）所有。上市后，离岸特殊目的实体也将归外国投资者所有。离岸特殊目的实体设立（或可能通过另一层，即另一家离岸特殊目的实体）中国子公司（即外商独资企业）。该外商独资企业与VIE及其股东签订一系列合约。

通过合约安排，该外商独资企业（以及离岸特殊目的实体/上市公司）有权对VIE的运营进行管理控制并享受其经济利益，上市公司能够合并VIE的财务业绩，就如它是其在现行会计原则下的全资附属公司之一。VIE继续开展业务，持有面临外商投资限制/禁止的资产和经营许可证或许可证，并继续由中国股东拥有。通常，该外商独资企业和VIE会签订独家服务协议，根据该协议，该外商独资企业同意向VIE提供独家服务（一般如咨询服务、技术服务和管理支持）并收取费用，以使VIE的收益/盈利流向该外商独资企业。各方（包括该外商独资企业、中国股东和/或VIE）之间通常签订的其

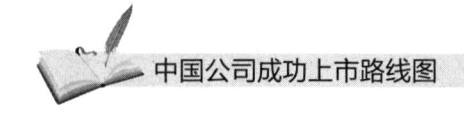

他合约包括独家认购期权协议、股权质押协议、贷款协议和授权书。

在 VIE 结构下，离岸特殊目的实体（及其外国股东）不直接或间接持有面临外国投资限制/禁止的中国境内经营实体的股权。这就留下了一个问题，即外国投资限制/禁止是否通过合约安排延伸到外国投资。

采用合约安排存在各种风险，例如：

（1）中国政府可能认定该安排无效且不符合适用法规；

（2）这些安排可能无法提供像直接所有权那样有效的控制；

（3）中国股东的利益可能与申请人的利益不一致；

（4）中国税务机关可能会征收额外税项。

联交所上市决策 LD43-3 确认，采用合约安排本身不会导致上市申请人不适合上市。该决定于 2005 年首次发布，已多次更新，最近一次是在 2022 年。联交所上市委员会于 2011 年确认，其在考虑满足上市决策 LD43-3 的条件的企业采用合约安排的原因后，允许个案采取合约安排的做法。

联交所在上市决策 LD43-3 中表示，在考虑是否适合上市时，会审查合约安排的使用是否符合所有相关的中国法律法规。上市申请人须就合约安排向联交所提交中国法律意见书，包括有关安排是否符合适用的中国法律、法规和规则及相关实体的组织章程细则，以及该等安排是否合法及具约束力。上市文件必须包括中国法律顾问的确认，即根据中国《合同法》，合约安排不会被视为"以合法形式掩盖非法意图"而无效。

如果中国法律法规明确禁止外国投资者通过合约安排来控制或经营外国受限业务（例如在线游戏业务），则中国法律意见书必须包括一个肯定的确认（如果可能，由适当的监管保证支持），即使用合约安排不违反这些法律和法规，或者根据这些法律和法规，该等安排不会被视为无效或无效。

联交所上市决策 LD43-3 要求上市申请人严格调整其合约安排，以便仅在必要的范围内使用它们来解决外资所有权限制、实现申请人的商业目的并尽量减少与适用的中国法律法规发生冲突的可能性。不面临外资所有权限制的上市申请人不得采用合约安排。

申请人必须直接持有 VIE 的最大允许权益，但有以下两种情况可能不适用此持股要求。

（1）如果 VIE 需要获得监管批准并满足额外的外资资格标准，上市决策

LD43-3 规定申请人必须满足这些要求并获得监管批准才能在 VIE 上市前直接持有最大许可权益并申请提交。但是，如果批准的监管机构确认即使申请人出于以下附加资格标准的原因，它也不会或不能批准，则此义务不适用：

①因为没有授予批准的程序或指导；或

②出于政策原因。

（2）在审批监管机构没有明确的程序或指导的情况下，上市申请人可能直接持有低于最大许可权益的 VIE，前提是申请人证明其已根据法律顾问的意见，合理评估所有监管规定、投入财务及其他资源，并在提交上市申请前落实其所有法律顾问的建议。

在评估涉及 VIE 架构的上市申请时，联交所会对与上市申请人有关的所有相关事实和情况（例如其合规历史）进行广泛审查，如果联交所发现重大不确定性，它将要求更高水平的与合约安排有关的保证。

联交所上市决策 LD43-3 规定，根据可用性和实用性，应从相关监管机构获得适当的监管保证。如果申请人无法获得监管保证，其中国法律顾问将被要求在其法律意见中加入一份声明，表明已采取所有可能的行动或步骤以使其能够得出其法律结论。

联交所在上市决策 LD43-3 中表示，它采用基于披露的方法来考虑上市申请人是否适合合约安排。申请人应确保在上市文件中充分披露合约安排及相关风险，特别是须根据第 20（b）段所载的披露指导原则披露上市决策 LD43-3 第 19 段所载的信息。

上市决策 LD43-3 还要求使用合约安排的上市申请人：

（1）说明在申请人的业务运营中使用合约安排的理由；

（2）一旦法律允许企业在没有合约安排的情况下运营，立即终止合约安排，VIE 股东承诺如果申请人获得 VIE 的股份，则将收到的任何对价退还给申请人。

（3）在 VIE 股东死亡、破产或离婚的情况下，做出安排以保护申请人的利益。

确保合约安排包含特定的协议/条款，包括：

——VIE 股东授权上市申请人董事行使 VIE 股东所有权利的授权书；

——规定仲裁的争议解决条款；

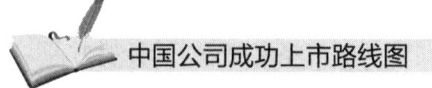

——处理 VIE 资产的安排（而不仅仅是管理 VIE 业务的权利和收益权），以确保清算人能够在清盘的情况下为申请人的股东或债权人的利益扣押 VIE 的资产。

联交所亦发出指引信 GL77-14，为上市后的合约安排提供指引。指引信 GL77-14 涵盖发行人须予公布的交易及/或关联交易的披露规则及其他规定。指引信亦载列联交所对重大合约安排的年报披露预期。

VIE 结构的合法性是一个复杂且存在不确定性的法律问题，需要进行细致入微的分析。因此，上市文件中的"风险因素"部分通常会披露相关中国法律"存在重大不确定性"，中国有关合约安排的法律意见通常包含各种警告。

2. 中国证监会对 VIE 架构的监管

（1）VIE 架构纳入监管。境内企业（特别是持增值电信业务经营许可证的互联网行业公司）基于外商投资受限的原因会采用协议控制架构（VIE 架构）。有关 VIE 架构的监管一直以来并无明确的法规规范，而境外上市备案新规要求采用 VIE 架构的发行人在备案报告中对 VIE 架构做出如下说明（见表 8-6）。

表 8-6　存在 VIE 架构的企业需在备案报告中说明的情况

存在 VIE 架构的企业需在备案报告中说明的情况	
（1）	协议控制架构搭建的原因及具体安排，包括协议控制架构涉及的各方法律主体的基本情况、主要合同的核心条款和交易安排等
（2）	协议控制架构可能引发的控制权、相关主体违约、税务等风险
（3）	风险应对措施安排

此外，发行人存在 VIE 架构的，发行人境内律师应就以下方面进行核查说明（见表 8-7）。

表 8-7　境内律师针对 VIE 架构应核查说明的情况

境内律师针对 VIE 架构应核查说明的情况	
（1）	境外投资者参与发行人经营管理情况，例如派出董事等
（2）	是否存在境内法律、行政法规和有关规定明确不得采用协议或合约安排控制业务、牌照、资质等的情形
（3）	通过协议控制架构安排控制的境内运营主体是否属于外商投资安全审查范围，是否涉及外商投资限制或禁止领域

据此，我们理解境外上市备案新规已将 VIE 架构明确纳入备案管理的范围，且中国证监会有关部门负责人在答记者问时也明确表示，对满足合规要求的 VIE 架构企业境外上市予以备案。但需要注意的是，过去境内企业采用 VIE 架构让境外上市主体协议控制境内运营主体，目的是不受外商投资限制或禁止的约束。此次境外上市备案新规要求发行人境内律师对 VIE 架构是否涉及外商投资限制或禁止领域进行核查说明，实际可能会影响到 VIE 架构的使用。企业选择 VIE 架构时应注意有关监管态度的变化。

（2）结合外商投资负面清单予以审核。VIE 架构通常是进行境外上市的公司在面临外商投资限制或者外资控股比例限制时做出的特殊安排，该模式过去没有获得法律法规的认可或受到明确限制。但根据境外上市备案新规，VIE 架构备案的判断标准包括是否满足合规要求，而判断是否满足合规要求需要参考外商投资准入特别管理措施、有关外资准入的国际条约和协定及其他特定的行业监管规定等。

根据《外商投资准入特别管理措施（负面清单）》（2021 年版）第六条的规定，"从事《外商投资准入负面清单》禁止投资领域业务的境内企业到境外发行股份并上市交易的，应当经国家有关主管部门审核同意，境外投资者不得参与企业经营管理，其持股比例参照境外投资者境内证券投资管理有关规定执行"。涉及 VIE 架构的发行人需要特别留意有关协议安排是否满足合规要求。

截至目前，其他部门针对 VIE 架构的监管协同制度会如何进一步完善尚不明确，境外交易所是否会根据境内监管制度的变化而调整有关核查指引及披露要求仍需要进一步观察。

四、SPAC 模式

1. SPAC 的概念

SPAC 全称为 Special Purpose Acquisition Company，即特殊目的收购公司，也被称为空白支票公司（如此称呼，是因为该公司是以私募形式设立的，只有现金而没有实际业务）。SPAC 由发起人设立，通过 IPO 上市募集资金，待到 IPO 以后在一定期限内完成并购，将标的公司业务装入上市主体实现继承公司上市，而这一过程通常被称为 De-SPAC。

美国上市 SPAC 人气飙升，新加坡和英国均修改或实施了自己的 SPAC 上市制度。香港联交所在香港引入特殊目的收购公司上市制度，目的是希望香港联交所保持竞争力，继续吸引那些可能通过 De-SPAC 并购交易在其他地方上市的内地和东南亚公司来香港上市。

2021 年 12 月，联交所发布了《有关香港特殊目的收购公司咨询总结》，就其于 2021 年 9 月根据《上市规则》新增的第 18B 章创建特殊目的收购公司上市制度的提案做出回应。《上市规则》的条文经过轻微修订后获得采纳，并已于 2022 年 1 月 1 日生效。

2. SPAC 模式的特点

SPAC 模式是一种快捷、高效、简单、确定的上市融资路径，近年来对上市有迫切需求的企业多选择此种方式，此种方式也受到资本的追捧。SPAC 模式有以下独特的优势。

（1）发起人的特殊性。SPAC 的发起人多为投资银行、基金管理人等专业机构和人士，他们通常拥有不俗的过往业绩，在资本界具备了一定的"好名声"，以此作为吸引投资的最大"保障"，因为在投资人投资时，并不能确定最终注入的业务究竟为何、前景如何。

（2）投资人对投入的可选择性。对于投资人而言，虽然最终的并购标的是不确定的，但有机会通过专业的发起人和管理团队为其寻觅具有发展前景的标的企业，并以优惠的价格获得投资机会。而且，投资人还拥有赎回投资的权利，在投资人不满意并购标的的情况下，投资人被给予了选择赎回的机会，能够收回承诺的利息与本金。与其他投资工具相比，SPAC 模式受到严格监管，信息公开透明，投资人的资金安全亦有所保障。

（3）降低标的企业的门槛。就如前面所说，SPAC 模式是一种高效的上市方式，在上市的时点上并未注入业务，处于一个只有发起资金的状态，SPAC 没有经营年限、业绩指标、资产情况等方面的要求，相较传统 IPO 而言，门槛较低。而标的企业的并购是在完成上市以后发生的，因此标的企业的估值也有更强的确定性。

SPAC 模式也有自己的劣势，比如股权稀释过早，标的企业需要依赖 SPAC 的决策将自己装入，最终并购的价格可能会较自主 IPO 的价格低等，但这仍不失为一种能够快速有效上市的途径。

3. SPAC 上市和并购的基本流程

首先,需要由发起人发起设立 SPAC 并完成上市,通常 SPAC 会描述自己的投资方向,使投资者大致了解自己投资的 SPAC 所寻找的标的类型。随后,SPAC 便寻找合适的并购标的,这个过程中需要进行信息披露,需要与目标主体签订保密协议、意向协议等,需要对并购目标主体开展尽职调查,等等。若最终谈判确定并购事项,还需签署相应的并购及融资协议。完成并购后还需要将并购交易报告呈交香港联交所审核,审核无异议后,披露相应的公告文件。

4. 香港 SPAC 上市规则的主要内容

表 8-8　香港 SPAC 上市规则的主要内容

项目	内容
发起人资格	有牌照的要求,须有至少一名 SPAC 发起人同时符合以下两个要求: (1) 是持有香港证监会发出的第 6 类(就机构融资提供意见)和/或第 9 类(提供资产管理)牌照的公司; (2) 持有至少 10% 的发起人股份
投资人资格	SPAC 证券仅限专业投资者认购和买卖。SPAC 并购交易后,买卖继承公司的股份将不受此限。SPAC 股份及 SPAC 认购权证分配给至少 75 名专业投资者,其中包括至少 20 名专业机构投资者
募集规模	首次公开发行募集资金须至少达 10 亿港元
发行价格	每一股份单元认购的价格不低于 10 港元
SPAC 董事会	SPAC 董事会的大多数董事必须是(持牌或非持牌)SPAC 发起人的人员,代表提名他们的 SPAC 发起人的利益
交易安排	SPAC 必须申请将 SPAC 股份及 SPAC 认股权证上市,两者在初步上市之日起就分开买卖
清算和除牌	如果 SPAC 未能在 24 个月内或经批准延长后的期限内公布 SPAC 并购交易,或在 24 个月内公布 SPAC 并购交易后,未能在 36 个月内或经批准延长后的期限内完成 SPAC 并购交易,SPAC 必须清盘并将筹得的所有款项和另加应计利息退还给股东。随后香港联交所会将 SPAC 除牌
并购交易的审批	SPAC 并购交易须在股东大会上经 SPAC 股东批准。在有关交易中拥有重大利益的股东(例如发起人股东及其紧密联系人)须放弃表决权。同时,香港联交所强制要求关联股东、董事在表决时应回避表决

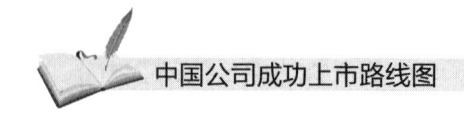

续表

项目	内容
独立第三方投资	根据《上市规则》第18B.40条，SPAC并购交易的条款必须包括来自第三方投资者的投资。该等第三方投资者须符合《上市规则》第13.84条中适用于独立财务顾问的独立性规定，并必须是专业投资者。SPAC并购目标议定估值及对应的独立第三方投资占SPAC并购目标议定估值的最低百分比须符合以下规定： （1）SPAC并购目标议定估值占继承公司预期市值的至少25%（或至少15%，若继承公司于上市的预期市值超过15亿港元）； （2）至少一家资产管理公司或基金（管理资产总值或基金规模至少达10亿港元）于继承公司上市之日实益拥有继承公司至少5%的已发行股份
并购期限	SPAC必须在SPAC上市后24个月内刊发SPAC并购公告，必须在SPAC上市后36个月内完成SPAC并购。对于以上两个限期，只要股东在股东大会批准延期，SPAC都可以向香港联交所申请长达6个月的延期
并购目标的规模	SPAC并购目标的公允市值须达到SPAC首次发售所筹资金的80%
继承公司性质	除《上市规则》第21章定义的投资公司外，其他类型的公司在符合上市规定的情况下没有限制
禁售期	根据《上市规则》第18B.66条，完成SPAC并购交易起12个月内，SPAC发起人不得出售其所持有的继承公司证券
股东数量要求	至少有100名股东
保荐人	继承公司必须委任至少一名保荐人协助其申请上市
继承公司适用上市规则	SPAC并购的公司，即继承公司，须符合《上市规则》的所有新上市规定

香港联交所于2021年9月17日发布了"有关特殊目的收购公司咨询文件"（以下简称SPAC咨询文件），并于2021年12月17日公布了"关于SPAC上市的咨询结论"（以下简称SPAC咨询结论）。SPAC咨询结论大致采纳了SPAC咨询文件的建议，并在《上市规则》中新增了第18B章，即有关允许特殊目的收购公司在香港上市的规定。

基于中国香港主板、美国纳斯达克、新加坡主板SPAC规则的主要规定，我们进一步来比较一下不同市场SPAC主要规则的异同（见表8-9）。

表 8-9　不同市场 SPAC 主要规则的异同

项目	中国香港主板	美国纳斯达克	新加坡主板
发起人资格	有牌照的要求，须有至少一名 SPAC 发起人同时符合以下两个要求：（1）是持有香港证监会发出的第 6 类（就机构融资提供意见）和/或第 9 类（提供资产管理）牌照的公司；（2）持有至少 10% 的发起人股份	无牌照要求	无牌照要求
投资人资格	SPAC 证券仅限专业投资者认购和买卖。SPAC 并购交易后，买卖继承公司的股份将不受此限。SPAC 股份及 SPAC 认购权证分配给至少 75 名专业投资者，其中包括至少 20 名专业机构投资者	所有投资者	所有投资者
募集规模	首次公开发行募集资金须至少达 10 亿港元	首次公开发行募集资金不低于 4000 万美元	无最低募集资金金额要求，但市值须达到 1.5 亿新加坡元
发行价格	不低于 10 港元	不低于 4 美元	不低于 5 新加坡元
标的公司性质要求	除《上市规则》第 21 章定义的投资公司外，其他类型的公司在符合上市规定的情况下没有限制	无限制，继承公司符合适用规定即可	无特别限制，但矿业、石油天然气以及地产投资及发展公司需要适格且需要独立的评估机构进行评估
清算和除牌	如果 SPAC 未能在 24 个月内或经批准延长后的期限内公布 SPAC 并购交易，或在 24 个月内公布 SPAC 并购交易后，未能在 36 个月内或经批准延长后的期限内完成 SPAC 并购交易，SPAC 必须清盘并将筹得的所有款项和另加应计利息退还给股东。随后香港联交所会将 SPAC 除牌	36 个月内完成并购，实践中通常自行限定为 24 个月。若未在规定期限内完成，则必须除牌	限定期限为 24 个月，并有以下可将期限延长最多 12 个月的选项：（1）若 24 个月期限结束前已经订立有关 SPAC 并购交易的具有约束力的协议；（2）SPAC 若拟延长期限，必须分别寻求新交所批准及 SPAC 股东特别决议案批准

五、股权激励

1. 特定人员不得成为直接境外上市企业的股权激励对象

根据境外上市备案新规的有关规定，直接境外发行上市（例如 H 股）的境内企业在境外向境内特定对象发行证券用于股权激励的，境内特定对象可以包括境内企业的董事、高级管理人员、核心技术人员或者核心业务人员，以及企业认为应当激励的对企业经营业绩和未来发展有直接影响的其他人员。但下列人员不得成为激励对象，如表 8-10 所示。

表 8-10　不得成为直接境外发行上市企业股权激励对象的人员

不得成为直接境外发行上市企业股权激励对象的人员	
（1）	最近 12 个月内因重大违法违规行为被中国证监会及其派出机构行政处罚（含市场禁入措施）的
（2）	具有《公司法》规定的不得担任公司董事、高级管理人员情形的
（3）	法律、行政法规和国家有关规定明确不得参与企业股权激励的

2. 对股权激励计划的核查要求

对于实施股权激励计划的发行人，不论是直接境外上市的企业，还是间接境外上市的企业，发行人境内律师都应当按配套指引的要求对股权激励计划进行核查。具体核查要点如表 8-11 所示。

表 8-11　境内律师针对发行人股权激励计划进行核查的要点

境内律师针对发行人股权激励计划进行核查的要点	
（1）	发行人首发备案前实施员工持股计划的，发行人境内律师应当对员工持股计划的设立背景、具体人员构成、价格公允性、员工持股计划章程或协议约定情况、履行决策程序情况、规范运行情况进行充分核查，并就员工持股计划实施是否合法合规出具明确结论性意见
（2）	员工持股计划原则上应当全部由公司员工参与；新《证券法》施行之前（即 2020 年 3 月 1 日之前）设立的员工持股计划，参与人包括少量外部人员的，发行人境内律师应当核查相关人员的入股原因及背景、入股价格、作价依据、资金来源，如入股价格与员工相同或相近，应当说明是否存在利益输送，并出具明确结论性意见

续表

	境内律师针对发行人股权激励计划进行核查的要点
（3）	对于离职后仍持有员工持股计划权益的人员，发行人境内律师应当核查相关人员参与员工持股计划时是否为公司员工，目前是否按照员工持股计划章程或协议约定持有权益等。相关人员以发行人顾问身份参与员工持股计划的，发行人境内律师应当核查相关人员是否与公司签署顾问合同，合同中是否明确顾问的具体职责、期限及参与公司经营管理的方式等，并出具明确结论性意见
（4）	发行人存在首发备案前制定、准备在上市后实施的期权激励计划的，发行人境内律师应当对期权激励计划的基本内容、制定计划履行的决策程序、期权行权价格的确定原则、激励对象基本情况、期权激励计划对公司控制权的影响、是否设置预留权益进行充分核查，并就期权激励计划是否合法合规等出具明确结论性意见

第三节　香港上市板块

香港是通往中国内地的门户，与亚洲区内其他经济体有着密切的商贸联系，是这个高增长地区内的一个战略重地。这些年来，香港已发展成为国际知名的金融中心，为许多亚洲企业乃至跨国公司提供集资的机会。香港证券市场是一个成熟的市场，备受投资者关注。其中，主板和 GEM 为香港交易所现货市场的两个主要交易平台，香港创新板是香港股交所设立的主打板块。

一、主板

主板一般为规模较大、成立时间较长、具备一定盈利记录的公司提供集资市场。主板市场的上市公司按行业可分为金融、公用事业、地产、综合企业、工业、酒店、其他共七大类，其中尤以前四类为主体。香港主板市场是一个运作体系科学、监管体系严密的市场。

就运作体系而言，香港主板市场股票的发行和交易都严格依据上市规则和法定程序进行。经过多年的充实与修改，目前香港涉及股票市场的法律、法规体系已相当完整，内容涵盖公司组建与重组、上市规则、股票交易、市场监管和投资者利益保障等诸多方面，为香港股票市场的正常运作和健康发

展提供了有力的保证。香港联交所的技术设备也非常先进，1986年起计算机辅助交易系统投入使用，并与伦敦、纽约、东京等主要国际市场实现联网；1992年，统一的中央结算和交收系统开始运作，进一步提高了香港股票市场的交易效率。

在监管体系方面，拥有一个分两个层次的管理制度，即：政府（香港证监会）集中管理体系；证券行业（香港联交所、上市公司、股票经纪公司等）自律管理体系和其他相关行业（银行、会计师行、律师行等）专业操守自律管理体系。它们之间互相制约，互为补充，从而使香港股票市场的管理工作既严密又不失弹性。

近年来，香港联交所对《主板上市规则》进行了多项重大修订，旨在提高香港联交所相对于国际上其他交易所的竞争力。

《主板上市规则》于2018年4月发生重大变化，新上市规则允许高增长科技和其他创新公司【无论其是否具有不同投票权架构（Weighted Voting Rights）】以及无法通过主板财务测试的生物科技公司在联交所主板上市。

同时，联交所新增《上市规则》第19C章，允许在全球三个合资格交易所（即纽约证券交易所、纳斯达克证券交易所和伦敦证券交易所）作第一上市的创新产业公司（包括此前被禁止在香港联交所作第二上市的、以大中华区为业务重心的公司）在香港作第二上市。2018年4月修订的《上市规则》为联交所注入了活力。

2021年，联交所就改善海外发行人上市制度的建议发表咨询总结。根据2022年1月1日生效的《上市规则》修订版，多元化趋势将延续。这次修订具体如下。

（1）允许来自传统行业且市值低于当前要求的大中华区公司在香港联交所作第二上市，前提是其在合资格交易所已作第一上市。删除"创新产业公司"的条件，降低当前最低市值的要求，允许更多在纽约和伦敦上市的中国公司在香港联交所以二次上市的方式"回家"上市。

（2）允许公司在联交所进行双重主要上市，无须修改其不同投票权架构（Weighted Voting Rights）/可变利益实体（Variable Interest Entity）架构以满足《上市规则》对这些架构的要求。

另一个重大进展是提高利润测试下的最低盈利要求，这有助于进一步划分联交所的主板和创业板。2022年1月1日起生效的境外发行人上市制度修订版还简化了境外公司在联交所上市的要求，并要求所有上市公司遵循14项核心股东保障标准。此外，联交所还为特殊目的收购公司（Special Purpose Acquisition Company）——即上市后在规定期限内通过上市募集资金收购业务的空壳公司——制定了上市机制，该机制已于2022年1月1日生效。

另外，联交所于2022年10月19日发布了《特专科技公司上市制度》的咨询文件，并于2023年3月发布了《特专科技公司上市制度》的咨询总结（以下简称《咨询文件总结》），决定在《上市规则》中新增一个章节（即第18C章），降低特专科技公司的上市门槛，以便具备发展及投资潜力但尚未满足现行香港主板上市要求的新兴科技公司赴港上市。《咨询文件总结》附录四和附录五列示了拟采纳的《上市规则》第18C章以及相关的联交所指引信（合称"18C章规则"），并已于2023年3月31日生效。

二、GEM

GEM（即创业板市场）于1999年第四季推出，到2023年10月已经有329家上市公司。GEM对上市公司没有行业类别及公司规模的限制，且不设盈利要求，也不要求像主板市场的上市公司那样必须具备三年业务记录，只需显示公司有两年的活跃记录，因此不少具有发展潜力但发展历史较短的公司会通过GEM申请上市交易。GEM的作用体现在以下几个方面。

（1）GEM为具有增长潜力的企业提供集资渠道。GEM并不规定有关公司必须要有盈利记录才能上市。如此一来，有增长潜力的企业都可以通过根基稳固的市场及监管基本设施来筹集资金进行发展，从而好好掌握区内各种增长机会。除了内地和区内的企业外，国际上有增长潜力的企业也可以通过在GEM上市来加强自身在中国乃至亚洲的业务，提高产品的知名度。

（2）GEM让投资者多了一个投资于高增长、高风险业务的选择。对于具增长潜力的企业（尤指没有盈利记录者）来说，日后表现的好坏存在着极大的不确定因素。鉴于涉及的风险较大，GEM以专业及充分掌握市场资讯的投资者为对象。GEM的运作理念是"买者自负"，一切风险均由投资者自行承担。

（3）GEM在提供集资渠道之余，也提供清晰的定位，促进香港区内高科技行业的发展。创业板欢迎各行各业中具有增长潜力的公司上市，规模大小均可。其中科技行业的公司最受欢迎，因为其业务性质正好与 GEM 旗帜鲜明的增长主题不谋而合。通过提供集资渠道以及给予科技公司清晰的定位，GEM 对香港特区政府促进本地科技业务发展的举措将起到相辅相成的作用。

（4）GEM 促进创业投资的发展。对创业资本家来说，GEM 既是出售投资的渠道，也是进一步筹集资金的好地方，有助于他们进行更多的投资，而且在更早阶段进行投资对创投行业的发展有利。

GEM 是由香港联交所主办的市场，由香港联交所董事会管理。香港联交所董事会已安排由创业板上市委员会及（或）其代表履行一切有关 GEM 上市事宜的职权及职务，唯须受 GEM 上市规则所载的复核程序所规限。GEM 上市委员会的成员来自多个方面，其中包括市场从业员、上市公司代表及业内专家。创业板的管治方式是要求市场能以公平、有秩序及有效率的方式运作。

GEM 的运作理念在于通过严格的信息披露制度的配合，强调"买者自负"和"由市场自行决定"。

三、港股交创新板

HKEE（港股交）于 2017 年 4 月 21 日在香港成立，其前身是由中国私募股权投资基金协会在香港发起设立的"HKEE Limited 香港股交所"。2017 年 9 月 27 日，为适应全球化发展趋势，遵照香港公司注册处处长的指示更名为"HKEE Limited"。HKEE 是英文 Hong Kong Equities Exchanged 的缩写，中文译名为"香港股权交易中心"或"香港股权交易所"，简称港股交。HKEE 定位为全球中小微企业股权交易平台，是独立于港交所（HKEX）主板、创业板（GEM）之外的为合资格投资者而设的私募市场，是香港首屈一指的三板市场（即 OTC 市场或场外交易市场）。HKEE 不同于中国内地的新三板、四板，它宣导"投资无疆、融资无界"，率先打破区域限制，让全球资本互联互通，是无国界的股权交易中心，是国际多层次资本市场的重要组成部分。

香港创新板主要分为初板和主板两种。初板的挂牌条件为发行企业在上市时预期市值至少达到 2 亿港元，有 100 名投资人，且公众持股比例至少达到 25%；主板的挂牌条件则是企业符合上主板与创业板的条件，即上市前两个财政年度经营活动的净现金流入合计需达 2000 万元人民币，市值至少达 1 亿元人民币，公众持股量达 3000 万元人民币及比例达 25%，且持股量最高的三名股东持有比例不得超过 50%。

第四节　香港上市的条件、途径与程序

一、香港上市的条件

2021 年 11 月，香港联交所就优化海外发行人上市制度的建议刊发咨询总结——《海外发行人咨询总结》。正如结论所载，香港联交所精简了海外发行人上市制度，并整合和发布了第二上市制度。该修订已于 2022 年 1 月 1 日生效。

关于《海外发行人咨询总结》中注册成立管辖区、主要上市和双重主要上市的内容，我们对关键点和背景简要介绍如下。

香港发行人及海外发行人均获准在香港联交所上市。有关海外发行人上市和注册成立司法管辖区的各种现有要求和指导被编纂成文。目前的海外发行人上市制度载于《上市规则》及香港证监会与香港联交所指引材料的多个章节。

此前，海外发行人注册成立的司法管辖区必须提供至少与香港要求的股东保护标准相当的标准，尽管香港联交所可能允许发行人更改其章程细则以提供相同的标准。《上市规则》目前认可四个司法管辖区的上市资格，而来自这些司法管辖区（中国香港、开曼群岛、百慕大和中国内地，即"公认的司法管辖区"）的发行人若按《上市规则》的要求修订其章程细则，可被视为已符合同等的股东保护标准要求。在认可的司法管辖区以外注册成立的发行人必须参考香港证监会和联交所关于上市资格的指引。联交所已接纳其他 28 个符合上市条件的司法管辖区（即"可接受的司法管辖区"），并就在这些司法管辖区注册成立的发行人如何满足同等的股东保护标准要求发出指引。值得注意的是，自 2022 年 1 月 1 日起，海外发行人上市制度已被简化："公认的

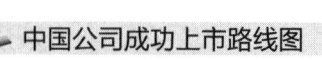

司法管辖区"和"可接受的司法管辖区"这两个概念被删除，同等的股东保护标准要求也被废除。所有发行人，包括香港特区和中国内地发行人，被要求遵守一套共同的核心股东保护标准，这些标准基于香港《公司条例》目前规定的标准或《上市规则》已经规定的标准。各种联交所的指引条文及实务案例将被编纂成文。

发行人可以在香港联交所作主要上市、双重主要上市或第二上市。《海外发行人咨询总结》亦载列有关双重主要上市发行人（即在联交所和海外证券交易所进行主要上市的发行人）的修订，并于2022年1月1日生效。这些措施包括将双重主要上市制度与第二上市制度进行协调，使具有不同投票权（Weighted Voting Rights）架构及/或可变利益实体（Variable Interest Entities）架构的不获豁免的大中华发行人、大中华发行人和非大中华发行人可选择直接在香港联交所进行双重主要上市，同时保留不合规的不同投票权架构和/或不合规的VIE结构，前提是它们满足某些资格和适用性要求。

发行人在香港联交所第二上市目前有两种途径：Joint Policy Statement途径【即在其他认可证券交易所（包括合资格交易所）上市的发行人的途径】和《上市规则》第19C章所载途径（即在合资格交易所主要上市的创新产业大型发行人的途径）。与第二上市有关的各项规定载于《上市规则》第19章后半部分。如《海外发行人咨询总结》所述，自2022年1月1日起，第二上市两条途径的要求将合并并编入《上市规则》第19C章，但须遵守《海外发行人咨询总结》中的新规定。

香港联交所放宽大中华发行人（无不同投票权架构）第二上市要求，这些发行人目前比非大中华发行人（无不同投票权架构）面临更严格的第二上市要求。非同股不同权的大中华发行人将不再需要证明他们是一家在联交所第二上市的创新公司，并且只需达到较低的最低市值要求（与适用于无不同投票权架构的非大中华发行人的最低市值要求一致）。

此外，香港联交所也将引入新的上市规则，规定如果第二上市发行人从第一上市交易所退市，发行人将被视为在联交所第一上市，与其第二上市地位相关的各项豁免将不再适用。

（一）主板上市的基本条件

香港主板（A）上市的基本条件如表8-12所示。

表 8-12　香港主板（A）上市的基本条件

项目	内容
有关业绩记录及市值方面的要求	1. 不少于三个财政年度的营业记录 2. 上市前至少三个年度内管理层维持不变，以及在最近一个经审核的财政年度内拥有权和控制权维持不变 3. 三类财务资格测试 （1）盈利测试：A.2022 年 1 月 1 日或之后提交的主板上市申请（包括之前提交申请的续期或 GEM 转板申请）：过往三年利润至少为港币 8000 万元，其中前两年利润总额至少为港币 4500 万元，最后一年利润至少为港币 3500 万元；B. 上市时市值至少达到港币 5 亿元。 （2）市值/收益/现金流测试：A. 最近一个经审核财政年度的收益至少达港币 5 亿元；B. 在过去三个财政年度的经营业务所得的现金流入合计至少达到港币 1 亿元；C. 上市时市值至少达到港币 20 亿元。 （3）市值/收益测试：A. 最近一个经审核财政年度的收益至少达到港币 5 亿元；B. 上市时市值至少达到港币 40 亿元；C. 豁免遵守三年业务记录规定的先决条件：a. 董事及管理层在上市业务和行业拥有足够（至少三年）及令人满意的经验；b. 管理层在最近一个经审核的财政年度维持不变。 4. 矿务公司、新成立的工程项目公司（例如基建公司）及未有收益或盈利的生物科技公司可获豁免，接纳为期较短的营业记录 5. 并未具体规定公司必须集中经营某一项业务，但其核心业务必须符合最低财务要求 6. 申请人必须对公司业务拥有控制权
公众持股要求	1. 上市时，公众持股市值不低于港币 1.25 亿元 2. 上市时，公众持股必须占公司已发行股本总额的至少 25% 3. 若公司在上市时的市值超过港币 100 亿元，则联交所可能会接受将公众持股比例降至 15% 至 25% 之间
未来展望	1. 没有具体规定，但申请人需提供关于未来计划和展望的一般声明 2. 可选择是否包括盈利预测
会计师报告	1. 必须按照香港财务报告准则、国际财务报告准则或中国企业会计准则编制 2. 联交所在某些情况下可接受以美国公认会计准则或其他准则编制的报告 3. 在一般情况下，会计师报告必须至少涵盖在上市文件公布前最后三个完整的财政年度 4. 会计师报告所呈报的最后一个财务会计期的结算日不得与上市文件日期相隔超过六个月

续表

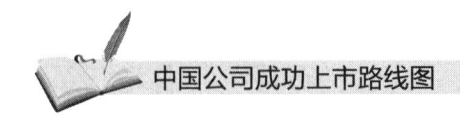

项目	内容
公司治理	1. 须有至少三名独立非执行董事 2. 所委任的独立非执行董事必须占董事会成员人数的至少三分之一 3. 须设立审计委员会 4. 须设立薪酬委员会 5. 须聘任一名合规顾问，任期由首次上市之日起，至上市后首个完整财政年度的财务业绩报告公布之日止
可接受的司法管辖地区	1. 奥地利、澳大利亚、百慕大、巴西、英属维尔京群岛、加拿大阿尔伯塔省、加拿大不列颠哥伦比亚省、加拿大安大略省、开曼群岛、塞浦路斯、英格兰及威尔士、法国、德国、格恩西、中国香港、印度、以色列、意大利、日本、泽西岛、纳闽、卢森堡大公国、荷兰、俄罗斯、新加坡、韩国、马恩岛、中华人民共和国、美国加利福尼亚州、美国特拉华州、美国内华达州 2. 其他司法管辖地区如对股东保障的规定等同于香港法律所规定的，也可获得考虑 3. 如属第二上市，其他司法管辖地区亦可获得考虑
对控股股东的限制	上市时控股股东须承诺： 1. 在公司上市文件日期起至上市后前六个月内，不会出售其在公司的权益 2. 在公司上市后第二个六个月期间，不会出售其在公司的权益以导致其不再是公司的控股股东；须维持至少30%在公司的权益
其他考虑因素	1. 控股股东或董事可从事与公司有竞争的业务，但须做全面披露 2. 强制规定公开发售部分占总发售股数的比例不少于10% 3. 公开认购部分须全数包销 4. 公司上市后前六个月内不能发行新股

香港主板（B）：未有收益或盈利的生物科技公司以及不同投票权发行人的特别上市要求如表 8-13 所示。

表 8-13　香港主板（B）上市的基本条件

项目	内容
未有收益或盈利的生物科技公司	未有收益或盈利的生物科技公司必须符合"香港主板（A）"部分列出的一般主板上市要求（财务资格测试除外）及以下要求。 特点 1. 至少有一个核心产品已通过概念阶段 2. 上市前最少十二个月一直从事核心产品的研发

续表

项目	内容
未有收益或盈利的生物科技公司	3. 上市集资主要用于研发，以将核心产品推向市场 4. 必须拥有与其核心产品有关的已注册专利、专利申请及/或知识产权 5. 上市前最少六个月前得到最少一名资深投资者提供的相当数额的投资，且招股时仍未撤回投资 **业绩记录要求** 上市前最少两年一直从事现有业务，且管理层大致相同 **市值及最少公众持股量要求** 1. 上市时市值不少于 15 亿港元 2. 公众持股比例不少于 25%（上市时须有至少 3.75 亿港元的公众持股量，其中不包括首次公开招股时现有股东认购的股份以及通过基石投资所认购的股份） **营运资金要求** 营运资金足可应付集团自上市文件刊发日期起计至少十二个月所需开支的至少 125%
不同投票权发行人	不同投票权发行人必须符合"香港主板（A）"部分列出的一般主板上市要求及以下要求。 **特点** 1. 具备多于一项的下述特征的创新产业公司 （1）公司成功营运有赖其核心业务应用了：①新科技；②创新理念；及/或③新业务模式。 （2）研发为公司贡献一大部分的预期价值，亦是公司的主要业务及占去大部分开支。 （3）公司成功营运有赖其独有的业务特点或知识产权。 （4）相对于有形资产总值，公司的市值/无形资产总值极高。 2. 证明其有高增长业务的记录，以及高增长轨迹预期可持续 3. 每名不同投票权受益人的技能、知识及/或战略方针均对推动公司业务有重大贡献。每名不同投票权受益人必须：①为个人，并均积极参与业务营运的行政事务，为业务持续增长做出重大贡献；②为发行人上市时的董事 4. 必须已得到最少一名资深投资者提供的相当数额的投资，且至进行首次公开招股时仍未撤回投资。该等投资者在上市时的总投资额最少有 50% 要保留至首次公开招股后满六个月 5. 市值要求 （1）市值不少于 400 亿港元；或 （2）市值不少于 100 亿港元及在最近一个经审计的财政年度收益不少于 10 亿港元。

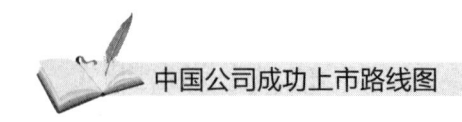

续表

项目	内容
不同投票权发行人	6. 加强公司治理 （1）须一直聘用合规顾问。 （2）须有包括独立非执行董事的提名委员会。 （3）独立非执行董事须至少每三年轮流退任。 （4）须有完全由独立非执行董事组成的公司治理委员会。 （5）重要事宜必须按"一股一票"基准决定。 （6）将不同投票权保障措施纳入组织章程文件中。 7. 不同投票权保障措施 （1）同股同权股东必须拥有不少于10%的投票权。 （2）不同投票权股份所附带的投票权不得超过普通股份投票权的10倍。 （3）所有不同投票权受益人合计实益拥有不少于申请人首次上市时已发行股本总额10%的相关经济利益。 （4）不同投票权受益人只限于发行人的董事会成员。倘受益人①身故／不再为董事／失去行为能力／不再符合有关董事的规定；或②将股份转让予另一名人士，该受益人股份所附带的不同投票权将永远失效。 （5）上市后，不得提高已发行不同投票权股份的比重，亦不得增发任何不同投票权股份

（二）香港 GEM 上市的基本条件

香港 GEM 上市的基本条件如表 8-14 所示。

表 8-14 香港 GEM 上市的基本条件

项目	内容
有关业绩记录及市值方面要求	1. 不少于两个财政年度的营业记录 2. 没有盈利要求 3. 在过去两个财政年度的经营业务所得的净现金流入合计至少达到港币 3000 万元 4. 上市时市值至少达到港币 1.5 亿元 5. 矿务公司及新成立的项目公司（例如基建公司）可获豁免，接纳为期较短的业绩记录 6. 最近两个完整财政年度及至上市日期为止的整段期间，其管理层必须大致维持不变 7. 最近一个完整财政年度及至上市日期为止的整段期间，其拥有权和控制权必须维持不变

续表

项目	内容
公众持股要求	1. 上市时，公众持股市值不低于港币 0.45 亿元 2. 上市时，公众持股必须占公司已发行股本总额的至少 25% 3. 若公司在上市时的市值超过港币 100 亿元，则联交所可能会接受将公众持股比例降至 15% 至 25% 之间
未来展望	1. 没有具体规定，但申请人需提供关于未来计划和展望的一般声明 2. 可选择是否包括盈利预测
会计师报告	1. 必须按照香港财务报告准则、国际财务报告准则或中国企业会计准则编制 2. 若公司目前或将会同时在纽约证券交易所或纳斯达克全国市场上市，则根据美国公认会计准则编制的报告可被接受 3. 在一般情况下，会计师报告必须至少涵盖在上市文件公布前最后两个完整的财政年度 4. 会计师报告所呈报的最后一个财务会计期的结算日不得与上市文件日期相隔超过六个月
公司治理	1. 须有至少三名独立非执行董事 2. 所委任的独立非执行董事必须占董事会成员人数的至少三分之一 3. 须设立审计委员会 4. 须设立薪酬委员会 5. 须聘任一名合规顾问，任期由首次上市之日起，至上市后首个完整财政年度的财务业绩报告公布之日止
可接受的司法管辖地区	1. 奥地利、澳大利亚、百慕大、巴西、英属维尔京群岛、加拿大阿尔伯塔省、加拿大不列颠哥伦比亚省、加拿大安大略省、开曼群岛、塞浦路斯、英格兰及威尔士、法国、德国、格恩西、中国香港、印度、以色列、意大利、日本、泽西岛、纳闽、卢森堡大公国、荷兰、俄罗斯、新加坡、韩国、马恩岛、中华人民共和国、美国加利福尼亚州、美国特拉华州、美国内华达州 2. 其他司法管辖地区如对股东保障的规定等同于香港法律所规定的，也可获得考虑 3. 如属第二上市，其他司法管辖地区亦可获得考虑
对控股股东的限制	上市时控股股东须承诺： 1. 在公司上市文件日期起至上市后前六个月内，不会出售其在公司的权益 2. 在公司上市后第二个六个月期间，不会出售其在公司的权益以导致其不再是公司的控股股东；须维持至少 30% 在公司的权益

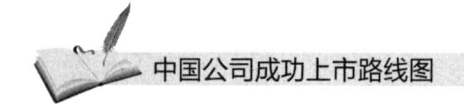

续表

项目	内容
其他考虑因素	1. 控股股东或董事可从事与公司有竞争的业务，但须做全面披露 2. 强制规定公开发售部分占总发售股数的比例不少于 10% 3. 公开认购部分须全数包销 4. 公司上市后前六个月内不能发行新股

符合要求的 GEM 上市公司，也可以申请转为香港联交所主板上市公司挂牌交易。

（三）SPAC 上市的基本条件

联交所于 2021 年 12 月设立全新的特殊目的收购公司（Special Purpose Acquisition Company，SPAC）上市机制，以提升香港作为国际金融中心的竞争力。根据《主板上市规则》，特殊目的收购公司是指没有经营业务的发行人，其成立的唯一目的是在预定期间内就收购或业务合并与目标公司进行交易，并促成目标公司上市。

SPAC 在联交所主板上市应符合下列规定。

（1）SPAC 股份的交易单位及认购额至少为 100 万港元。

（2）须向联交所证明每名营销及买卖证券的中介人本身及其代表在进行《操守准则》所载"认识你的客户"程序时已确信各配售人均为专业投资者。

（3）寻求上市的每股 SPAC 股份的发行价必须至少为 10 港元。

（4）在上市时，SPAC 从首次发售筹集的资金总额必须至少为 10 亿港元。

（5）SPAC 须在上市时及其存续期间令联交所信纳所有 SPAC 发起人的个性、经验及诚信能持续地适宜担任 SPAC 发起人，并信纳每名 SPAC 发起人具备足够的才干胜任其职务。

（6）在上市时及其后均须有至少一名 SPAC 发起人是持有香港证监会所发出的第 6 类（就机构融资提供意见）及/或第 9 类（提供资产管理）牌照的公司。

（7）至少须有一名符合要求的 SPAC 发起人实益持有 SPAC 发行的发起人股份的至少 10%。

（8）在 SPAC 上市时及其存续期间，除了符合《主板上市规则》的要求外，任何由 SPAC 发起人提名加入 SPAC 董事会的董事必须是 SPAC 发起人（不论是否持有香港证监会发出的牌照）的高级人员，并代表提名他们的SPAC发起人。若SPAC发起人是个人，该人士必须为该SPAC的董事。

（9）在SPAC上市时及其存续期间，SPAC的董事会必须有至少两人持有香港证监会发出的牌照，可在香港证监会持牌法团进行第6类（就机构融资提供意见）及/或第9类（提供资产管理）受规管活动。

（10）SPAC必须在上市之日起计24个月内刊发SPAC并购交易公告，但可向联交所申请延长该期限。

（11）SPAC必须在上市之日起计36个月内完成SPAC并购交易，但可向联交所申请延长该期限。

（12）继承公司须符合《上市规则》的所有新上市规定。

（13）在签订具有约束力的SPAC并购交易协议时，SPAC并购目标的公平市值须达到SPAC首次发售所筹得资金的至少80%。

（14）SPAC并购交易的条款必须包括来自第三方投资者的投资。该等第三方投资者须符合《上市规则》第13.84条中适用于独立财务顾问的独立性规定，并必须为专业投资者，且投资金额和比例应达到相应要求。

联交所SPAC上市规则于2022年1月1日起生效。2022年，港股市场一共有14家SPAC递表，其中有5家成功上市，包括由招银国际、AAC Mgmt Holding Ltd.作为发起人，关注于亚洲新经济行业内具有科技赋能的标的公司的Aquila Acquisition Corp.，由卫哲、创富融资有限公司、DealGlobe Limited、楼立枢作为发起人，关注于智能汽车技术或具备供应链优势及跨境电商能力的优质中国公司的Vision Deal HK Acquisition Corp. 等。

相比具有超过20年历史的美国SPAC上市机制，香港SPAC上市机制仍处于试水阶段，要求更为严苛，包括仅允许专业投资者参与、设置最低筹资额门槛、对发起人经验和资质有更高要求等。笔者认为，正如中泰国际研究部主管赵红梅向界面新闻记者所述，"港交所推出SPAC从来没有将其作为主要上市制度，而是多提供一种融资平台，并且在亚太市场抗衡来自新交所的竞争，提升香港资本市场的竞争力和多元性"。

（四）特专科技公司上市的基本条件

联交所于2023年3月在《主板上市规则》中新增了第18C章，为特专科技公司提供了新的上市途径。

根据《主板上市规则》，特专科技公司（Specialist Technology Company）是指主要从事（不论直接或通过其附属公司）特专科技行业可接纳领域内的一个或以上的特专科技产品的研发，以及其商业化及/或销售的公司；特专科技是指应用于特专科技行业可接纳领域内的产品及/或服务的科学及/或技术。特专科技公司主要涉及新一代信息技术、先进硬件、先进材料、新能源及节能环保、新食品及农业技术五大行业。对于未能通过通常上市要求的任一测试但拟寻求在联交所主板上市的特专科技公司，申请上市时必须满足以下条件。

（1）证明其符合特专科技公司的定义并合资格，以及适合以已商业化公司或未商业化公司的身份上市。

（2）上市前已由大致相同的管理层经营现有的业务至少三个会计年度。

（3）如为已商业化公司，则上市时的市值至少达60亿港元；如为未商业化公司，则上市时的市值至少达100亿港元。

（4）如为已商业化公司，则经审计的最近一个会计年度的收益至少达2.5亿港元。

（5）上市前已从事特专科技产品的研发至少三个会计年度。

（6）研发特专科技产品已产生的开支：对已商业化公司而言，占总营运开支的至少15%；对经审计的最近一个会计年度的收益至少达1.5亿港元但少于2.5亿港元的未商业化公司而言，占总营运开支的至少30%；对经审计的最近一个会计年度的收益少于1.5亿港元的未商业化公司而言，占总营运开支的至少50%。

（7）未商业化公司必须向联交所证明，其上市文件中披露的其特专科技产品商业化的可信路径（该路径须适用于相关特专科技行业）可令其达到《上市规则》第18C.03（4）条所述的收益规定（经审计的最近一个会计年度的收益至少达2.5亿港元）。未商业化公司必须确保其有充足的营运资金（包括计入新申请人首次上市的所得款项），足可应付集团由上市文件刊发日期起计至少十二个月所需开支的至少125%。

联交所推出的特专科技公司上市机制，对处于初创期或成长期的"硬科技"公司，特别是早期需要投入大量资金、从事先进技术的研发、尚未产生足够收入以达到《主板上市规则》要求，但又希望参与资本市场、触达境内外投资者的企业,具有较大的吸引力。

上交所科创板主要针对新一代信息技术、高端装备、新材料、新能源、节能环保、生物医药等领域的"硬科技"公司,联交所特专科技公司与这类公司的范畴存在相似之处,亦存在不同。与上交所科创板上市市值标准(预计市值不低于人民币40亿元,主要业务或产品需经国家有关部门批准,市场空间大,目前已取得阶段性成果)相比,联交所对于特专科技公司的市值要求更高。

二、香港上市的途径与程序

香港联交所上市流程分为以下三个阶段(见表8-15)。

表8-15 香港联交所上市流程

阶段	内容
第一阶段: 发行人准备	发行人需要委任保荐人及其他专业顾问,在各方的参与下进行尽职调查并准备上市申请文件。 上市申请文件包括上市申请表、招股书、会计师报告、物业估值报告等材料
第二阶段: 香港联交所审批	香港联交所收到发行人提交的A1申请资料后,会对文件进行审阅,这期间可能会就上市文件中的内容对公司进行多轮质询,公司及保荐人等参与方需要回答监管部门的问询
第三阶段: 推广及上市	通过香港联交所的聆讯之后,公司可以进行市场推介和招股,最终成功完成上市。 市场推介包括预路演、分析师路演、全球路演等,通过了解路演时投资者对公司价值认可程度的反馈,公司逐步缩窄定价区间并敲定最终发行价

这个过程中,拟上市主体需要与投资银行(承担保荐人、簿记管理人等角色)、律师(公司律师和承销商律师)、审计师、行业顾问、物业评估师、印刷公司、PR公司、ESOP服务商、股票托管行等中介机构和人员通力配合。

三、上市案例

中国证监会制定的境外上市备案新规已于2023年3月31日起施行。无论是境外直接还是间接发行上市,大红筹还是小红筹,中国企业境外上市正

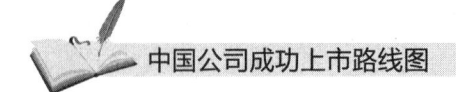

式进入备案制时代。

此前，修订后的《网络安全审查办法》要求，掌握超过100万用户个人信息的网络平台运营者赴国外上市的，必须向网络安全审查办公室申报网络安全审查，至于赴港上市，业界的一般理解是，企业若自行分析认为影响或可能影响国家安全的，也应申报网络安全审查。

中国证监会已建立了一套境外上市跨部门监管协调机制，在收到备案申请材料后，会与有关主管部门沟通或征求意见。

根据中国证监会国际合作部公布的数据，自境外上市备案新规生效至2023年8月1日，已接收105家公司（含10家已通过备案的公司）的申请材料，包括拟在香港联交所上市的80家公司、拟在纳斯达克上市的23家公司、拟在纽交所上市的2家公司；若以上市形式来看，74家为间接境外上市（其中21家为VIE架构），25家为直接境外上市，6家申请"全流通"。

从备案结果来看，截至2023年8月1日，已完成中国证监会备案的直接境外上市公司有6家，间接境外上市公司有4家，"全流通"申请企业有6家，除一家是在纳斯达克交易所上市外，其余公司的上市流通地均为香港联交所。

中国证监会官网公开披露的信息显示，截至2023年8月1日，在证监会已接受境外发行上市备案材料的企业中，已经反馈要求补充材料的企业共有74家，共涉及200多道问询问题，平均每家企业的问询问题在4至5道，最少问询问题2道，最多则有9道，问询问题的类型主要集中在股权架构、股权变动、股东核查、合规经营等方面。

针对境内企业境外上市的问询，除因上市路径选择的不同而对间接境外上市中协议架构控制问题有所侧重外，其余针对直接境外上市和间接境外上市的问询的关注点基本一致，主要侧重在股东核查、股权变动核查以及合规经营方面。

按一般流程，境内企业境外上市先要完成相关安全审查程序（如网络、数据安全审查）和行业监管程序（自主判断是否需取得行业主管部门的监管文件），再向境外交易所递交申请上市或注册文件，并在递交后三个工作日内向中国证监会提交备案材料，此前，一般要与中国证监会进行备案沟通。最终获得备案通知书前，发行人不得进入境外发行上市的下一环节。

北京圆心科技集团股份有限公司的直接境外上市备案申请材料在 2023 年 6 月 7 日被中国证监会接收，出具备案通知书是在 2023 年 7 月 24 日，耗时 47 天，这是已获备案通知书的 10 家企业中最快的。最慢的是江苏荃信生物医药股份有限公司（以下简称荃信生物），2023 年 4 月 20 日材料被接收，2023 年 7 月 19 日获境外上市备案通知书，耗时 90 天。平均来看，目前通过备案的时间为 70 天。

中国证监会国际合作部公布的数据显示，截至 2023 年 8 月 1 日，包括已获得备案通知书的 10 家企业在内，共有 105 家企业提交了境外上市备案申请，它们主要来自大消费、医药医疗、生物科技、TMT、金融、化工等行业。中国证监会已对其中 74 家企业（含 10 家已通过和 1 家终止）反馈了备案补充材料要求。

被问及最多的问题是股东出资和股权变动情况，有 48 家备案申请人都需要回答，包括注册资本、股东出资是否缴足、税费缴纳情况，以及历次增资、股权转让的定价依据。例如，中国证监会要求嘀嗒出行补充关于主要股东穿透至自然人、公众公司、国有控股或管理的主体、集体组织等主体的情况，宜搜科技需要回答上海盛大入股价格明显偏低的原因及合规性等。

一直以来，境内企业往往在境外上市前进行融资或者搭建红筹架构重组，因此会在发行人上市前形成"突击入股"。这是中国证监会重点关注的问题，需要发行人说明在提交备案申请前 12 个月内新增股东的详细情况。

股权激励计划也是被关注较多的问题。震坤行就被问及员工股权激励计划的合规性，包括但不限于股权激励计划履行外汇管理等境内监管程序的情况，股权激励计划是否存在未明确授予对象的情况。此外，锅圈食品还被关注了通过 0 元作价转让股份进行股权激励的原因及合理性；荃信生物需要说明公司顾问参与股权激励的合理性与依据。

关于网络安全和数据安全，不少公司被中国证监会问询了开发运营的 App、小程序等产品的情况，需要说明是否涉及向第三方提供信息内容，如提供就要说明信息内容的类型以及信息内容安全保护的措施。同时，不少公司还需要说明收集及储存的用户信息规模、数据收集使用情况，以及上市前后保护个人信息和数据安全的安排或措施。

中国证监会还重点关注协议控制架构、外商投资准入等热点问题，几乎所有拟间接境外上市的企业都会被问及。境外上市备案新规出台前，中国监管层对VIE（可变利益实体）架构一直未有明确表态；境外上市备案新规出台后，中国证监会明确表示，"将对合法合规的VIE架构企业境外上市予以备案"。

70%提交申请的公司都是间接境外上市的红筹和VIE架构，红筹架构的只有4家通过备案，VIE架构的一家都没通过（截至2023年8月10日，从公开渠道查询，尚无VIE架构企业完成间接境外发行上市备案），涉及的情况很复杂。之前对VIE境外上市的监管较少，现在一下子全覆盖，光是讲清楚搭建协议控制架构的合规性就要费好大劲。

根据中国证监会国际合作部反馈的备案补充材料要求，多家拟间接境外上市的企业需要说明搭建VIE架构及返程并购涉及的外汇管理、境外投资等监管程序履行情况和税费依法缴纳情况等，以及相关主体之间的具体交易安排，包括但不限于对境内主体资金支持的时间、金额、途径和方式，有关资金往来、利润转移安排等情况。

此外，具体到并购交易、利益输送等问题，也会被中国证监会关注。例如，燕之屋就需要说明相关收购交易的原因及合理性，并说明收购价格的确定依据和公允性，是否存在利益输送，以及说明采购广告关联交易定价的公允性，是否存在利益输送。

整体感受下来，备案审核的内容其实与境内A股首发、再融资、并购重组的审核内容差别不大，比如对"最终持有人"的认定，境外上市和A股审核的标准完全是一致的。考虑到跨境投资和数据安全保护等特点，对有些规则的把握甚至比A股发行更严格，但实际上这些公司根本就不在A股上市。

中国证监会副主席方星海此前就境外上市备案新规接受央视专访时表示，境外上市备案新规提供了一个规范的流程供企业遵守，也能让境外市场的监管机构对中国赴境外上市的企业更具信心。"假如有企业存在问题，中国证监会和美国证券交易委员会（SEC）（等监管机构）将在该企业赴境外上市前取得共识，这将大大降低监管的难度。"

值得一提的是，于2023年5月11日被接收材料的汉隆集团，目前已经终止了备案申请，该公司也是境外上市备案新规实施后首家终止备案程序的公司。

汉隆集团此前曾多次向港交所提交上市申请，中国证监会国际合作部在备案补充材料要求中一连提出九个问题，包括说明历次未能完成发行上市的原因、其间更换中介机构的原因，核查说明公司安全生产法律法规落实情况，以及相关矿山建设用地获取是否依法合规，是否存在非法占用耕地、"以租代征"等情形。

第九章
美国上市

第一节 美国证券市场概述

一、美国证券市场介绍

1. 纽约证券交易所（NYSE）

位于纽约曼哈顿的纽约证券交易所是美国最老、最大也最有名气的证券市场，至今已有200多年的历史，上市股票超过3000只。

1792年，24个杰出的证券经纪人在纽约华尔街订立交易协议，纽约交易所诞生，在1863年改名为纽约证券交易所，即NYSE（New York Stock Exchange）。

纽约证券交易所之所以有名，其中一个原因就是它虽然属于金融行业，但交易场所却跟传统的菜市场一样，喧嚣沸腾。纽约证券交易所的交易方式也跟传统的菜市场一样，是采取议价的方式。不同于中国股票交易以计算机自动撮合，股票经纪人会根据客户所开出的买卖条件在交易大厅内寻找买主或卖主，经讨价还价后成交。纽约证券交易所的专业人员分为四类，分别是做市商、佣金经纪人、场内经纪人和场内自营商。其中，做市商是纽约证券交易所中起重要作用的关键人物。

纽约证券交易所有一套完整的交易制度，主要包括以下三个制度。

（1）经纪人制度。经纪人制度要求，经纪人必须通过专门机构的考核和审查，取得许可证，并正式登记注册，否则不能参与证券经纪活动。

（2）交易指令制度。证券交易只能在取得交易所成员资格的人和各种"参与人"（美国代理经纪人、现成经纪人、证券交易商、零星交易商和做市商）之间进行，众多的证券买入和卖出者之间不直接成交。

（3）交割清算制度。纽约证券交易所的证券交易都是由各经纪人通过全国证券清算公司的电子计算机清算交易的。通过这种自动化的账面交割，最后按两种方式来完成证券的转移。这两种方式分别是：普通股股票按背书方式转移；优先股股票则通过在发行人的证券持有人登记册上将新受让人的名字予以记载而转移。

2. 美国证券交易所（AMEX）

1860年至1920年间，美国证券交易所起源于以会员制建立交易方式。美国在1920年至1940年期间面临经济考验，而美国证券交易所仍继续坚持用心改善其交易利基。在1940年至1950年间，美国倾力改善美国经济，并以经济复苏为第一要务。1950年，交易所正式命名为美国证券交易所，简称AMEX（American Stock Exchange）。美国证券交易所在当时吸引了各行业新成立的公司，涉及卫星市场、民用必需品、货币工具、自动化交易系统等。1975年，美国证券交易所积极着手开展股票买卖权业务，并介绍股票购买期权的交易，而股票出售权的交易则在两年后开始。

1988年，美国证券交易所与纳斯达克合并，在那次合并业务中，纳斯达克是母公司，而美国证券交易所则成为纳斯达克家族旗下独立的个体。美国证券交易所坐落于纽约华尔街附近，其交易场所和交易方式大致与纽约证券交易所相同，只不过在这里上市的公司多为中小企业。

3. 费城证券交易所（PHLX）

美国金融中心费城在1790年成立了美国第一家区域交易所，即费城证券交易所（Philadelphia Stock Exchange，PHLX）。在成立初期，有限责任公司的法律概念尚未被广泛接受，因而没有所谓的公司有价证券，仅官方或半官方证券才能在交易所买卖。虽然如此，投资大众仍热情购买，市场人气高涨，不但股价狂飙，而且发行的股票也一股难求，发行公司甚至需用抽签的方式才能决定买家。

1783年至1855年间，因铁路快速发展，引起新一波投机和投资热潮。1870年，费城证券交易所在美国成立了第一家结算所（Clearing House）。结算所的功能为完全买卖程序的跟进以及协助股票转让。结算所每晚为整股交易者结算一次，零股交易者则由买家和卖家自行结算。

第二次世界大战之后，费城证券交易所开始扩大交易版图。1975年，费城证券交易所推出指令安排和执行系统PACE，这是计算机对计算机的系统，提供电子股票立即执行服务。散布世界各地的股票经理人可利用此系统来买卖任何活跃的股票，同时享受最快速的美国股票报价，电子交易系统还能确保交易股价的统一。

在交易市场科技开发期间，费城证券交易所继续积极创新产品，在1975年成功地推出了股票期权交易。因此，费城证券交易所成为第一个突出股票期权的区域性交易市场。除此之外，还提供具有避险功能的套头交易。1988年，为调节股票期权的交易，费城证券交易所使用了第一部电子交易科技系统，此系统允许交易市场中的会员公司用电子方式转让股票期权，并可自动执行定购与定购后的电子确认。不过，在20世纪，最令人肯定的改革就是费城证券交易所在1982年推出了货币期权交易。1988年，货币期权日交易量的基本价值一度高达40亿美元。货币期权交易把费城证券交易所推向国际，引起欧洲、太平洋沿岸国家和远东国家对期权交易的兴趣，带领费城证券交易所成为第一个在境外金融中心设立国际办事处的证券交易所。

因费城证券交易所已迈向国际化，1987年9月，费城证券交易所在美国推出第一个晚间交易时段，主要回应远东地区货币期权交易业务大增的需求。1989年1月，为回应欧洲地区业务增长的需求，增设晨间交易时段。1990年，费城证券交易所成为连续12小时营业的证券交易所。目前交易时段已调回原来的时间，即货币期权交易时段为2：30至14：30（费城时间），其交易时间仍比其他的公开喊价拍卖市场长。

费城证券交易所为美国和全球金融界缔造了许多第一的纪录，也为全球证券业贡献了许多创新的金融产品和投资理念。

4. 芝加哥证券交易所

芝加哥证券交易所（Chicago Stock Exchange，CSE）创立于1882年，在当时售出了749张会员卡。早期主要买卖当地公用事业、银行及铁路公司的股票。1915年，更改其交易报价方式，由先前的票面金额百分比的报价方式革新为目前的股票报价方式。1920年至1975年间，芝加哥证券交易所相继面临

1929年股市崩盘、1933年《证券法》推出、1934年《证券交易法》推出及美国证券交易委员会成立的种种影响，不断调整其营业方针与增强机动性，以回应证券行业中不可避免的演变。因此，芝加哥证券交易所在此期间相继成立了芝加哥证券交易结算所与中西证券信托公司，提供投资人统一结算和股票集中保管服务。这大大提升了其服务水准和交易效率。

芝加哥证券交易所主要是为了给会员公司提供中央会计服务而成立的，而其演变至今，已成为提供全方位服务的机构。目前，芝加哥证券交易所已取得美国证券交易委员会的同意，可以出售其他证券交易所发行的股票。芝加哥证券交易所是美国五大区域性证券交易所之一，其交易总额居美国第二位，同时也是2018年到2023年增长性最高的交易所之一。

5. 波士顿证券交易所（BSE）

波士顿证券交易所（Boston Stock Exchange，BSE）的历史可追溯到19世纪30年代，当时波士顿人在寻找一种新的投资方式，将货运、银行以及保险所赚取的利润进行再投资。为应对这种状况，13位企业领导人在1834年成立了波士顿证券交易所，这在那时是美国第三个证券交易所，为当地的证券经理人创造了一个股票交易的地点。

现在的波士顿证券交易所能够为200多个区域、全国和国际经销商提供有力且多样化的电子交易场地，同时服务零售商与机构，包括一些在美国的大金融公司。波士顿证券交易所发行美国绝大部分的热门证券，目前大约有2000家公司上市，包括许多只有在波士顿证券交易所上市的高增长公司。

目前，波士顿证券交易所的会员由当时的13名增加到200名，所有权由波士顿证券交易所的席位代表拥有。波士顿证券交易所的会员包括当地、区域与全国股票经纪机构，交易所为其提供个人投资者及机构客户退休金、基金等服务。在2013年至2023年间，波士顿证券交易所交易量的增长超过了10倍。

6. 辛辛那提证券交易所（CSE）

1885年，辛辛那提的一群企业家聚集在一起标售少数当地公司的股票。辛辛那提证券交易所（Cincinnati Stock Exchange，CSE）的成立过程与费城证券交易所、波士顿证券交易所有点类似，都是由早期的从业人员发起成立的。除此之外，辛辛那提证券交易所不像其他多数区域性的证券交易所，它是与

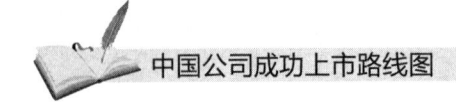

美国经济一起成长兴旺的，并从经济萧条和战争中走过来。

1934年美国发布《证券交易法》，开始提倡证券业使用新数据处理与通信技术。辛辛那提证券交易所依照此法案对拍卖交易做了一次历史性的改革，用电子化交易系统取代了实际的交易大厅。通过此系统，客户可以自动执行下单的动作，提升了市场流动性。因为这些改变，提高了客户交易价，缩短了交易时间，降低了管理和销售费用，并突破了交易场所的限制。此系统因为提升了证券交易所的交易效率而吸引了全球同业的注意，欧洲和加拿大的证券交易所后来相继采用了美国此交易系统。

辛辛那提证券交易所是第一个为全部会员提供专业证券商名册的证券交易所。目前，辛辛那提证券交易所是证券交易领域的技术领导者。为了回应证券市场的时代变迁，辛辛那提证券交易所表明态度将建立科技基础，为会员和投资人提供快捷及简易执行的证券交易工具，永续发展有益于投资大众的技术。

7. 太平洋证券交易所（PSE）

太平洋证券交易所（Pacific Stock Exchange，PSE）是个体户投资人、投资机构、专业证券经纪人与注册会员公司聚集的交易场所，进行了超过1200件的期权买卖。

太平洋证券交易所是世界上股票衍生产品交易的主要市场之一。太平洋证券交易所在1976年首度引入期权交易，并在1985年明确其策略，将重心放在股票期权交易的技术上，使得期权交易快速增长。现在，太平洋证券交易所是美国西岸的金融中心，为投资人提供长时间的交易时段、低费用及高水平的技术与服务。太平洋证券交易所维持的PSE/PCX科技指数，是目前衡量科技领域表现最主要的基准。

8. 纳斯达克证券交易所（NASDAQ）

纳斯达克证券交易所成立至今已有50多年，因具有五个宽松的上市特性（不限国别、不限行业、不限成立年限、不限获利、不限所有权制）以及首次公开发行股票具有零税赋、低风险、高获利、绝对的排他性四种功能，曾在2000年3月下旬取代历史悠久的纽约证券交易所，成为全世界交易量最高（每日20亿股）、家数最多（5000家左右）及市值最大（6.5万亿美元）的"三最"电子股票交易市场。

纳斯达克证券交易市场成立于 1971 年，主要由纳斯达克全国市场、纳斯达克小型资本市场和柜台买卖中心三个不同层次的市场组成，其中：全球知名度最高、资本最雄厚的要数纳斯达克全国市场（Nasdaq National Market，NNM）；第二个层次的交易市场是纳斯达克小型资本市场（Nasdaq Small Cap Market，NSCM）；除这两个市场外，再下一个层次的市场是柜台买卖中心（OTC Bulletin Board，OTCBB）。

从 1990 年到 2000 年，全世界股市涨声最惊人的证券交易市场就是纳斯达克证券交易市场。纳斯达克不仅在微软成立初期让"微软因纳斯达克而富"，而且因成为英特尔、亚马逊、雅虎等众多高科技类股份公司资金的摇篮而名噪一时。由于其不限国别、不限行业、不限成立年限、不限获利、不限所有权制的宽松特性，许多创新企业在有更大的资金需求的时候，第一个想到的就是纳斯达克，而纳斯达克也经常对高增长性、高发展潜力的中小企业给予最热情的拥抱。

二、美国主要股票指数

美国股市有三个主要指数，分别是道琼斯工业平均指数、标准普尔 500 指数和纳斯达克综合指数。

1. 道琼斯工业平均指数

道琼斯工业平均指数是道琼斯市场指数之一。道琼斯工业平均指数于 1896 年 5 月 26 日问世，是以《华尔街日报》创始人查尔斯·道和统计学家爱德华·琼斯的名字命名的股票市场指数。该指数显示 30 家大型美国上市公司在股市标准交易时段的交易情况，这 30 家公司包括苹果、微软、3M、波音、雪佛龙、思科、可口可乐、高盛、IBM、英特尔、耐克、宝洁、沃尔玛等知名公司。

道琼斯工业平均指数 30 家成分公司中约有 20 家是工业和消费品制造商。其他行业包括金融服务、娱乐和信息技术。

许多道琼斯工业平均指数的批评者认为，该指数并不能代表美国经济状况，因为它仅选取了 30 家美国大型公司。他们认为公司数量太少，忽视了不同规模的公司。许多批评家认为，标准普尔 500 指数更能代表美国经济状况，因为它包含的公司数量明显增多，达到 500 家公司。

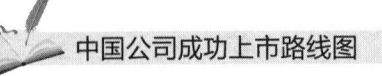

此外，批评者认为，在计算中仅考虑股票价格并不能像考虑公司的市值那样准确地反映公司的情况。这样，股价较高但市值较小的公司将比股价较低但市值较大的公司拥有更大的权重，这很难反映公司的真实规模。

2. 标准普尔500指数

标准普尔500指数是美国500家主要上市公司的市值加权指数。该指数实际上有503个成分股，因为其中3个成分股有两个股票类别。

标准普尔500指数公司并不是按市值计算的美国500强公司，因为该指数还包括其他标准。尽管如此，标准普尔500指数仍被视为衡量美国知名股票表现乃至整个股市表现的最佳指标之一。

自1957年创建到2022年，标准普尔500指数的平均年回报率约为10.7%。然而，股票的波动性远高于许多其他资产类别，标准普尔500指数经历了数次繁荣和萧条时期。例如，在2008—2009年国际金融危机期间，标准普尔500指数从2007年10月到2009年3月下跌了46.1%。不过，在较长时期内，标准普尔500指数的回报率一直非常稳定。截至2022年底，标准普尔500指数10年平均年回报率为14.8%，30年平均年回报率为9.9%，50年平均年回报率为9.4%。

标准普尔500指数是自由流通量加权/市值加权指数。截至2023年6月30日，标准普尔500指数公司名单上最大的九家公司占该指数市值的30.5%，按权重从高到低排列依次为苹果、微软、亚马逊、英伟达、Alphabet（包括A类和C类股票）、特斯拉、Meta Platforms、伯克希尔·哈撒韦公司和联合健康集团。

3. 纳斯达克综合指数

纳斯达克综合指数是基于在纳斯达克证券交易所上市的股票计算的股票市场指数。该指数旨在代表整个纳斯达克股票市场，而不仅仅是最大的公司。纳斯达克综合指数是美国最受关注的股票指数之一，是市场评论员经常引用的三大"头条"指数之一，与道琼斯工业平均指数和标准普尔500指数并列。

由于纳斯达克综合指数集中了科技行业的公司，尤其是较年轻、增长迅速的公司，因此纳斯达克综合指数通常被认为是衡量科技市场表现的良好晴雨表。纳斯达克证券交易所也是中国科技企业理想的上市选择地。

与大多数股票指数一样，纳斯达克综合指数按其基础成分的市值进行加权。这意味着，当大公司的股票变动时，它对指数表现的影响比小公司的股票变动更大。例如，假设两家公司股票价格的变动相同，那么市值为1000亿美元的公司对指数的影响力是市值为500亿美元的公司的两倍。

截至2023年6月，纳斯达克上市证券有3908种，其中占比较大的股票包括苹果、微软、亚马逊、英伟达、特斯拉、Alphabet等。

三、美国证券市场的监管机构——美国证券交易委员会

美国证券交易委员会（United States Securities and Exchange Commission，SEC）是美国联邦政府的一个独立机构，于1929年股市崩盘后成立。美国证券交易委员会的主要目的是执行法律，打击市场操纵。

除了1934年《证券交易法》之外，美国证券交易委员会还执行1933年《证券法》、1939年《信托契约法》、1940年《投资公司法》、1940年《投资顾问法》、1940年《萨班斯-奥克斯利法案》等法规。美国证券交易委员会是根据1934年《证券交易法》第4条创建的。

美国证券交易委员会的使命由三部分组成：保护投资者；维护公平、有序、高效的市场环境；促进资本形成。为了实现其职责，美国证券交易委员会强制要求上市公司和其他受监管公司提交季度和年度报告以及其他定期报告。除了年度财务报告外，公司高管还必须提供一份叙述性报告，称为"管理层讨论和分析"（MD&A），概述前一年的运营情况并解释公司在该时期的表现。MD&A通常也会涉及即将到来的一年，概述新项目的未来目标和实践方法。为了为所有投资者提供公平的竞争环境，美国证券交易委员会维护了一个名为EDGAR的在线数据库（电子数据收集、分析和检索系统），投资者可以通过该系统访问向该机构提交的信息。

上市公司的季度和半年报对于投资者在资本市场上做出明智的投资决策至关重要。与银行业不同，资本市场的投资不受美国联邦政府担保，投资者需要权衡巨额收益的潜力与巨额损失的潜力。通过强制披露有关发行人以及证券本身的财务和其他信息，能够使私人和大型机构了解其所投资的上市公司的相同基本事实，从而加强公众监督，同时减少内幕交易和欺诈。

美国证券交易委员会通过EDGAR系统向公众提供报告，还为公众提供投资相关主题的出版物。同时，EDGAR系统还接受投资者的举报和投诉，以

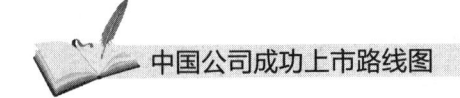

帮助美国证券交易委员会追查违反《证券法》的人。美国证券交易委员会坚持严格的政策，绝不对正在进行的调查的存在或状态发表评论。

四、中美两国对中概股的监管现状

（一）审计底稿跨境审查

2020年12月18日，美国公布了《外国公司问责法案》。根据该法案，不能提供审计底稿的中概股公司，三年后有可能面临在美国交易所终止交易的情形。《外国公司问责法案》的落地一石激起千层浪。

中国证监会、中国财政部与美国公众公司会计监督委员会于2022年8月26日签署了审计监管合作协议，主要就双方对相关会计师事务所合作开展日常检查与执法调查做出了具体安排，约定了合作目的、合作范围、合作形式、信息使用、特定数据保护等重要事项。

截至目前，中美双方在审计监管问题上有了实质性进展，通过跨境合作机制解决审计监管问题是可行的且为双方执行层所互相认可。中美双方以专业、理性的方式推进跨境监管合作，在该过程中展示出了对于解决问题的积极态度与不断推进的决心，这为未来彻底解决审计监管问题带来了希望，也提振了市场对于中概股赴美上市的信心。

（二）网络安全审查

随着《网络安全法》《数据安全法》《个人信息保护法》这三部我国网络空间安全基础法律及其配套的法律法规、部门规章的落地与不断完善，网络安全、数据安全已成为境外上市领域需要关注的重点。网络安全审查是否取得，或是否已就无须取得网络安全审查获得有关部门的书面通知，将成为美国证券交易委员会关注的重点。

自《网络安全审查办法》正式实施后，中概股赴美上市企业中仅亚朵披露其作为掌握超过100万用户个人信息的网络平台运营者，已就发行上市行为申请网络安全审查并完成审查程序。这期间上市的其他中概股企业虽无相似披露，但均有针对性地论证其无须通过网信办的网络安全审查，并同时披露其运营活动可能受限于网络安全相关法律法规未来的发展。

由此可见，在现有监管体制下，无论是依规定取得网络安全审查批复后赴美上市，还是在论证无须取得网络安全审查批复的情形下进行申请，皆可视情况而为之，网络安全审查制度的实施并非阻碍企业赴美上市的政策性因素。

（三）中国证监会备案

随着《境内企业境外发行证券和上市管理试行办法》的发布，中国证监会正式拉开了全面监管境内企业境外上市的帷幕，意味着将所有形式的境内企业境外上市纳入全面且统一的备案监管。除前述网络安全审查等监管外，未来赴美上市还需履行境外上市备案手续。

《境内企业境外发行证券和上市管理试行办法》的公布清除了原有的监管真空地带。相比审批制，备案制多了对市场的尊重以及对监管力度的克制，但又体现了监管层的介入和对境外上市情况的监控。对拟赴美上市的企业而言，这虽然增加了上市行为的成本，但未来有了明确而清晰的备案路径与程序，企业与监管机构之间也有了更为通畅的沟通渠道，从而会为赴美上市本身带来更多的确定性。

第二节　纽约证券交易所的上市条件和程序

一、纽约证券交易所的上市条件

（一）纽约证券交易所对美国国内公司上市的条件

1. 发行和规模标准

美国国内公司上市在发行和规模标准方面必须满足四个条件：持有100股以上的股东人数不少于400名；社会公众持股数不少于110万股；社会公众股市值不少于4000万美元；公司的有形资产净值不少于4000万美元。

2. 股票价格标准

上市时股价不得低于4美元。

3. 财务标准

美国国内公司如果上市必须满足以下财务标准。

（1）盈利。美国国内公司要上市，在盈利方面须满足下列两个条件之一。

①过去三年税前总收入不少于1000万美元；最近两年每年税前收入不少

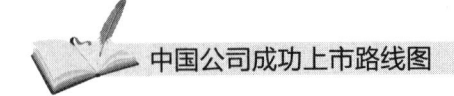

于 200 万美元；过去三年每年均有收入。

②如果报告期内第三年亏损，则要求过去三年税前总收入不少于 1200 万美元，最近一年税前收入不少于 500 万美元，倒数第二年税前收入不少于 200 万美元。

（2）资产和股本。全球市场资本总额不少于 2 亿美元。

（二）纽约证券交易所对外国公司上市的条件

作为世界性的证券交易所，纽约证券交易所也接受外国公司挂牌上市，上市条件较美国国内公司更为严格，主要包括以下三个方面的标准。

1. 发行和规模标准

持有 100 股以上的股东人数不少于 5000 名；社会公众持股数不少于 250 万股；社会公众股市值不少于 1 亿美元。

2. 股票价格标准

上市时股价不得低于 4 美元。

3. 财务标准

（1）盈利。过去三年税前总收入不少于 1 亿美元；过去两年每年税前收入不少于 2500 万美元。

（2）现金流/营业收入估算。外国公司在美国上市，须满足下列两个条件之一。

①现金流估算：全球市场资本总额不少于 5 亿美元；最近 12 个月的营业收入不少于 1 亿美元；过去三年现金流累计不少于 1 亿美元；过去两年每年的现金流不少于 250 万美元。

②营业收入估算：全球市场资本总额不少于 7.5 亿美元；最近一个会计年度营业收入不少于 7500 万美元。

（3）关联公司（用于已经有母公司或子公司在纽约证券交易所上市的新实体）。全球市场资本总额不少于 5 亿美元；至少运行 12 个月；关联上市公司处于正常运营状态；关联上市公司受该实体控制。

二、纽约证券交易所的上市程序

在纽约证券交易所上市的程序是繁杂的，但这正间接地反映了纽约证券交易所交易环境的成熟。中国公司在纽约证券交易所申请上市需要完成境内外监管手续。

（一）境内监管手续

2023年3月31日，《境内企业境外发行证券和上市管理试行办法》正式实施。自此，中国公司在境外发行上市需要完成与以往不同的境内监管手续。

中国公司在向包括纽约证券交易所在内的境外证券交易所提交发行上市申请前，如涉及安全审查的，发行人应当履行相关安全审查程序；如涉及行业主管部门通过制度规则明确规定的前置程序的，则发行人还需要取得行业主管部门出具的监管意见、备案或核准等文件。

发行人完成上述境内手续后（如需），方可向纽约证券交易所提交发行上市申请（通常称为A1）。

发行人在向纽约证券交易所提交发行上市申请后3个工作日内，向中国证监会备案。《境内企业境外发行证券和上市管理试行办法》赋予中国证监会5个工作日的静默期，由中国证监会决定是否受理或需要补充材料。如需补充材料，则发行人应当在30个工作日内补充。中国证监会受理后20个工作日办结备案，出具境外发行上市备案通知书，并通过中国证监会网站公示。如发行人一年内未在境外发行上市，需更新备案材料。

（二）境外监管手续

1. 资格审查

在进行正式申请前，纽约证券交易所将会对申请上市公司进行一个资格审查，该审查不收取任何费用，且会为申请者保密。资格审查的目的是了解申请公司是否符合上市条件。这种审查不会对申请上市的公司附加任何义务。

拟上市公司需要向纽约证券交易所提交与资格审查相关的所有信息，主要包括以下十四份材料。

一是经过公证的公司章程和细则（需交英文翻译件）。

二是已在或将在美国市场上交易的证书样本。

三是如有存托协议，需提交存托协议的副本。

四是最近三年分发给股东的年度报告的英文文本，其中，最近一年的年度报告须提交两份；如果年度报告为非英文文本，应提供最近三年的每年年度报告的英文译本。最近五年提交给股东的年度报告（最近一年的要两份复印件），如果没有英文版，应提交最近三年的翻译版。

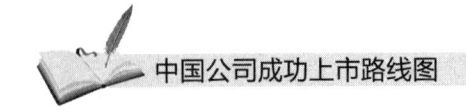

五是最近一份根据1933年《证券法》所列证券销售的招股说明书以及最近递交给证券交易委员会的申请书。如果有的话，当提交给证券交易委员会的文件不适用时，提交一份与向公众和现存股东发行证券相关的并且提交给任何管理部门或机构的相关的最新的文档。

六是发给股东的关于最近一次年度（全体）会议的代理须知或类似材料（需英文翻译件）。

七是在美国及世界各地的股票配售计划。

八是帮助交易所确定股票配售性质和公众持股数量的补充材料。材料应当同时包括公司在美国范围和世界范围内的持股情况。具体内容包括：前十大股东的姓名；拥有公司1000及以上股份（或相同股票单位）的交易所成员组织；公司证券目前正在其中交易的证券交易所或其他市场名单，以及这些证券在过去五年内的价格范围和交易量；公司董事、高管及其直系亲属拥有或控制的股票数量，以及持有10%或以上股票的其他股东拥有或控制的股票数量；关于公司股票的任何限制（包括任何细节上的限制）；非公司高管的公司雇员拥有股票数量的估计；因利润分享计划、储蓄计划、退休金计划或类似的公司雇员福利计划所持有的股票。

九是如果公司有任何部分拥有的子公司，则提供所持有的（上市或非上市公司）所有权或剩余产权的情况以及董事或高管在其中的所有权的情况。

十是公司主要银行的清单以及这些银行中持有公司股份超过5%的银行提供的持股证明。

十一是管制该公司或其任何经营活动的管制机构的名称，阐述此类管制对公司的纳税、财会和外汇控制的影响程度。

十二是公司董事、主要高管的姓名、职称和主要职责。

十三是公司员工总数及劳资关系的基本情况。

十四是公司未决主要诉讼及其对公司经营活动可能产生的影响。

2. 正式申请

提交资格审查材料后两三周，纽约证券交易所人员会就资格审查结果和上市条件联系申请上市公司。如果通过了资格审查，交易所会发给公司几份首次挂牌上市申请表复印件和一份需要提交材料的指引。在接下来六个月内的任何时间，公司都可以向交易所提交正式的上市申请，交易所均会接受。

一般来讲，申请者应在收到资格审查通过通知后 4～5 周内提交。

以下所列是正式申请时需要递交的文件清单，在特殊情况下，可能还需要追加其他文件。这些文件都是申请材料的一部分。

一是一份签署的申请书以及五份副本。

二是营业执照和章程。

三是公司设立地机构负责人认证的执照复印件一份和公司秘书认证的章程一份。

四是决议。

五是经认证的以下决议的复印件。

（1）批准上市申请涉及的未发行股票的发行的股东会决议（如根据公司流程需要该审批）。

（2）批准上市申请涉及的未发行股票的发行的董事会决议。

（3）批准上市的董事会决议，该决议应批准向交易所申请上市的股票具体数目以及特定股票。

六是发行者必须向交易所提交的针对最近一次公开发售的法律意见书。如没有此类法律意见书，则需要提交公司设立地管辖机构出具的公司状况良好证明书。

七是股票发售时间表。

八是股票过户登记证书。

九是股票证书充足库存通知。

十是申请上市的股票证书样本。

十一是管辖机构的证明。

十二是招股书。

十三是财务报表。

十四是对历史财务数据的调整。

十五是上市协议。

十六是未分配分红、未兑现权利以及登记日期的备忘录。

十七是根据 1933 年《证券法》填写的登记表格（同时需要递交给证券交易委员会）。

为了保证初步审查和修正的时间，六份申请书（需要公司高管盖章）应该在申请受理前三周提交到交易所，其余材料至少要在申请受理前一周提交，除非文件的性质决定不能在此时间提交。在进行了所有必要的修改，提交了所有辅助材料及确定的上市时间表后，交易所会受理该申请。交易所会在挂牌批准以后，将这些文件在交易所公示以供公众查询。

在申请人向交易所提交了首次挂牌上市申请表和足够的支持材料后，交易所将审查公司的股票发行并报美国证券交易委员会。此外，交易所会在正规的每周公告中或者通过其他类似途径公示已经收到的公司的申请。

交易所对公司上市具有宽泛的自由裁量权。交易所仅准许那些适合证券市场交易和已经获得在交易所上市资格的公司上市。因此，交易所可能会基于某些在交易所看来会令公司上市不妥当或无保证的事件、条件或环境，而否决一些公司的上市。即使公司符合了上市条件，交易所仍可能会做出这样的决定。

3. 注册登记

股票在交易所开始交易前，除了必须经过交易所批准外，还必须根据1933年《证券法》和1934年《证券交易法》进行注册登记。

按照1934年《证券交易法》的注册登记要求，申请人需要向交易所和美国证券交易委员会（SEC）递交符合SEC规则的注册报告书，同时交易所需要向SEC声明它已收到注册报告书并且已经同意有关股票的上市和登记。注册报告书包括以下两个主要部分。第一部分是招股说明书。其中应当包括封皮、前言、简要信息、风险因素、申请人和股票相关信息、固定支出的盈利比例、申请人的重大变化等内容。具体来讲，主要有概述、风险因素、有关前瞻性陈述的特别注释、公司历史与结构、募集资金的用途、股息政策、股本、摊薄、民事诉讼可执行性、汇率、部分合并财务与运营数据、管理层对财务状况和经营业绩的讨论与分析、备考合并财务报告、行业、业务、法规、管理层、主要（和出售）股东、关联方交易、股本描述、供未来出售的股权、税务、承销、与本发行相关的费用、法律事务、专业机构、从哪里获得更多的信息、财务报告。第二部分是其他信息。

SEC的投行部会审查公司的注册报告书是否符合披露要求，但是SEC不对公司股票价值及优劣进行评判。如果提供的材料不完全或者不准确，审查委员会以书面的形式通知公司。公司需要根据SEC的要求提交修改材料，直至 SEC 满意为止。

4. 注册生效

在收到申请人的注册报告书后，SEC 将根据 1934 年《证券交易法》的规定，要求一个 30 天的强制等候期。一旦申请人满足了披露要求，SEC 审查员就会宣布注册登记书有效，申请人就可以出售股票了。但是如果申请人的材料存在误导、不准确或者不全面的情况，SEC 可以拒绝或者延迟宣告注册登记书生效。

根据 1934 年《证券交易法》，首次挂牌日可以为注册生效后任何一天，视公司的方便而定。

三、阿里巴巴——在纽约证券交易所上市的中国公司

阿里巴巴集团控股有限公司（以下简称阿里巴巴），是一家专注于电子商务、零售、互联网和科技的中国跨国科技公司。该公司于 1999 年 6 月 28 日在浙江杭州成立，通过中国和全球市场提供消费者对消费者（C2C）、企业对消费者（B2C）和企业对企业（B2B）的销售服务，以及本地消费者、数字媒体和娱乐、物流和云计算服务。它在全球众多业务领域拥有并经营多元化的公司组合。

2014 年 9 月 19 日，阿里巴巴在纽约证券交易所首次公开募股（IPO），筹集资金 250 亿美元，公司市值达到 2310 亿美元，成为当时世界上规模最大的 IPO。截至 2022 年，阿里巴巴的品牌估值位居全球第九。

阿里巴巴最初被描述为中国版的亚马逊。在 2014 年 9 月于纽约证券交易所首次公开募股后，阿里巴巴在线市场提供的产品和服务以及其拥有的公司均呈指数级增长。

为什么阿里巴巴或任何外国公司会选择在美国交易所而不是离公司较近的交易所上市？主要原因如下。

（1）许多人认为，阿里巴巴在美国首次公开募股让创始人马云保持了对公司的控制权。阿里巴巴首次公开募股前的结构让马云和联合创始人蔡崇信控制了该公司，尽管他们并没有拥有很大比例的股份。据报道，马云的首选交易所香港证券交易所不赞成不基于多数股权的控制方法。纽约证券交易所和美国其他交易所通常允许公司使用股票类别来维持对上市公司的控制权。

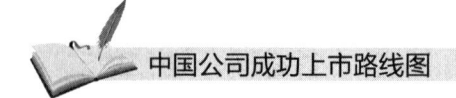

即使对于计划持有多数股权的外国公司来说，股权类别结构也提供了筹集资金的机会，而无须向新股东放弃重大权力。

（2）作为一家在纽约证券交易所上市的公司，不仅会获得声誉，而且还具有非常实际的优势。在美国公开交易的公司受到美国证券交易委员会的监管，美国证券交易委员会所提供的更严格的审查和更高的透明度被投资者视为一个优势，他们随后在阅读公司的财务数据和进行投资时会更加充满信任。像阿里巴巴这样的公司可以利用这种信任将自己定位为亚马逊的主要竞争对手。在美国上市可以让寻求在线市场投资的投资者更容易选择阿里巴巴的增长故事，而不是亚马逊的增长故事。纽约证券交易所本身表示，其交易所的好处包括提高品牌知名度、获得资本以及增加流动性机会。

（3）在美国上市还让阿里巴巴等公司在并购（M&A）方面拥有更大的行动范围。在美国交易所持有美元股票可以简化未来对美国企业的收购，并可以在外国上市公司对美国上市企业提出收购要约时减少这些交易可能面临的审查。

虽然阿里巴巴赴美上市的原因有很多，但该公司IPO最有趣的地方也许不是它在美国上市，而是它在纽约证券交易所而不是纳斯达克上市。

在纽约证券交易所挂牌上市的其他中概股还包括中国石油、中国石化、中国电信等超大型国企，新东方等教育培训机构，迈瑞医疗、药明康德等生物医药公司，巨人网络等科技型企业。对于中概股来说，在纽约证券交易所上市不仅是对自己体量和规模的肯定，也是未来发展的新的起点。借助纽约证券交易所的融资功能和世界舞台，中概股获得了长足的发展。

第三节 纳斯达克交易所的上市条件和程序

一、纳斯达克交易所简介

（一）纳斯达克的演变及内部板块分层

纳斯达克证券市场（以下简称纳斯达克）由全美证券交易商协会（NASD）[①]

[①] 已于2007年7月30日与纽约证券交易所中有关会员监管、执行和仲裁的部门合并为美国金融业监管局（FINRA）。

创立并负责管理，是 1971 年在华盛顿建立的全球第一个电子交易市场。在设立之初，纳斯达克仅是全美证券交易商协会组织和管理的一个自动报价系统，并无撮合交易功能，市场交易通过券商达成，并且不设立挂牌标准，只要有市场、愿意做市就可以挂牌出现在报价系统中。纳斯达克允许通过电话或互联网直接交易，而非限制在现场交易大厅，是世界上第一个电子证券交易市场。建立纳斯达克的初衷在于规范美国大规模的场外交易，所以纳斯达克一直被作为纽约证券交易所的辅助和补充。逐渐地，先进的电子信息技术使纳斯达克成为世界上最大的无形交易市场。

1982 年，纳斯达克在其报价系统的基础上开发了全国市场系统（NMS 系统），将系统上交易最活跃的股票组成全国市场，并制定全国市场板块的挂牌标准；其余挂牌企业组成小型资本市场，不设立挂牌标准；小型资本市场在 1990 年集中部分股票并制定了挂牌标准，演变为后续的资本市场板块；剩余仍不设挂牌标准的，逐渐发展为现在的场外柜台交易市场。

由于美国互联网泡沫及新兴技术行业的快速发展，纳斯达克交易规模扩张得十分迅速。就 IPO 发行数量来说，在 21 世纪初与纽约证券交易所已基本持平，但由于挂牌企业体量较小，在募集资金规模方面与纽约证券交易所尚有较大的差距。

2006 年 1 月，经美国证券交易委员会批准，纳斯达克成为继纽约证券交易所、美国证券交易所之后的美国第三家全国性证券交易所。

2006 年 7 月，为提升市场化程度、拓宽融资渠道，满足更多类型企业的融资需求，纳斯达克进行了市场的内部分层，增加了全球精选市场（NASDAQ-GS，NGS），其层级定位对标纽约证券交易所主板，希望吸引并留住更多的大盘公司前来交易；同时，纳斯达克将全国市场板块更名为全球市场（NASDAQ-GM，NGM），其对象是世界范围的大型企业和经过小型资本市场发展起来的企业；以前的纳斯达克小型资本市场被更名为资本市场（NASDAQ-CM，NCM），资本市场的对象是高成长的中小企业，其中高科技企业占有相当大的比重，上市标准低于全球市场。自此，纳斯达克内部分层演变为全球精选市场、全球市场和资本市场，并对应有差异化的上市标准。

纳斯达克此次内部分层几乎是与纽约证券交易所同时期进行的，基本也

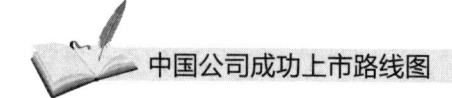

标志着纳斯达克与纽约证券交易所进入了同质化的竞争阶段。发展至今，两个交易所 IPO 募集资金规模的差距已逐渐缩小，在 2019 年之前的 20 年中，只有三年在纳斯达克募集的资金比在纽约证券交易所募集的资金多，而 2019 年至今，纳斯达克在募集资金规模上已经连续五年超过纽约证券交易所，纳斯达克的强势发展势头已经足够令市场瞩目，纽约证券交易所世界第一大交易所的名号易主纳斯达克也是有可能的。

为丰富美股的全球布局，在美国本土以外，纳斯达克在欧洲、中东等地也有分布，例如位于欧洲的纳斯达克北欧主板市场（Nasdaq Nordic Markets）、位于中东的纳斯达克迪拜成长型市场（Nasdaq Dubai）等。

（二）纳斯达克的交易制度

纳斯达克是第一家采用做市商制度的交易所，且截至目前做市商制度依然为纳斯达克最核心的交易制度之一。做市商是一些独立的股票交易商，为投资者承担某一只股票的买进和卖出。做市商制度对于那些市值较低、交易次数较少的股票尤为重要。按照纳斯达克的现行规定，至少要有 3~4 家做市商[①]。为了保持做市商之间的报价竞争，纳斯达克对做市商资格认定的要求较为宽松，做市商进入和退出都较为便捷。目前纳斯达克股票平均拥有十多家做市商，而对于一些规模较大、交易活跃的个股，做市商数量超过 50 家。

纳斯达克在 20 世纪末引入了新的 ECNs 电子交易系统，其具有报价驱动与指令驱动的双重机制。传统的做市商制度属于报价驱动，即买卖指令都是传达至做市商，做市商根据买卖指令上的报价选择要不要买进，就是做市商先自己买进来，有卖单了再卖出去的模式；而 ECNs 系统中既有指令驱动又有报价驱动，系统中的指令驱动是指投资者不经过做市商直接下单与其他投资者进行交易，且投资者的订单价格与做市商的报价相竞争，从而增加了市场的公开性、流动性，最终形成了与纽约证券交易所一致的做市商制度与竞价交易制度相结合的混合交易制度，但纽约证券交易所以竞价交易制度为主，在极端情况下，存在做市商主导交易的情况。

[①] 符合全球市场收入标准【第 5405（b）（1）条】或股权标准【第 5405（b）（2）条】要求的公司应至少有 3 个活跃的做市商，资本市场至少需要 3 个做市商，其他情况至少需要 4 个活跃的做市商。

（三）现阶段的监管风险及上市中介分工

根据 2020 年公布的《外国公司问责法案》，美国对外国发行人（主要是中国发行人）在美国上市提出了更有针对性的限制条件——如果美国公众公司会计监督委员会（PCAOB）连续三年无法检查在美上市公司的会计师事务所，美国证券交易委员会（SEC）将禁止该公司股票在美国的交易所进行交易；同时我国相继出台《网络安全审查办法》《数据出境安全评估办法》《境内企业境外发行证券和上市管理试行办法》等规定，中国政府对中国企业赴美上市的合规性、程序性都做出了比以往更加明确的要求。

2022 年 12 月，PCAOB 发布声明，宣布其已取得对总部设在中国内地和香港的会计师事务所进行检查和调查的授权，中概股企业基于无法满足 PCAOB 的检查要求而被强制退市的威胁已基本解除，从而增强了中国企业赴美上市的信心。

虽然无法完全排除政治风险，但纳斯达克具有宽松多元的上市标准，并且是世界上最成熟的证券交易所之一，所以依然是很多中国企业上市融资、挂牌交易的优先选择。

以《萨班斯－奥克斯利法案》（简称萨班斯法案）为代表的法规，彰显了美国的证券交易所对挂牌公司信息披露的高要求和严标准，企业无论是启动上市还是挂牌后信息披露，都需要认真挑选经验丰富的中介机构。公司得以在美国最终上市，往往是一个有效的上市顾问团队成功运作的结果。除了公司本身尤其是公司的管理层需要投入大量的时间和精力外，公司还须组建一个至少包括承销商团队、律师团队、会计师团队的上市服务团队。与中国内地或香港上市不同，美国承销商团队的核心工作内容是对发行人进行估值及承销证券，其基本不参与招股书的撰写，也不会与监管机构进行沟通，所以有些发行人在早期的秘密递交阶段并不确定承销商人选。律师团队一般包括发行人美国律师、承销商美国律师、发行人中国律师、承销商中国律师，一般还有发行人注册地律师，常见的比如开曼律师。美股招股书起草通常由发行人美国律师负责，在 SEC 及交易所的问询环节也基本是由美国律师负责向上沟通并牵头各机构分工协作。中国律师根据发行人在中国境内的业务运营给出合规性意见，并负责出具申请文件中的对应附录及确认或起草招股书中与中国法律相关的内容。

二、纳斯达克的上市条件

纳斯达克市场的上市标准主要关注流动性指标（股东数量、公众持股数量、市值、最低股价、交易量等）、财务指标（税前利润、现金流量、市值、收入、股东权益等）、经营年限和公司治理的情况。笔者通过查阅 Nasdaq Initial Listing Guide（2023年1月）[1]的内容，对纳斯达克三个市场的上市标准进行了总结，有兴趣的读者可登录纳斯达克官网查阅上市规则的具体细则[2]。

（一）纳斯达克全球精选市场

申请在纳斯达克全球精选市场上市的公司（包括直接上市）必须满足表9-1四项财务标准中至少一项的所有标准以及表9-2的流动性指标要求。

（二）纳斯达克全球市场

申请在纳斯达克全球市场上市的公司（与直接上市相关的公司除外）必须满足表9-3所列四项标准中至少一项的所有标准。

除以上常规上市标准外，笔者在表9-4简单列示了在纳斯达克全球市场直接上市的财务和流动性指标要求，与直接上市相关的公司必须满足表9-4所列四项标准中至少一项的所有标准。上市规则IM-5405-1规定，在根据证券价格确定公司是否满足首次上市要求时，纳斯达克将依赖于具有经验和公信力的独立第三方提供的估值[3]或某些令人信服的证据进行判断。表9-5列示了SPAC的备选上市要求。

（三）纳斯达克资本市场

在纳斯达克资本市场上市的公司（与直接上市相关的公司除外）必须满足表9-6所列三项标准中至少一项的所有标准。

---

[1] 具体内容可参阅 https://listingcenter.nasdaq.com/assets/initialguide.pdf。
[2] 可参阅 https://listingcenter.nasdaq.com/rulebook/nasdaq/rules/。
[3] 如果该公司的证券最近在私募市场上持续交易，则纳斯达克将上市证券的价格、上市证券的市值和不受限制公众股市值的市场价值归属于该公司，等于以下两者中的较小者：(i)独立第三方的估值；(ii)私募市场的最新交易价格。

表 9—1　在纳斯达克全球精选市场上市的财务指标要求

财务指标	收益标准	市值及现金流标准	市值及收入标准	资产及股东权益标准
上市规则具体条款	5315（e）和 5315（f）(3)（A）	5315（e）和 5315(f)(3)（B）	5315（e）和 5315（f）(3)（C）	5315（e）和 5315（f）(3)（D）
税前收益（税前持续经营期收入）	• 过去三个会计年度总和大于等于 1100 万美元； • 过去三个会计年度每年均为正；和 • 最近两个会计年度每年大于等于 220 万美元	N/A	N/A	N/A
现金流	N/A	• 前三个会计年度总和大于 2750 万美元；和 • 前三个会计年度每年均为正	N/A	N/A
市值	N/A	过去 12 个月平均市值超过 5.5 亿美元	过去 12 个月平均市值超过 8.5 亿美元	1.6 亿美元
上一会计年度的营业收入	N/A	大于等于 1.1 亿美元	大于等于 9000 万美元	N/A
总资产	N/A	N/A	N/A	8000 万美元
股东权益（净资产）	N/A	N/A	N/A	5500 万美元
最低招股价格	4 美元	4 美元	4 美元	4 美元

表9-2 在纳斯达克全球精选市场上市的流动性指标要求

流动性指标[1]	首次公开募集和分拆上市	直接融资上市的公司：目前交易的普通股或等价证券	直接上市	关联公司	上市规则具体条款
不受限制的批量持有人股东[2]数量；或 股东总数；或 过去12个月的股东总数和月平均交易量	• 450位批量持有人；或 • 2200名投资人；或 • /	• 450位批量持有人；或 • 2200名投资人；或 • 550名投资人且月平均交易量为110万美元	• 450位批量持有人；或 • 2200名投资人；或 • 550名投资人且月平均交易量为110万美元	• 450位批量持有人；或 • 2200名投资人；或 • 550名投资人且月平均交易量为110万美元	5315（f）(1)
不受限制的公众持股数量	125万股	125万股	125万股	125万股	5315（e）(2)
不受限制的公众股市值；或 不受限制的公众股所对应的股东权益	• 4500万美元；或 • /	• 1.1亿美元；或 • 1亿美元和1.1亿美元	• 1.1亿美元；或 • 1亿美元和1.1亿美元	• 4500万美元；或 • /	5315（f）(2)
独立第三方估价	N/A	N/A	公众股市值2.5亿美元	N/A	IM-5315-1

[1] 公司还必须有4个注册的活跃做市商，除非符合纳斯达克全球市场收入标准或股权标准的要求，在这种情况下，公司必须有3个注册的积极做市商。

[2] 批量持有人股东是指至少持有100股上市公司股票的股东。因任何原因受到转售限制的证券不包括在公众股，公众股市值和批量持有人股东数量的计算范围内。此外，至少一半的批量持有人必须各自持有最低价值2500美元的无限制证券。

第三部分 境外上市

表9-3 在纳斯达克全球市场上市的财务和流动性指标要求

指标	收益标准 5405（b）（1）	股东权益标准 5405（a）和 5405(b)（2）	市值标准① 5405（a）和 5405（b）（3）	总资产/总收入标准 5405（b）（4）
上市规则	5405（a）和 5405（b）（1）	5405(b)（2）	5405（a）和 5405（b）（3）	5405（a）和 5405（b）（4）
税前持续经营收益（最近一个会计年度或最近三个会计年度中的两个）	100万美元	N/A	N/A	N/A
股东权益	至少1500万美元	至少3000万美元	N/A	N/A
上市证券市值	N/A	N/A	至少7500万美元	N/A
• 总资产；和 • 总收入 （最近一个会计年度或最近三个会计年度中的两个）	N/A	N/A	N/A	• 至少7500万美元；和 • 至少7500万美元
不受限制的公众持股数量	110万股	110万股	110万股	110万股
不受限制的公众股市值	800万美元	1800万美元	2000万美元	2000万美元
最低招股价格	4美元	4美元	4美元	4美元
做市商数量	3	3	4	4
经营历史	N/A	2年	N/A	N/A

① 仅符合市值标准的公司必须在申请前连续90个交易日达到7500万美元的上市证券市值和4美元的出价要求。

表 9-4 在纳斯达克全球市场直接上市的财务和流动性指标要求

指标	收益标准 5405(b)(1)	股东权益标准 5405(a)和5405(b)(2)	市值标准[①] 5405(a)和5405(b)(3)	总资产/总收入标准 5405(a)和5405(b)(4)
上市规则				
税前持续经营收益（最近一个会计年度或最近三个年度中的两个）	100万美元	N/A	N/A	N/A
股东权益	至少1500万美元	至少3000万美元	N/A	N/A
• 基于上市证券市值的估值；或 • 令人信服的基于证据的市值测算	N/A	N/A	• 1.5亿美元；或 • 1.875亿美元	N/A
• 总资产；和 • 总收入（最近一个会计年度或最近三个会计年度中的两个）	N/A	N/A	N/A	• 至少7500万美元；和 • 至少7500万美元
不受限制的公众持股数量	110万股	110万股	110万股	110万股
• 基于公众股市值的估值；或 • 令人信服的基于证据的公众股市值测算	• 1600万美元；或 • 2000万美元	• 3600万美元；或 • 4500万美元	• 4000万美元；或 • 5000万美元	• 4000万美元；或 • 5000万美元
• 基于估值的招股股价；或 • 令人信服的基于证据的招股股价	• 8美元；或 • 10美元	• 8美元；或 • 10美元	• 8美元；或 • 10美元	• 8美元；或 • 10美元
不受限制的批量持有人股东数量	400	400	400	400
做市商数量	3	3	4	4
经营历史	N/A	2年	N/A	N/A

① 仅符合市值标准的公司必须在申请前连续90个交易日达到7500万美元的上市证券市值和4美元的出价要求。

表 9-5 SPAC 的备选上市[①]要求

指标	标准
上市规则	5406 和 5225（a）（1）（A）——（针对投资单元[②]，如有）
上市证券价值	不低于 1 亿美元
公众股数量	110 万股
公众股市值	不少于 8000 万美元
招股价格	不低于 4 美元
股东数量	• 至少 300 个批量持有人；或 • 至少 2200 名股东，月平均交易量不少于 10 万股（最近 6 个月）；或 • 至少 500 名股东，月平均交易量不少于 100 万股（最近 12 个月）
投资单元（如有）	投资单元的组成部分必须满足适用于该组成部分的纳斯达克全球市场的首次上市要求
认股权证（如有）	• 至少 100 万份未偿付认股权证；和 • 总市值至少为 400 万美元；和 • 认股权证的最短有效期应为一年；和 • 认股权证不得包含自愿行权价格调整条款，除非满足特定要求[③]

表 9-6 在纳斯达克资本市场上市的财务和流动性指标要求

指标	权益标准	市值标准[④]	净利润标准
上市规则	5505（a）和 5505（b）（1）	5505（a）和 5505（b）（2）	5505（a）和 5505（b）（3）
股东权益	不少于 500 万美元	不少于 400 万美元	不少于 400 万美元
不受限制的公众股市值	不少于 1500 万美元	不少于 1500 万美元	不少于 500 万美元
经营历史	不少于 2 年	N/A	N/A

---

① 除了能够根据运营公司的要求上市外，根据 IM-5101-2 上市的 SPAC 也可以在纳斯达克全球市场上市。对于首次公开发行时上市的 SPACs，在必要时，纳斯达克将依赖承销商书面承诺的发行的预期价值和其他证明材料，确定 SPACs 是否符合上市标准。

② 传统 IPO 上市时发行的是普通股，而 SPAC 上市时通常向投资人发行投资单元（Unit），一个投资单元通常由 1 股普通股和若干份认股权（Warrants）组成。

③ 具体请参见《上市规则》第 5406（d）（4）条。

④ 仅符合市值标准的公司必须在申请前连续 90 个交易日达到 5000 万美元的上市证券市值和招股价格要求。

续表

指标	权益标准	市值标准	净利润标准
上市证券市值	N/A	不少于5000万美元	N/A
持续经营的净利润（最近一个会计年度或最近三个会计年度中的两个）	N/A	N/A	不少于75万美元
不受限制的公众持股数量	100万股	100万股	100万股
不受限制的批量持有人股东数量	至少300位	至少300位	至少300位
做市商数量	3	3	3
• 招股价格；或 • 收盘价格[①]	• 4美元；或 • 3美元	• 4美元；或 • 2美元	• 4美元；或 • 3美元

表9-7简单列示了在纳斯达克资本市场直接上市的财务和流动性指标要求，与直接上市相关的公司必须满足表9-7所列三项标准中至少一项的所有标准。

表9-7 在纳斯达克资本市场直接上市的财务和流动性指标要求

指标	权益标准	市值标准[②]	净利润标准
上市规则	5405(a)和5405(b)(1)	5405(a)和5405(b)(2)	5405(a)和5405(b)(3)
股东权益	不少于500万美元	不少于400万美元	不少于400万美元
• 基于公众股市值的估值；或 • 令人信服的基于证据的公众股市值测算	• 3000万美元；或 • 3750万美元	• 3000万美元；或 • 3750万美元	• 1000万美元；或 • 1250万美元
经营历史	2年	N/A	N/A

---

① 如选择适用收盘价的资格，除了满足上述其他财务和流动性指标要求外，公司还必须：(i)三年平均年收入为600万美元，(ii)非无形资产净额为500万美元，或(iii)非无形资产净额净值为200万美元，并有3年的经营历史。

② 仅符合市值标准的公司必须在申请前连续90个交易日达到5000万美元的上市证券市值和招股价格要求。

续表

指标	权益标准	市值标准[②]	净利润标准
• 基于上市证券市值的估值；或 • 令人信服的基于证据的市值测算	N/A	• 1亿美元；或 • 1.25亿美元	N/A
持续经营的净利润（最近一个会计年度或最近三个会计年度中的两个）	N/A	N/A	不少于75万美元
不受限制的公众持股数量	不少于100万股	不少于100万股	不少于100万股
不受限制的批量持有人股东数量	不少于300位	不少于300位	不少于300位
做市商数量	不少于3家	不少于3家	不少于3家
• 基于估值的招股价格；或 • 令人信服的基于证据的招股价格	• 8美元；或 • 10美元	• 8美元；或 • 10美元	• 8美元；或 • 10美元

（四）公司治理要求

根据《上市规则》（5600系列）的规定，在纳斯达克上市的公司必须达到高标准的公司治理要求，即除了需要满足前述纳斯达克不同市场分层下的财务和流动性指标要求外，还需要达到表9-8所列示的公司治理要求，这些要求在特定条件下可以豁免，具体可登录纳斯达克官方网站查看披露的《上市规则》或其公告的常见问题综合列表。

表9-8 在纳斯达克上市的公司治理要求

公司治理要求	具体表述	上市规则
提供年度或中期报告	公司必须通过邮件或公司网站向股东提供年度和中期报告	5250（d）
独立董事	独立董事需要占公司董事会的多数席位	5605（b）

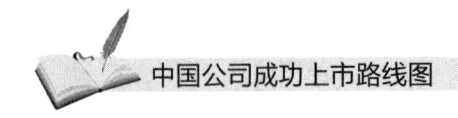

续表

公司治理要求	具体表述	上市规则
审计委员会	公司需要有一个审计委员会，该委员会仅由独立董事组成，这些独立董事需要同时符合SEC规则10A-3的要求，并且能够阅读和理解基本财务报表。审计委员会必须至少有三名成员。审计委员会的一名成员必须拥有丰富的金融财务经验	5605（c）
薪酬委员会	公司必须设立一个薪酬委员会，该委员会仅由独立董事组成，且至少有两名成员。此外，薪酬委员会成员需要满足《上市规则》第5605（d）(2)（A）条的独立性要求。薪酬委员会必须决定或向董事会提议公司CEO和其他高级管理人员的薪酬	5605（d）
董事提名	董事必须由独立董事选择或推荐	5605（e）
董事会成员多样化	公司至少要有两名符合多样化要求的董事会成员，或明确解释为什么没有，多样化董事包括：(i)至少一名自我认知为女性的董事；(ii)至少一名来自代表性不足的少数群体，或LGBTQ+人群的董事	5605（f）
行为规范	公司需要制定适用于独立董事、高级管理人员、员工的行为准则	5610
年度股东大会	公司应当在上一会计年度结束后一年内召开股东大会	5620（a）
征集代理	公司被要求为所有股东大会征集代理人	5620（b）
法定人数	公司必须规定，普通股股东会议出席股东所代表的股份数不得低于已发行的有表决权的股份总数的33%（即1/3）	5620（c）
利益冲突	公司需要对可能引起利益冲突的所有关联交易进行适当的审查和监督	5630
股东批准	股东批准规则通常要求公司在发行与以下事项有关的证券之前获得股东的批准：(i)收购另一家公司的股票或资产；(ii)向高管、董事、雇员或顾问支付以股票为基础的薪酬；(iii)控制权的变更；(iv)以低于最低价格的价格发行超过20%的股票	5635
投票权	公司行为或证券发行不能不公平地减少或限制现有股东的投票权	5640

（五）近期美股上市监管变化

《境内企业境外发行证券和上市管理试行办法》（以下简称《管理试行办法》）于2023年3月31日生效，截至北京时间2023年8月10日，至少有30家[①]拟赴美中概股企业向中国证监会提交了备案申请材料，其中有3家企业完成备案，分别为新骏羊绒（2023年7月26日）、阿诺医药（2023年8月7日）、环球墨非（2023年8月7日），这三家均选择了纳斯达克交易所，但截至2023年8月10日，尚未正式完成挂牌上市。由于《管理试行办法》的实施，中概股企业的上市挂牌周期必然受到一定影响。2023年，在《管理试行办法》实施前共计有11家中概股企业宣布完成挂牌（未包括SPAC模式下上市的中概股企业），具体情况如表9-9所示。

表9-9 2023年《管理试行办法》实施前挂牌上市的中概股企业

序号	公司简称及代码	交易所	融资额/亿美元	上市时间
1	量子之歌：QSG	纳斯达克	0.406	2023-01-25
2	硕迪生物：GPCR	纳斯达克	1.611	2023-02-03
3	理臣中国：LICN	纳斯达克	0.160	2023-02-06
4	禾赛科技：HSAI	纳斯达克	1.900	2023-02-09
5	小i机器人：AIXI	纳斯达克	0.388	2023-03-09
6	拍明芯城：IZM	纳斯达克	0.060	2023-03-15
7	聪链集团：ICG	纳斯达克	0.080	2023-03-16
8	燕谷坊：YGF	纳斯达克	0.080	2023-03-28
9	中进医疗：ZJYL	纳斯达克	0.080	2023-03-28
10	宏力型钢：HLP	纳斯达克	0.083	2023-03-29
11	香颂国际：CHSN	纳斯达克	0.136	2023-03-30

根据纳斯达克现行的《上市规则》，对于来自"受限制市场"（Restrictive Market）[②]的发行人，有一个额外的关于IPO融资量的要求：最低要达到2500

---

① 数据来源于中国证监会发布的《境内企业境外发行证券和上市备案情况表（首次公开发行及全流通）》（截至2023年8月10日）。由于尚处于秘密递交阶段的企业的备案信息不会公示，故而此处笔者表述为至少有30家。

② 一个不允许PCAOB对纳斯达克上市公司的会计师事务所进行检查的司法管辖区为受限制市场，如果（i）公司的账簿和经验记录位于该管辖区内，（ii）公司至少50%的资产位于该管辖区内，或（iii）公司至少50%的收入来自该管辖区，则公司被视为处于受限制市场。

万美元或者 IPO 时市值的 1/4。中国内地及香港一度处于"受限制市场"范围。

自 2022 年下半年以来，中美两国监管机构一直在积极磋商解决双方在监管要求上的分歧。前文已提及，PCAOB 在 2022 年 12 月时发布了声明，宣布其已取得对总部设在中国内地和香港的会计师事务所进行检查和调查的授权。故而基于《上市规则》对"受限制市场"的定义，理论上，中国内地及香港企业不再受上述融资额标准的限制。事实上，从上述 11 家企业最终的募集情况来看，也确实未再受此限制，大部分企业均不满足"受限制市场"的融资量要求。

2023 年 2 月 17 日，中国证监会有关部门负责人就发布《境内企业境外发行证券和上市管理试行办法》回答了记者提问，负责人表示，对满足合规要求的 VIE 架构企业境外上市予以备案，这也许增强了美国方面对 VIE 架构的中概股的信心，2023 年重新出现了 VIE 架构的中概股挂牌上市企业，例如表 9-9 中的小 i 机器人。

尽管截至 2023 年 8 月 10 日中国证监会对赴美 IPO 的备案审查速度并不快，中美两国双边关系的未来发展对赴美 IPO 业务的影响也不可预计，但 2023 年 7 月 24 日至 25 日，中国证监会召开完年中工作座谈会后，赴美 IPO 备案的项目连续落地，从而增强了市场的信心。

三、纳斯达克的上市程序

（一）筹备阶段

对于中国企业来说，为了符合中美两国的法律要求，尤其是中国法律关于外汇监管、外商企业管理、境外投资等方面的监管要求以及在 2023 年新增的《管理试行办法》等的要求，需要聘请中国律师团队根据其业务性质进行股权结构或控制架构方面的调整，并与审计师、内控专家团队、承销商团队等对企业财务、内控、业务方面进行尽职调查，也需要聘请行业专家对公司的行业发展预计、行业竞争情况等给出意见。

架构重组及尽职调查工作基本结束或有可预期结果后，公司团队和中介团队的工作重心就变为招股书的起草及审计工作。招股书一般由发行人美国律师起草，发行人中国律师和券商美国律师可能会配合起草部分章节的内容。

作为申请上市材料中最重要的文件，招股书初稿形成后，会经过至少2~3个月的讨论、修改，招股书排版及申请文件制作等工作还会聘任印刷商进行。除了招股书起草外，审计工作也往往是IPO筹备阶段中最"卡时间"的一项工作。一方面，私营企业的财务内控往往并不太健全，例如计划在A股进行IPO申报的企业，往往在申报基准日前2~3年就已经聘请了审计师进行财务内控规范，但赴美IPO企业往往没有规划这么长的财务内控规范期，审计师准备一份符合美国会计准则的经审计报表需要一定的周期；另一方面，美国的萨班斯法案对审计师的独立性、审计机构内控流程的规范性提出了严格的要求，也延长了审计师出具经审计财务报表的时间。

（二）申请材料的提交

中国企业到美国上市，需要填报F-1表，F-1表同时指向20-F表，即F-1表中包含了20-F表中要求的一些内容，20-F表实际上是非美国发行人上市以后准备年报需要的表格。除了F-1表和20-F表以外，还要求外国发行人向美国证券交易委员会提交某些文件作为附件，而这些附件的准备则依据S-K条例（Regulation S-K）的要求进行。

2012年，美国颁布《创业企业促进法案》（Jumpstart Our Business Startups Act，即JOBS法案），对于符合条件的"发展阶段的成长型公司"（Emerging Growth Companies，即EGC公司），包括外国公司，允许其在向美国证券交易委员会提交上市申请材料时，以秘密方式进行。我国赴美IPO的企业大多符合EGC公司的认定条件，而秘密递交的好处也十分明显：一方面，可以在秘密递交阶段即与SEC和纳斯达克交易所进行沟通，并根据他们的修改意见对申请材料做出修订，保证公开提交时面向全球投资者的招股文件更具严谨性和准确性；另一方面，EGC公司可以充分利用秘密递交程序，避免竞争者或其他有心人在公司上市申请阶段故意发布不利信息，也可以有计划地对各种事情提前做出安排。因此，中概股基本会选择通过秘密递交方式向SEC提交申请材料，但公司需要至少在路演前21天进行公开递交，以便投资人有充分的时间了解公司。

随着《管理试行办法》的实施，赴美IPO的中概股企业在提交SEC要求的申请材料的同时，也需要向中国证监会提交备案申请文件。根据《管理试行办法》，公司应当在境外提交发行上市申请文件后3个工作日内向中国证监

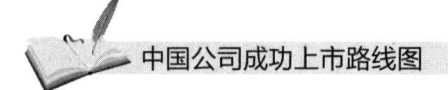

会提交备案材料,也就意味着备案申请文件的制作需要与招股书等申请文件同步进行。因为美国没有 A 股或港股的保荐人角色,备案工作通常由发行人中国律师牵头。备案的具体要求可参见本书第七章第四节的内容。

(三) 与 SEC 及交易所的沟通

提交 F-1 等招股文件后,一般而言,SEC 会在 4 周时间内提出修改和补充披露意见,第一轮意见是最多的,有一些关于公司情况及业务的针对性意见,但近些年中概股企业在中国监管政策风险因素方面披露的问题也明显增多。通常情况下,SEC 的问询以 3~4 轮居多,也不排除沟通很多轮甚至是十几轮的情况。在不考虑财务数据有效期[①]的前提下,后续每一轮问询都会比第一轮的间隔时间短,一般建议在 SEC 基本没有问题之后再选择公开提交。

交易所问的问题相对会少一些,纳斯达克发布的上市指南中关于"上市时间表"的表述如下。

"虽然处理上市申请通常需要四到六周的时间,但这个时间安排是可变的。如果申请没有引起任何问题,并且公司对审查员问询的反应很快,则会大大缩短审查时间。

第 1 周:公司提交上市申请,纳斯达克上市资格审查工作人员开始审查。

第 2—3 周:工作人员完成初步审查并准备问询函件。

第 3—4 周:公司处理审查员提出的问题。

第 5—6 周:审查员完成审核,公司获准上市。"

(四) 路演、定价、发行

经与 SEC 和交易所沟通,确认其基本不太会对招股材料有什么实质性修改意见后,公司即可启动路演。公司和投资银行在美国的各大城市进行巡回推介,向有兴趣的投资者进行一系列的推广活动,内容包括由高级管理人员介绍公司的业务、财务状况、经营业绩、市场、产品及服务。根据市场及投资人的反馈,发行人与承销商协商谈判发行价格,并根据谈判结果签署承销协议。

---

① 主要为:(i)申请文件中披露的经审计财务报表的最后一期距离上市时间不超过 15 个月;(ii)若申请材料的递交日期比经审计的财务数据截止日期晚 9 个月以上的时间,则公司需要递交一份中期财务数据(审计或审阅均可),至少包含从经审计财务报表截止日期起 6 个月的时间。

部分募集资金规模较大的企业也赋予承销商实施"绿鞋"(Green Shoe)的权利。之所以叫"绿鞋",是因为该机制是 1963 年由美国一家叫 Green Shoe 的公司在上市时首次采用的,该机制意味着被授权的承销商可按发行价格超额发售不超过首次公开发行 15% 的股份。公司股票上市之日起 30 日内,当股票价格上扬时,主承销商即以发行价行使绿鞋期权,从发行人购得超额的 15% 股票以冲掉自己超额发售的空头,并向发行人收取超额发售的发行费用;当股票价格下跌时,主承销商将不行使该期权,而是从股票二级市场上购回超额发行的股票来支撑发行人股价并对冲空头,以赚取中间差价。

第四节 美国存托凭证

一、什么是美国存托凭证?[①]

美国存托凭证(American Depository Receipt,ADR)是一种可转让凭证,证明投资者拥有某一非美国公司若干数量的股票。美国存托股份(American Depository Shares,ADS)是 ADR 所代表的实际基础股票,即 ADR 可作为 ADS 的证明凭证。一份 ADR 代表多少数量的股票,不同公司不一样,也没有一定的标准。

ADR 实际上就是证券,是它所代表的公司股票的衍生产品。ADR 使得美国投资者能够投资于非美国公司,并使非美国本土公司更容易进入美国资本市场。许多非美国发行人将发行 ADR 作为在美国筹集资金或建立交易的手段。1927 年,一家美国银行创建了第一个 ADR,允许美国投资者投资英国一家百货公司的股票。ADR 以美元交易,并通过美国结算系统结算,使 ADR 持有人可以避免使用外币进行交易。

ADR 可以在一对一的基础上代表标的股票,也可以是一份 ADR 代表多份标的股票,ADR 与所代表股票股份数的比率,更容易让外国发行人满足美国最低招股价格的要求(证券发行人价格不低于 4 美元)。

[①] 本部分主要基于 SEC 对 ADR 的介绍,具体可参见 https://www.sec.gov/investor/alerts/adr-bulletin.pdf。

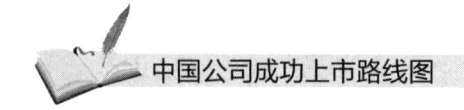

发行人或持有相关股票的投资人将标的股票交付非本国银行，并由该银行担任存托银行创建 ADR。存托银行向美国投资者发行 ADR，投资者将能够在美国交易所或场外市场进行 ADR 交易。

ADR 可以是"有发行人支持的"或"无发行人支持的"。有发行人支持的 ADR 是指发行人直接与美国存托银行签订存托协议，由发行人委托存托银行进行记录保存、向 ADR 持有人转发信息、支付股息和提供其他服务。无发行人支持的 ADR 是在没有发行人合作的情况下设立的，可能由希望持有该标的证券同时希望在美国建立交易市场的券商发起。在美国注册发行 ADR 需要符合 1934 年《证券交易法》的申报要求或根据该法获得豁免。

发行 ADR 需要向美国证券交易委员会提交 F-6 表申请注册，F-6 表下的披露仅涉及存托协议的条款，包括协议副本、ADR 认证和法律意见，不包含有关标的股票对应公司的信息。

如果发行人希望通过 ADR 在美国进行融资，除了 F-6 表以外，还应该单独提交 F-1 表、F-3 表或 F-4 表进行注册。如果发行人寻求在美国证券交易所挂牌上市 ADR，那么还需要向美国证券交易委员会提交 20-F 表中的注册声明。用于募资或在交易所挂牌上市的注册文件必须包含有关发行人的翔实的财务和非财务信息。

根据 ADR 能够在美国市场参与的不同程度，通常将 ADR 分为以下三个级别。

1 级 ADR：不涉及新的证券发行，仅仅是允许发行人的现有证券以 ADR 的方式在美国出售。该等 ADR 可以在市场上进行交易，但仅限于场外交易市场，且无法募集资金。这是三个级别的 ADR 中唯一一种可能属于"无发行人支持的"类别的 ADR。F-6 表将是唯一需要提交的表格。美国证券交易委员会的 EDGAR 系统上将不会有发行人的信息，发行人无须遵守交易所的上市规则和美国证券交易委员会的持续信息披露等要求。

2 级 ADR：可以在美国全国性证券交易所进行挂牌交易，但没有融资功能。和 1 级 ADR 一样，需要提交 F-6 表进行 ADR 的注册登记，同时发行人（非美国公司）需要向美国证券交易委员会提交登记申请并提交 20-F 表中的年度报告，报告需要符合美国公认会计准则（US Generally Accepted Accounting Principles，GAAP）的要求。

3级ADR：3级ADR不仅可以在美国全国性证券交易所进行交易，还具备融资功能。申请注册发行ADR需要提交F-1表、F-3表或F-4表上的注册声明，同时需要以20-F表提交年度报告。

表9-10列示了三个级别ADR的具体区别。

表9-10 三个级别ADR的具体区别

项目	1级ADR	2级ADR	3级ADR
交易	只能在美国的柜台交易市场（OTC）交易	可以在美国证券交易所交易	不仅限于在美国证券交易所交易
注册要求	按1933年《证券法》要求向SEC提交F-6表注册登记	除了按1933年《证券法》要求向SEC提交F-6表注册登记之外，还需提交一份较为全面的1934年《证券交易法》项下的20-F表	按1933年《证券法》提供招股说明书F-1以及按1934年《证券交易法》关于满足信息公开披露要求的规定向SEC提交F-8K表
呈报报告	按1934年《证券交易法》的12g3-2（b）的要求提交豁免申请书	每年报20-F表，财务清单必须部分符合美国公认会计准则	每年报20-F表，财务清单必须完全符合美国公认会计准则
筹资能力	无	无	可以在美国市场集资
发行时间	短	较长	长

发行人发行3级ADR才是市场上认可的IPO方式。

二、中概股必须以发行ADR的方式进行IPO吗？

大家熟知的阿里巴巴、360、百度等知名互联网企业都是通过发行ADR的方式登陆美国资本市场的，其他大部分的中概股企业也采用了发行ADR的方式，这使得市场上很多人误以为中概股相关的证券要想在美国市场上市发行和交易只能采取ADR的方式，所谓的美国只能接受美国本土企业直接发行股票上市的传闻也以讹传讹了很多年。事实上，很多中概股，尤其是中小盘股选择直接发股的也有很多，例如表9-9中提及的硕迪生物就采用了直接发股的形式。至于为什么发行ADR依然是大多数中概股的主要选择，笔者认为主要有以下几方面原因。

（1）监管要求上，发行1级ADR或2级ADR的监管要求和信息披露要求明显低于在美国市场直接发股的监管要求，但发行 3 级 ADR 的监管要求与直接发股相比基本没有区别。

（2）对发行人来说，如果有变动发行证券数量的需求，只要改变 ADR 对应的股份数量的比例即可。

（3）发行 ADR 更便于确定招股价格，比如，有些发行人和承销商希望看到每股证券的价格高一些，以满足某些投资者希望交易"大盘股"的偏好，那么可以安排每一 ADR 代表的上市公司的股票数多一点，反之，如果不希望有的发行价和交易价太高，则可以安排每一 ADR 代表的上市公司的股票数少一点。

（4）ADR 模式下，投资人需要向存托银行支付一定的交易费用，也就意味着 ADR 模式可以为存托银行带来一笔收益。为了吸引发行人与自己签署存托协议，有些存托银行会与发行人进行关于收益分配的约定或承诺承担某些费用等。

（5）如发行人股票在香港等成熟证券市场上市，在美国以 ADR 形式上市，投资人也可以选择放弃 ADR 而直接持有股票，从而有更多的操作空间。

（6）国内知名企业基本都选择 ADR 模式，潜移默化地对市场选择产生了一定的影响。

三、ADR 的发行

1. ADR 服务中介

除了承销商、律师、审计师之外，ADR 模式中主要还涉及存托银行和托管银行。

（1）存托银行。存托银行作为 ADR 的发行人和 ADR 市场中介，为 ADR 投资者提供所需的一切服务。发行人与美国本地金融机构签署存托协议，存托协议的内容比较标准，也需要在 F-6 表中进行核心条款的披露，其样本也需要提交给美国证券交易委员会，向投资者公开，存托协议的核心条款一般包括股息分配、ADR 的存入和撤回、投票权代理、发行人信息发布、交易费用等内容。存托银行类似于发行人和投资者之间的一个中介。对于公司而言，所有存托凭证代表的股票都记录在存托银行名下；对于投资者而言，存托银行相当于一个登记系统，投资者持有的发行人权益及交易情况均由存托银行进行记录。除了登记功能外，存托银行还承担一些股东权益代理方面的职能，例如，存托银行代表 ADR 的投资者接受发行人告知的信息，存托银行再向 ADR 投资者转发这些信息，存托银行还代表投资者接受发行人发放的股息等。

（2）托管银行。托管银行是由存托银行在基础证券发行国安排的银行，负责保管 ADR 所代表的基础证券。托管银行根据存托银行的指令领取红利或利息，用于再投资或汇回 ADR 发行国，并向存托银行提供当地市场信息。存托银行与托管银行之间需要签署托管协议。

2. ADR 的发行过程

ADR 的发行过程可以简单概括如下。

（1）存托银行与发行人签订存托协议，约定由该银行担任发行人证券的存托人。

（2）存托银行收购相应数量的境外公司的证券，一般该证券由境外的托管银行保管。

（3）存托银行签发存托凭证给美国的投资人（承销商）。每一张存托凭证代表一定数目的境外公司的证券，该凭证可自由交易。

（4）发行存托凭证后，美国存托银行作为该凭证持有人的付款代理人，收取股利并转化为美元，然后将其分配给凭证持有人。

ADR 模式为我国企业进行多渠道融资提供了新的思路。例如，为了让已经在境外间接上市的独角兽企业回归 A 股融资，我国于 2018 年发布《关于开展创新企业境内发行股票或存托凭证试点的若干意见》，开启了中国存托凭证（Chinese Depository Receipt，CDR）发展的帷幕；同时，我国沪深交易所公司可以通过发行 CDR 在英国、瑞士、德国的交易所等实现交易融资。

下面选取笔者所在团队作为发行人中国律师/券商中国律师参与的一个在纳斯达克上市的中概股项目进行简单介绍，其发行方式为直接发行普通股。

普普文化成立于 2007 年，总部位于中国厦门，其以嘻哈文化的价值为核心，主要从事嘻哈文化内容运营，包括在线嘻哈节目运营、活动赛事举办及相关培训等。此外，普普文化还为企业客户提供活动策划和执行服务以及营销服务。普普文化致力于开发和举办自己的嘻哈活动，并拥有与嘻哈活动相关的知识产权组合，包括舞台剧、舞蹈比赛或活动、文化和音乐节，以及在卡拉 OK 酒吧或游乐园中进行现场嘻哈表演的促销活动。

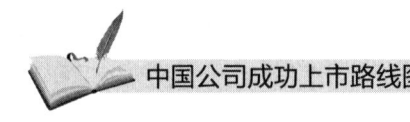

普普文化集团有限公司（Pop Culture Group Co., Ltd）于2021年6月30日在美国纳斯达克资本市场首发上市并正式公开交易（股票代码：CPOP）。普普文化是中国嘻哈文化赴美上市第一股。

普普文化共计发行620万股A类普通股，每股价格6美元，募资共计3720万美元（不含超额配售部分）。